Michael Kastner

Erfolgreich mit sozialer Kompetenz

Das Programm für Menschen,
die Verantwortung haben

Unter Mitwirkung von Werner Bartens

FREIBURG · BASEL · WIEN

Gedruckt auf umweltfreundlichem,
chlorfrei gebleichtem Papier

Alle Rechte vorbehalten – Printed in Germany

Die Originalausgabe erschien unter dem Titel
SynEgoismus. Nachhaltiger Erfolg durch soziale Kompetenz
© Verlag Herder Freiburg im Breisgau 1999
www.herder.de
Satz: Fotosetzerei G. Scheydecker, Freiburg im Breisgau
Herstellung: fgb · freiburger graphische betriebe 2001
www.fgb.de
Umschlaggestaltung und Konzeption:
R·M·E München / Roland Eschlbeck, Liana Tuchel
Umschlagfoto: © Mauritius
ISBN 3-451-05206-7

Inhalt

Danksagung 11

Einleitung 13

Was ist Sozialkompetenz? 21

Jeder redet davon, keiner weiß, was es ist 21
   Sind Heiratsschwindler und Mafiosi
   sozial-(in)kompetent? 25
   Sozial Schlaue und sozial Dumme 28
   Sind „gute" Zeitgenossen sozial-intelligent? 31

Wozu brauchen wir Sozialkompetenz? 39

   Keine Problembewältigung ohne Sozialkompetenz 40
   Kein „richtiges" Handeln ohne Sozialkompetenz 44
   Keine Vertrauensorganisation ohne Sozialkompetenz .. 46
   Keine Lebensqualität ohne Sozialkompetenz 49

Wie leben wir sozial-kompetent? 57

Soziale Intelligenz als Fähigkeit 59
   Diagnose sozialer Beziehungen 60
      Ausdruck macht Eindruck 61
      Soziale Wahrnehmung – andere beobachten
      können 63
      Urteile über andere – Menschenkenntnis 66
      Verhalten und Persönlichkeitsmerkmale 73
      Sensibilität, Einsicht in soziale Zusammenhänge ... 79
      Rollenkonformität 80

Sich einlassen auf andere, sich öffnen 83
   Verschiedenheit und Offenheit 84
   Umstellung, Einstellung und Anpassung 86
   Integration und Partizipation 90
   Interpersonale Flexibilität 95
Wirken auf andere 98
   Teamfähigkeit 99
   Beziehungsmanagement 119
   Führen 122
   Motivieren 127
   Binden 131
   Charme, Charisma 135
   Selbstsicherheit 138
   Freundlichkeit und Empathie 139
   Anerkennung 141
   Sympathie und Antipathie 143
   Mit Sozialstreß umgehen 144
   Humor 148
Kommunizieren 151
   Biologie der Sozialität 153
   Emotionen und Kognitionen im Kommunizieren ... 157
   Umgang mit Krisen und Konflikten 162
   Richtige Sprache zur rechten Zeit, Höflichkeit 177
   Verbale Kommunikation 180
   Nonverbale Kommunikation 197

Wie leben wir sozial-verantwortlich? 203

Soziale (Selbst-)Verantwortung als Tugend 203
   Indirekt-passive soziale Verantwortung 204
      Ethik und Kultur 205
      Selbstreflexion und Selbstkritik 211
      Bescheidenheit 214
      Integrität und Fairneß 216
      Toleranz und Unvoreingenommenheit 219
      Mitgliedschaft 220
      Mitgefühl, Mitleid und Barmherzigkeit 222

Indirekt-aktive soziale Verantwortung 223
  Loyalität, Solidarität, Treue 224
  Offenheit und Neugierde 227
  Akzeptieren und respektieren 228
  Rücksicht, Nachsicht und Vorsicht 229
  Authentizität 230
  Vorleben, leben und leben lassen 232
  Ehrlichkeit 233
Direkt-aktive soziale Verantwortung 234
  Kompromißfähigkeit 235
  Sich zurückziehen und einmischen, Takt 236
  Soziale Unterstützung, Hilfe zur Selbsthilfe 237
  Egoismus, Altruismus und Syn-Egoismus 239
  Erziehen und manipulieren 241
  Macht 243

Wir wissen, was wir tun sollten: Warum tun wir es nicht? 247

Was hindert uns, sozial-kompetent und synegoistisch zu handeln? 247
Der Zusammenhang zwischen Wissen und Tun 247
Sozial- und Fachkompetenz 253
Führen und Sozialkompetenz 255
Leistung und Sozialkompetenz 257
Umgang mit Widerständen 261

Wie machen wir uns und andere sozial-kompetent und synegoistisch? 265

Was müssen wir für eine sozial-kompetentere Umgebung tun? 265
Können wir Sozialkompetenz lernen? 265
Coaching beim Erwerb von Sozialkompetenz 267

Wie lernen wir Sozialkompetenz und Syn-Egoismus? 271

„Die meisten lernen's nie!" Wie entwickelt sich
Sozialkompetenz? 271

Wie und wo fangen wir an? 283

Selbstmanagement und Sozialkompetenz 283
Emotionen regulieren unser Verhalten 286
Werde selbst gesund durch Sozialkompetenz 293
Mache dein soziales System gesund und synegoistisch
durch Sozialkompetenz 303

Literatur 305

Für Svea

Danksagung

Ausgerechnet die wichtigsten Menschen in unserem Leben müssen vorliebnehmen mit der Zeit, die übrig bleibt. Wovon eigentlich? In diesem Falle mußten die wichtigsten Menschen in meinem Leben vorliebnehmen mit der Zeit, die u. a. vom Schreiben des vorliegenden Buches übrig blieb, meine Frau Bea und meine Kinder Svea, Sinja, Yannick und Lennard. Erstere tat dies sehr synegoistisch durch ihre Hilfe und ihre Anregungen. Kinder sind von Natur aus egoistischer. Aber sie geben, ohne es selbst zu wissen, die entscheidende Grundlage jedes synegoistischen Verhaltens: Sinn und Lebensqualität. Entscheidend geholfen haben auch unsere Freundin und Mitarbeiterin Selda Akca, Frau Dr. Karin Walter vom Verlag Herder als anregende Lektorin und Dr. Werner Bartens, der das Manuskript gestrafft und lesbarer gemacht hat. Ihnen allen danke ich sehr herzlich für ihr vorbildliches Engagement.

Einleitung

Was steckt eigentlich hinter dem Begriff „*Syn-Egoismus*"?
„Du Egoist." Wie oft haben wir diesen Satz schon gehört oder gesagt? Laut Brockhaus ist damit Selbstsucht gemeint, d.h. die Strebungen, die von der eigenen Person ausgehen und diese in den Mittelpunkt stellen. Wir können ichbezogen sein, also nur an uns selbst denken. Das wäre aber eher Egozentrismus. Und wir können uns selbstsüchtig aus Genußsucht, Geltungs- oder Machtstreben über Recht und Wohl anderer Personen rücksichtslos hinwegsetzen. Manche Philosophen und Nationalökonomen (z.B. Adam Smith) sahen im Egoismus den Antrieb allen wirtschaftlichen Handelns, die unsichtbare Hand, die die Wirtschaft lenkt. Sie sahen ihn damit als die Voraussetzung für den wirtschaftlichen Fortschritt. Philosophen wie z.B. Epikur oder Bentham verstanden den Egoismus als Streben nach Lust und versuchten daraus eine sittliche Ordnung abzuleiten. Im folgenden werden diese positiven Qualitäten des Egoismus angezweifelt.

Wenn uns allerdings unsere 15jährige Tochter fragt, was denn Egoismus eigentlich sei, sollten wir konkret und faßbar antworten: „Egoistisch ist ein Handeln zum eigenen Vorteil auf Kosten anderer. Wenn du dir das größte Stück Kuchen nimmst, haben die anderen weniger. Wenn du deinen Kuchen anderen opferst, handelst du altruistisch."

Egoistische Verhaltensweisen beobachten wir täglich zur Genüge. Halunken stehlen, manche Politiker verschaffen sich unzulässig Vorteile, mit geliehenen Autos wird weit riskanter gefahren als mit dem eigenen, und wir alle verbrauchen Ressourcen auf Kosten unserer Enkel. Der Stärkere gewinnt auf Kosten des Schwächeren. „The winner takes it all", singt die Gruppe Abba.

Wir alle wollen Erfolg, stark sein, gewinnen, aber mit welchen Risiken und auf wessen Kosten? Altruistische Verhaltensweisen von Wohltätern, Märtyrern oder sonstigen Lichtgestalten sehen wir deutlich seltener. Wir bewundern und beneiden sie ein wenig, wenn wir unsere eigenen mageren altruistischen Taten betrachten.

Die zentrale Botschaft der folgenden Ausführungen lautet: Jenseits aller Ideologien, Ethiken, Kulturen, Theorien und Politiken und durchaus im Sinne eines Welt-Moral-Prinzips sollten wir uns schon aus Vernunft und zum systemverträglichen Selbsterhalt synegoistisch verhalten.

Kooperation ist besser als Konkurrenz. Durch unseren „Zusammen-Egoismus" sollten wir wie eine Bergsteigermannschaft gemeinsam Win-win-Situationen erzeugen. Der einzelne hilft seinem Mannschaftskameraden in der vernünftigen und selbstverständlichen Erwartung, daß der ihm später auch hilft. Gemeinsam kommen sie auf dem Gipfel an, und gemeinsam feiern sie den Erfolg. Wer die anderen kurz unterhalb des Gipfels egoistisch wegtritt, muß negative Konsequenzen spüren und darf keinesfalls gefeiert werden.

Wir gewinnen gemeinsam und nicht auf Kosten anderer. Das ist die oben genannte Win-win-Situation. Wir konkurrieren durchaus hinsichtlich der besten Leistung, aber nicht hinsichtlich der besten Ausbeutung anderer.

Dazu müssen wir uns nicht vor Liebe um den Hals fallen, wenngleich Liebe die eleganteste und natürlichste Form der Überwindung von Egoismus ist. Ein Fortschritt ist schon die Erkenntnis, daß jeder einzelne sich selbst langfristig am besten hilft, wenn er sein soziales System unterstützt. Aber er muß etwas dafür tun; Geben und Nehmen, Teilnahme und Teilhabe müssen ausbalanciert werden. Sich in der sozialen Hängematte auszuruhen, ist egoistisch.

Warum wird ein solcher Syn-Egoismus zunehmend wichtiger? Die Globalisierung verändert in Form immer stärkerer und schnellerer Vernetzungen unsere Welt und unsere Anforderungen. Waren, Dienstleistungen, Informationen, Finanzströme, Menschen, Kulturen und Ideologien „fließen" immer schneller um die

Welt. Konkurrenz blüht nun weltweit, nicht aber Solidarität. Wir wollen Erfolg. Dazu brauchen wir in der globalisierten Arbeitswelt Schnelligkeit, immer mehr Wissen, Handlungsspielräume, Flexibilität. Alles wird turbulenter, unvorhersagbarer, unbestimmbarer. Stabilität, Bindungen, Freundschaften, auch Ehen zerbrechen. Langfristige Planungen, gezielte Lebensgestaltungen werden immer schwerer. Wir wissen immer weniger, worauf wir uns eigentlich einlassen. Urlaube können kaum noch gemeinsam geplant werden. Kinder haben weniger gemeinsame Zeit mit ihren Eltern. Menschliche Bindung, Zuneigung, Vertrauen brauchen aber Zeit, müssen langfristig gesät und gepflegt werden. Wir werden zu Einzelwesen, die durch ihren Erfolg zwar luxuriöser leben, aber soziale Obdachlose werden. Gemeinsame Verantwortungen bleiben auf der Strecke. Durch „global players" werden langfristig Staaten und Kulturen als bindende soziale Systeme ausgehebelt. Damit geht Orientierung verloren. Gleichzeitig brauchen wir aber die Zusammenarbeit, weil wir einzeln die komplexen Probleme nicht lösen können. Die alten ideologisch und kulturell gefärbten Solidaritäten und bindenden Verhaltensmuster reichen nicht mehr aus. Wir brauchen ein „neues" (natürlich gab es bestimmte Ideen schon vor 3000 Jahren, und nach Platon ist alles Fußnote) Verhaltensprinzip, das einfach „vernünftig" ist, Syn-Egoismus.

Syn-Egoismus als Verhaltensprinzip ist kein sozialromantisches Konzept, sondern unabdingbar, um langfristig zu überleben und eine nachhaltige, zufriedenstellende Lebensqualität zu erreichen.

Syn-Egoismus ist nicht identisch mit Solidarität oder Solidarismus. Solidarität als ethisches Prinzip bezeichnet ein Zusammengehörigkeitsgefühl und entsprechende Hilfsbereitschaft mit altruistischen Anteilen. Die Starken müssen den Schwachen helfen. Solidarismus ist ein Gesellschaftssystem, in dem solidarische, meist ideologisch gleich ausgerichtete Menschen sich wechselseitig verbunden sind. Die Interessen-Solidarität bezieht nur die Interessen verschiedener Gruppierungen auf ein Ziel und ist bei seinem Erreichen hinfällig.

Syn-Egoismus hingegen ist ein Vernunftprinzip, das durchaus ideologisch sehr unterschiedliche Menschen mit verschiedenen

Interessen, die sich nicht besonders mögen müssen, verwirklichen können.

Syn-Egoismus ist durch gemeinsame Verantwortung und Hilfe zur Selbsthilfe mehr als Kooperation. Wir können durchaus mit Menschen zusammenarbeiten, wobei aber jeder nur für sein eigenes Tun die Verantwortung übernimmt.

Der Aktionär, der nicht nur seinen Profit maximiert, sondern sich klarmacht, daß auch die Kunden, die Mitarbeiter und die Lieferanten leben müssen, um das gesamte System zu erhalten, handelt synegoistisch.

Wenn nun die 15jährige Tochter fragt: „Wie erreichen wir denn konkret Syn-Egoismus statt Egoismus?", dann sollte die Antwort lauten: „Das Verhaltensprinzip ‚Syn-Egoismus' können nur sozial-kompetente Menschen leben, und was darunter zu verstehen ist, steht in diesem Buch."

Wir werden sehen, daß *Sozialkompetenz* eine Eigenschaft ist, eine Mixtur aus Fähigkeit und Tugend, die synegoistisches Verhalten ermöglicht und, soweit es geht, verwirklicht.

Wir alle wollen Gewinner sein. Die Frage ist jedoch, inwieweit dies mit Hilfe unserer Mitmenschen oder auf ihre Kosten möglich ist. Langfristig können wir unsere Welt nur ein wenig lebenswerter gestalten, wenn wir synegoistisch miteinander und nicht gegeneinander leben und arbeiten. Dazu brauchen wir eine zentrale Kompetenz, die Sozialkompetenz. Dieser Begriff erscheint zunächst schwammig und amorph. Wir glauben lieber an Erfolg durch Intelligenz, Disziplin und Fleiß. Wichtiger als das, was wir unter Intelligenz verstehen, ist für privaten wie beruflichen Erfolg jedoch sozial-kompetentes Handeln: Sozialkompetenz, verstanden als Beliebtheit, gutes Kommunizieren, Durchsetzungskraft, Selbstzufriedenheit und Anerkennung, trägt nicht nur wesentlich zum Wohlbefinden bei, sondern wir brauchen sie unbedingt, um mittels synegoistischen Zusammenwirkens diese Welt ein Stückchen besser zu machen.

Intelligenz, Bildung und Wissen, Fleiß, Disziplin, Beharrlichkeit und Leistungsmotivation reichen keinesfalls aus, um Erfolg zu haben. Wir müssen wissen, wo unsere Mitmenschen zu „packen" sind, welche Bedürfnisse, Interessen und Ziele sie haben. Wenn wir ihnen dabei helfen, halten sie uns für sozial-kompetent. Wenn uns die Erklärungsmuster für Erfolge von Personen ausgehen, die wir für unbegabt halten, suchen wir im Amorphen und sprechen von Intuition. Jemand „hat ein Händchen" oder „good vibrations". Rationalere Zeitgenossen sprechen statt dessen von „Sozialkompetenz".

Wenn wir nach der Bedeutung der Sozialkompetenz fragen, bekommen wir diffuse Antworten. Eher können wir beschreiben, was sozial-inkompetent ist. Das Gegenteil von Sozialkompetenz und Selbstsicherheit zeigt sich bei wenig erfolgreichen Schulkindern: Ein unrealistisches Selbstkonzept, emotionale Labilität, instabiles Leistungsverhalten, soziale Ängste, negatives Selbstwertgefühl und geringe Problemlösefähigkeiten gehören dazu. Die Ursache für Krisen im politischen, wirtschaftlichen und ökologischen Bereich ist häufig ebenfalls soziale Inkompetenz. Egoismen, Rücksichtslosigkeit und ideologische Differenzen herrschen vor, wo Kooperation verträglicher wäre.

Einige unserer Verhaltensweisen sind verräterisch. Wir haben sie oft zu wenig unter Kontrolle. Der kritische Blick auf den breiten Scheitel des Gastgebers und die Bemerkung, die Möbel aus den sechziger Jahren seien doch immer noch die besten, wirken nicht gerade sozial-kompetent. Auch die Bemerkung eines Bankers, 50 Millionen Mark, die den Handwerkern fehlen, seien Peanuts, hat Aufsehen erregt. Wir erwarten von einem sozial-kompetenten Menschen Takt, Feingefühl, Rücksichtnahme. Der lustvolle Konsum von Knoblauch mag ja der Gesundheit dienen, soziale Kontakte fördert er nicht unbedingt.

Der Umgang mit anderen ist höchst komplex, unberechenbar und schwierig. Das Merkwürdige ist jedoch, daß sich diesbezüglich wenige Menschen – auch die nicht, die es sich leisten könnten – beraten lassen. Für die Besserverdienenden ist ein Steuerberater selbstverständlich. Der Steuerdschungel ist schließlich komplex und ändert sich dauernd. Aber zwischenmenschliche Beziehungen sind ungleich komplexer. Dennoch wird hier an Beratung gespart. Ein wesentlicher Unterschied mag in der steuerlichen Absetzbarkeit liegen.

Führungskräfte halten sich zumeist für gute Menschenkenner.

Das beweist aus ihrer Sicht schon die Tatsache, daß sie nach oben gekommen sind. Es dürfte kaum eine Disziplin geben, in der so viele Irrtümer soviel Geld kosten und keiner es merkt. Bis man erkennt, daß ein Manager ungeeignet ist und man ihn los wird, ist viel Geld und Adrenalin verschwendet worden. An einer vernünftigen Einstellungsdiagnose wird jedoch gespart. Typisch die Aussage eines Versicherungsvorstands: „Ich brauche nur zu sehen, wie einer zur Türe hereinkommt, dann weiß ich, ob das ein guter Mann ist." Zur Sicherheit hat er sich noch das Horoskop und den Lebenslauf angesehen. Kaffeesatzlesen wäre besser gewesen.

Die meisten Top-Führungskräfte führen über Zahlen. Man kann sie berechnen, vorhersagen, nachprüfen. Sie sind rational und logisch. Das irrationale menschliche „Theater" hat im Unternehmen nichts zu suchen. Daß der Umgang mit komplexen Systemen eine Schlüsselqualifikation der Zukunft ist, sehen sie sofort ein, aber Sozialkompetenz? Allenfalls im Sinne von Kommunizieren-Können, der Rest ist wieder so ein Management-Modetrend. Und die paar Kommunikationstricks hat man doch durch ein paar Seminare drauf.

Der Mensch ist in den sozialen Zusammenhang seiner Mitmenschen eingebettet. Jeden Tag spüren wir, daß die Kommunikation mit Mitarbeitern, Chefs, Kunden, Familienmitgliedern und Freunden besser funktionieren könnte. Wir ärgern uns über unfreundliche und gedankenlose Mitmenschen, plumpe Politiker, unsensible Ärzte, gestreßte Lehrer, unfreundliche Verkäufer, schimpfende Ehemänner, keifende Ehefrauen, besserwisserische Kinder. Der Ärger über soziale Inkompetenz reißt nicht ab. Aber auch „Über-Sozialkompetenz" geht uns auf die Nerven. Die Freundlichkeit versierter Vertreter, die wohlformulierte Beruhigung des Politikers, die tränenerstickte Gefühlsduselei in Talkshows; wir können es nicht mehr hören und zappen frustriert in die nächsten Programme.

Wer sehnt sich nicht nach dem netten, freundlichen Mitmenschen, der seine Meinung geradeheraus sagt und bei dem der Handschlag gilt? Ein bißchen mehr Rücksicht in unseren privaten Beziehungen wäre auch nicht schlecht. Und wenn wir dann noch das Gefühl hätten, daß der Chef und die Kollegen uns mögen und uns ein bißchen Bindung geboten wird, ist dann unser Bedarf an Sozialkompetenz erfüllt?

Durch die zunehmende Vernetzung sind wir immer weniger autark, abhängig von anderen und damit zwangsläufig „kommunikativer". Wir surfen im Internet rund um die Welt. Alle sagen „hi" und sind fürchterlich nett. Ist das Sozialkompetenz? Je größer die Anzahl der Menschen, mit denen wir kommunizieren, um so höher ist die Wahrscheinlichkeit von Konflikten und Überforderung. Der Eremit erspart sich eine Menge Ärger. Es gibt etliche Führungskräfte, für die das Kloster attraktiv ist.

Je komplexer unsere Umwelt, vor allem unsere Arbeit wird, um so mehr sind wir auf Kommunikation mit Spezialisten angewiesen. Wer hat nicht schon über seinen PC geflucht, wer durchblickt noch die Steuergesetze? Wir müssen dauernd fragen und Wissen durch Vertrauen ersetzen. Aber wem trauen wir? Gehört die Fähigkeit, das Vertrauen anderer zu erringen, zur Sozialkompetenz? Was passiert, wenn dieses Vertrauen nicht gerechtfertigt wird? Wie sozial-kompetent ist der Heiratsschwindler, der Verkäufer, der Kühlschränke in Grönland verkauft, oder der Politiker, der vor der Wahl so manches verspricht?

Viele Probleme können wir nicht allein bewältigen, sondern nur in Teams, Projektgruppen und größeren sozialen Netzen. Da verwundert es nicht, wenn der Begriff „Sozialkompetenz" boomt. Jeder, der glaubt, etwas von Management und Organisation zu verstehen, führt dieses Wort im Munde und betont, daß Sozialkompetenz die entscheidende Qualifikation der Zukunft sei. In vielen Führungsetagen und auch in der Managementliteratur hat der Begriff Sozialkompetenz den Beigeschmack des Weichen nach dem Motto „Leider brauchen wir neben Zahlen und Technik auch den sozialen Schmus". Durch die Lifestyle-Literatur geistert das Bild der Sozialkompetenz als Technik, mit der wir egoistische Interessen „erfolgreicher" durchsetzen können – nach dem Motto „Die Kunst, ein Egoist zu sein". Wir werden sehen, beide Bedeutungen machen wenig Sinn. Sozialkompetenz hilft uns synegoistisch weiterzukommen, bereichert uns vor allem in unserer Lebensqualität und ist ein Merkmal von Persönlichkeitsreife.

Was ist Sozialkompetenz?

Jeder redet davon, keiner weiß, was es ist

Bei der Suche nach einer Definition für soziale Kompetenz finden sich zahlreiche Beschreibungen. Unter Begriffen wie *"soziale Kompetenz"* oder *"soziale Intelligenz"* werden in der einschlägigen Literatur Dutzende von Begriffen genannt. Hier eine unvollständige Auswahl: soziale Fertigkeiten, Einfühlungsvermögen, Takt, soziale Wahrnehmung, Empathie, interpersonelle Kompetenz, Soziabilität, Einfühlung, Rollenverhalten, Konformität, Expressivität, Führung, Erkennen und Befriedigen der Bedürfnisse anderer, Wahrnehmungssensitivität, emotionale Wärme und Vertrauen, Flexibilität, Energie bei der Überzeugung anderer, die Fähigkeit, sich selbst zu helfen und sozialen Kontakt zu anderen aufzunehmen, Erreichen sozial relevanter Ziele in bestimmten sozialen Kontexten durch angemessene Mittel, Verfügbarkeit und Anwendung kognitiver, emotionaler und motorischer Verhaltensweisen, die in bestimmten sozialen Situationen zu positiven Konsequenzen führen, Geschick in zwischenmenschlichen Situationen.

Da schwirrt der Kopf, und wir suchen verzweifelt nach einer konkreten Definition. Die folgende ist allgemeinverständlich und nützlich: *"Soziale Kompetenz* wird Personen zugeschrieben, die in der Lage sind, so mit anderen Personen zu interagieren, daß dieses Verhalten ein Maximum an positiven und ein Minimum an negativen Konsequenzen für eine der an der Interaktion beteiligten Personen mit sich bringt. Darüber hinaus muß das Interaktionsverhalten mindestens als sozial-akzeptabel gelten" (Riemann und Allgöver, 1993). Mit dieser Definition wissen wir aber noch nicht, wie man sich verhalten muß, um die positiven Konsequenzen genießen zu können.

In der wissenschaftlichen Literatur kristallisieren sich vier Muster heraus. Es geht a) um Wechselwirkungen mit anderen Menschen; b) es gehört zur Sozialkompetenz die Situationsangepaßtheit; es sollen c) Ziele realisiert werden, d. h., man verhält sich sozial-kompetent, um bestimmte Dinge zu erreichen, und d) werden etliche Mittel als nicht sozial-akzeptiert angesehen, so daß die Zweckrationalität des sozialen Handelns ein Merkmal der meisten Definitionen ist. Als wesentliche Facetten der Sozialkompetenz werden genannt:

- kommunikative Fähigkeiten
- Kooperations- und Koordinationsfähigkeit
- Konfliktfähigkeit
- Teamfähigkeit
- Empathie
- Durchsetzungsvermögen
- Sensibilität
- interpersonale Flexibilität.

Diese Komponenten der Sozialkompetenz vermitteln den Eindruck von Persönlichkeitsmerkmalen, die relativ stabil und damit nur begrenzt änderbar sind. Und in der Tat, etliche Ähnlichkeiten ergeben sich schon, wenn wir uns die sogenannten „Big five", die fünf großen Klassiker der Persönlichkeitsmerkmale, anschauen:

1. Extraversion mit typischen Verhaltensmerkmalen wie gesellig, gesprächig, impulsiv, bestimmt, großzügig
2. Emotionale Stabilität als Gegensatz zu „Neurotizismus", der Merkmale aufweist wie unsicher, besorgt, ängstlich, leicht ärgerbar
3. Verträglichkeit, gekennzeichnet durch höfliches, freundliches, kooperatives, tolerantes, versöhnliches Verhalten
4. Gewissenhaftigkeit im Sinne von sorgfältig, verantwortungsbewußt, zuverlässig, leistungsorientiert, ausdauernd
5. Offenheit für Erfahrungen mit Merkmalen wie kultiviert, vielseitig, aufgeschlossen, unkonventionell.

Wer diese fünf Persönlichkeitsmerkmale betrachtet, wird bemerken: „Das ist alles eine Frage der Sozialkompetenz." Wir sollten aber deutlich auseinanderhalten, welche Merkmale Teilaspekte der Sozialkompetenz sind (z. B. gesellig, tolerant oder offen) und welche mit Sozialkompetenz zusammenhängen. Letzteres trifft für alle fünf Faktoren zu.

Wir wollen alle über uns und unsere Mitmenschen etwas wissen. Sicherlich ist diese Neugierde eine Voraussetzung der Sozialkompetenz. Deshalb war das Interesse an den zentralen Persönlichkeitsmerkmalen schon immer groß. Im populärwissenschaftlichen Bereich hat das Buch von Goleman (1996) zur „emotionalen Intelligenz", dem individuellen Pendant zur Sozialkompetenz, nicht ohne Grund großen Erfolg gehabt. Es scheint in unserer Zeit ein besonderes Bedürfnis nach Sozialkompetenz zu geben, weil die Menschen die Egoismen satt haben und sich nach synegoistischen Verhaltensweisen sehnen. Dieses Bedürfnis wird um so stärker, je weniger wir uns sozial geborgen fühlen. In dieser einerseits immer kommunikativeren Welt entsteht andererseits immer mehr Anonymität. Wir haben eine romantische Vorstellung von der Geborgenheit in der Familie. Wir wollen uns in einem sozialen Netz wohl und sicher fühlen. Viele haben Angst vor Einsamkeit.

Kontakt- und Geborgenheitswünsche in Verbindung mit dem mitmenschlichen Umgang führen jedoch nicht unbedingt zu der entsprechenden Bindung. Soziale Vernetzung auf dem Land wird leicht als Enge empfunden. Junge Leute wollen, wenn nicht in die große weite Welt, so doch in die Stadt, wo „was los ist". Mit dieser Entnetzung sind weniger stabile soziale Bindungen verbunden. Das Ich als individuelle Perspektive und das Du als soziale Perspektive sind zentrale Bestandteile der Sozialkompetenz.

Wenn wir emotionale Intelligenz als die Fähigkeit verstehen, mit sich selbst und den eigenen Emotionen umzugehen, dann ist Sozialkompetenz die Fähigkeit, mit den Interessen, Gefühlen und Systemansichten der anderen Personen bzw. dem sozialen System inklusive der eigenen Person umzugehen. Dazu muß man sich allerdings auch auf andere einlassen können.

In unserer rationalen, technischen Welt wächst das Bedürfnis nach den „weichen Faktoren". Insofern trifft ein „Emotionaler

Intelligenzquotient" (EQ) als Gegenstück zum IQ den Zeitgeist und damit verbunden einen Markt. Wie wäre es mit einem SQ, einem Sozialkompetenz-Quotienten, ohne den bestimmte Führungspositionen unerreichbar blieben? Natürlich möchte jeder von uns einen hohen IQ und einen hohen EQ à la Goleman haben. Doch wann sind wir stärker beleidigt, mit einem hohen IQ, aber niedrigem EQ, oder einem hohen EQ mit niedrigem IQ? Und ist die Kombination aus hohem IQ und EQ mit einem niedrigen SQ denkbar? Suche ich mir einen Mann oder eine Frau, die intelligent, aber emotional unfähig ist, oder lieber dumm, aber herzensgut? Wie wahrscheinlich ist es überhaupt, beides zusammen anzutreffen? Und wie wäre ein Partner, der zwar intelligent und auch emotional intelligent ist, mit dem man aber im Gruppenkontext nichts anfangen kann? Wen haben wir überhaupt vor Augen, den wir für erstrebenswert sozial-kompetent halten?

- den Papst?
- Mutter Teresa oder Albert Schweitzer?
- den Fußballtrainer, der seine Mannschaft aus der Zweiten Bundesliga an die Spitze der Ersten führt?
- den gerissenen Verkäufer?

Wen halten wir für sozial-inkompetent:

- unsere ehemaligen Lehrer?
- so manchen Wirtschaftskapitän?
- den Politiker, der die Wähler belügt?
- den Politiker, der sich keinesfalls festlegt?
- die durch den Heiratsschwindler betrogene Frau?

Je gründlicher wir uns in solche Personen und Rollen hineinversetzen, um so vielschichtiger wird die Angelegenheit, und um so weniger können wir zwischen sozial-kompetent und -inkompetent unterscheiden. Aber synegoistisches Verhalten brauchen wir, das scheint sicher. Es fragt sich nur, wie wir es konkret verwirklichen können.

Begriffe wie Intelligenz, emotionale Intelligenz, soziale Intelligenz und soziale Kompetenz hören sich gut an, sollten aber geklärt werden, weil wir sonst aneinander vorbeireden. Immerhin wissen wir bis hierhin: „Ich weiß, daß ich nichts (über dieses Thema) weiß." In solchen Fällen hilft ein Blick auf den Alltag.

Sind Heiratsschwindler und Mafiosi sozial-(in)kompetent?

Der Begriff *Sozialkompetenz* wurde Anfang der sechziger Jahre ins Deutsche eingeführt. Er beschreibt das Ausmaß, in dem eine Person in der Lage ist, sich in ihrer sozialen Umwelt zu bewähren und wohl zu fühlen. Hier stellt sich die Frage: „Was heißt bewähren und was wohl fühlen?" Der Heiratsschwindler bewährt sich aus seiner Sicht durchaus und fühlt sich zumeist auch wohl. Sein Erfolg besteht darin, daß er andere Menschen glücklich macht. Der Heiratsschwindler hat einen Blick dafür, was sein Opfer braucht – zumeist Zuneigung und Zuwendung, Liebe und Selbstbestätigung. Eine Frau ist einsam, fühlt sich unnütz und womöglich unattraktiv. Sie möchte jemanden haben, mit dem sie sich austauschen und etwas unternehmen kann, jemanden, der ihr zuhört und zärtlich ist. Sie möchte Vertrauen schenken und bekommen, umsorgen und umsorgt werden. Das alles bietet der Heiratsschwindler – wenn auch nicht aus Menschenfreundlichkeit, sondern aus Egoismus.

Und wie steht es mit dem Mafioso, der bei hervorragender Lebensqualität in einem Netz aus Familienmitgliedern und Freunden durch Schutz- und Drogengelder lebt? Er hat „Erfolg" und fühlt sich ausgesprochen wohl. Die egoistischen Muster wiederholen sich. Sind diese Personen sozial-kompetent? Verhalten sie sich nicht nach innen durchaus synegoistisch, aber nach außen den Nicht-Mafiosi gegenüber egoistisch?

Etwas stört an der Verwendung des Begriffs Sozialkompetenz in diesem Zusammenhang. Das Unbehagen entsteht durch das Wort „sozial". Wir haben einen Sozialstaat, soziale Gesetzgebung, soziale Marktwirtschaft. Sozial bedeutet etwas Gutes. Die beschriebenen Beispiele beinhalten zwar die positiven Aspekte des Sozialen, das Kümmern um andere, das Eingehen auf deren Bedürfnisse, aber die Absicht ist negativ. Hier hilft die Unterscheidung zwischen sozialer Intelligenz und sozialer Verantwortung weiter. *Soziale Intelligenz* ist eine Fähigkeit, also ein Können. *Soziale Verantwortung* ist eine Tugend, also ein Wollen.

Der Heiratsschwindler ist auf jeden Fall sozial-intelligent. Er jongliert mit der Psyche anderer Menschen, kennt ihre Interessen, geheimen Wünsche, Sympathien und Antipathien, ihre Stimmungen, Motivationen und vor allem ihre Gefühle. Er spürt, was sie reizt, stört und was positive Empfindungen und Lust hervorruft. Die Stärke des Heiratsschwindlers ist seine Menschenkenntnis. Er kann das Verhalten seiner Mitmenschen vorhersagen, kann sie binden, motivieren, begeistern. Er „impft" ihnen Visionen ein, kann Wünsche wecken und Illusionen erzeugen. Er bringt seine Komplimente so überzeugend vor, daß er sie z.T. selber glaubt. Das macht glaubwürdig. Aber übernimmt er auch Verantwortung? Nein – im Gegenteil, denn er schafft es sogar, daß manche Frauen die Verantwortung für sein Verhalten übernehmen, indem sie ihn schützen, wenn die Angelegenheit auffliegt. Das ist tatsächlich die „wahre" Kunst, ein Egoist zu sein.

Mit dem Mafioso sieht es kaum anders aus. Er arbeitet allerdings weniger mit positiven Gefühlen, sondern mit Angst, Furcht und schlechtem Gewissen. Dabei kann er nach innen seiner Familie gegenüber durchaus liebevoll und weich sein. Er weiß, wo der andere erpreßbar ist und wie weit er gehen kann. Vereinigungen sind dann mafios, wenn ihre Mitglieder andere in Abhängigkeitsverhältnissen halten, einschüchtern und zu Verbrechen veranlassen. Bei der Mafia geht es vor allen Dingen um Macht. Die Mafia-Bosse könnten sich aufgrund ihres Reichtums ja jederzeit in einen stillen Winkel der Welt zurückziehen und es sich gut gehen lassen. Aber dort könnten sie ihre soziale Intelligenz nicht so wirkungsvoll einsetzen. Ein Mafioso will den Respekt der anderen. Er übt mehrere Funktionen gleichzeitig aus. Er führt, vermittelt, schlichtet Streit und geht mit Widerständen und Widersprüchlichkeiten um. Er verwandelt sich in den verschiedenen

Schichten und sozialen Systemen, spielt den Ratgeber, Beschützer und bindet seine Anhänger. Er vergißt keine Wohltaten und belohnt sie später, aber auch kein Ungemach, das er irgendwann rächt. Der Mafioso geht meisterlich mit Zuckerbrot und Peitsche um. Die emotionale Bindung erreicht der Mafioso durch das Pochen auf gemeinsame Werte und die Pflege von Traditionen. Je höher er die Werte setzt, um so größer die Wahrscheinlichkeit, daß seine Leute „sündigen". Wer sich schuldig fühlt und Angst vor Bestrafung hat, ist Wachs in seinen Händen. Die Verherrlichung der Blutsverwandtschaft schafft zudem Loyalität und das Gefühl, im sicheren Netz wohlbeschützt zu sein.

Hier werden subtile und sozial-intelligente Druck- und Bestechungsverfahren praktiziert. Die Mafiosi übernehmen sogar synegoistisch soziale Verantwortung, aber immer nur für die, die „dazugehören". Die Muster dieses „sozialen" Verhaltens sind meist die gleichen, wie sie auch bei Sekten oder Diktatoren zu beobachten sind. Die oben beschriebenen Fähigkeiten sind allerdings auch solche, über die gute Führungskräfte verfügen sollten. Das entscheidende Problem liegt im ethischen Bereich. Mafiosi maßen sich eine eigene egoistische „Ethik" an, die mit dem Umfeld nicht systemverträglich ist. Sie leben in einer Symbiose, einem Humus aus Komplizen, Informanten, Schuldnern und Protektoren, wie der von der Mafia ermordete Justizvertreter Falcone dieses Phänomen beschrieben hat. Die Fähigkeiten eines Mafioso oder eines Heiratsschwindlers liegen im Bereich der sozialen Intelligenz. Sie sind aber nicht sozial-kompetent. Sie schaden dem übergeordneten sozialen System.

Wir leben in einem Sozialstaat mit Sozialpartnern. Wir sind stolz auf ein soziales Netz mit Sozialhilfe, Sozialarbeit und Sozialrecht. Wir rühmen uns der christlichen Soziallehre und sprechen von unserem Sozialsystem, um das uns andere Staaten beneiden. Sind wir deshalb sozial-kompetent? Die Begriffsverwirrung um die Sozialkompetenz ist teilweise auf ein Übersetzungsproblem zurückzuführen. Wir haben unkritisch die englische Bezeichnung social competence in Sozialkompetenz übersetzt. Sozial heißt im Deutschen „die Ordnung der menschlichen Gesellschaft betreffend". Sozial heißt gemeinschaftsfördernd, aber auch zur Gemeinschaft gehörend, ihr dienend, dem Gemeinwohl nutzend bis hin zu gesellig lebend.

Social heißt im Englischen „in Gruppen leben, Beziehungen zwischen Personen und Gemeinschaften, gesellschafts(schicht)bezogen". Competence meint die Fähigkeit, also „ability, power, authority, skill, knowledge, to do what is needed". In diesem Sinn setzen kompetente Personen ihre Fähigkeiten und Fertigkeiten, ihr Wissen und Geschick ein, um bestimmte Situationen zu meistern oder Probleme zu lösen. Im Deutschen hat das Wort Kompetenz eher die Bedeutung von Befugnis. Wenn wir diese haben, dürfen wir etwas und müssen bei Inanspruchnahme auch die Verantwortung übernehmen. Im juristischen Bereich gibt es sogar die Kompetenz-Kompetenz, also die Befugnis, Befugnisse zu erteilen. Wer Befugnisse erhält und akzeptiert, übernimmt Verantwortung. Wer Befugnisse erteilt, gibt Verantwortung ab, muß aber selbst die Verantwortung dafür tragen, daß derjenige mit dieser Befugnis umgehen kann. Da Befugnis und Verantwortung somit zwei Seiten derselben Medaille sind, kommt hier eine ethische Komponente ins Spiel. Sozialkompetenz hat also etwas mit einer sozialen Fähigkeit im Sinne der sozialen Intelligenz und einer Tugend im Sinne der sozialen Verantwortung zu tun. Wir wollen uns zunächst die soziale Intelligenz näher anschauen.

Sozial Schlaue und sozial Dumme

Der brave Soldat Schwejk hatte die Fähigkeit, dumm zu wirken und damit zum einen seine Interessen durchzusetzen und zum zweiten die Objekte seines „sozialen" Handelns so auf den Arm zu nehmen, daß sie es nicht merkten, zumindest nicht sofort. Auch Inspektor Columbo entlockt Verbrechern auf tolpatschig-vertrauensselige Art Informationen. In manchen Branchen werden händeringend Vertriebsleute gesucht, die Eskimos den berühmten Eisschrank verkaufen können. Wir betrachten solche Aktivitäten mit gemischten Gefühlen. Auf der einen Seite wären sie uns selbst peinlich, auf der anderen Seite bewundern wir die dazu erforderlichen Fähigkeiten.

Der inhaltliche Kern der sozialen Intelligenz besteht darin, zu erfassen, was in anderen Menschen vorgeht, und dann gemäß den eigenen Absichten und Gefühlen so zu agieren, daß bei anderen Menschen situativ erwünschte Gefühle ausgelöst werden. Sozial-intelligente Menschen, die ihre eigenen Gefühle gut steuern können, sind eher in der Lage, bei anderen Menschen Freude, Glück, Zufriedenheit oder Geborgenheitsgefühle auszulösen und damit Sympathie zu erzeugen. Schauspieler brauchen diese Fähigkeit, aber auch Ärzte, Priester und Politiker. Sozial-intelligente Personen vermitteln ihren Mitmenschen das Gefühl, sie zu verstehen. Sie können diese in ihrem Sinne überzeugen, im Idealfall in einer Weise, daß die so Manipulierten meinen, sie seien von selbst auf die jeweilige Idee gekommen.

Sozial weniger intelligent sind Personen, die mangels emotionaler Intelligenz eigene Gefühle nicht steuern und vermitteln und andere nicht wunschgemäß beeinflussen können. Wie oft haben wir Zweierbeziehungen beobachtet oder gar erlebt, in denen Mitmenschen ihre Gefühle nicht gegenseitig vermitteln. Und wer von uns hatte nicht schon etwas Liebevolles auf der Zunge und hat es einfach nicht herausgebracht – sozial „dumm". Deshalb ist man aber noch lange kein unsozialer Mensch. Es gibt hochintelligente und erfolgreiche Führungskräfte, die es nicht über die Lippen bringen, ihren Kindern zu sagen, daß sie sie lieben. Dies kann man noch durch Gesten, liebevolle Blicke und In-den-Arm-Nehmen kompensieren. Wer sich nicht entschuldigen kann, ist vielleicht noch ärmer dran.

Andererseits kennen wir Personen, die vor Witz und Charme sprühen. Sie reißen andere mit, machen sie lachen, weinen, tanzen. Es fällt ihnen auch leicht, sich zu entschuldigen. Oder sie sagen wie Adenauer freundlich selbstentrückt: „Was gebe ich auf mein dummes Geschwätz von gestern?" Solche Menschen sind sozial-intelligent. Das heißt noch lange nicht, daß wir es hier mit guten Charakteren zu tun hätten. Alle Fähigkeiten der sozialen Intelligenz sagen noch nichts über die dahinter stehende soziale Verantwortung und Ethik aus. Wir können unsere soziale Intelligenz instrumentell verwenden, um unsere möglicherweise schäbigen Interessen besser durchzusetzen. Überreden, „über den

Tisch ziehen", anstacheln und „aufheizen" und weitere derartige „Künste" gehören in den Bereich der sozialen Intelligenz. Wer von uns ist noch nicht auf sozial-intelligente Zeitgenossen hereingefallen, deren Verantwortungslosigkeit uns erst später bewußt wurde?

Eines Tages wunderte ich mich über die Beförderung eines Abteilungsleiters. Ich hielt ihn für unfähiger als seinen Kollegen, der m. E. die Stelle des Hauptabteilungsleiters hätte bekommen müssen. Es dauerte ziemlich lange, bis ich seine sozial hochintelligente Taktik durchschaute. Er war ein quirliger „Verkäufertyp", der gut ankam, gute Laune verbreitete und es verstand, seine Mißerfolge als Erfolge zu verkaufen. Sein Kollege war ein zurückhaltender, durch und durch ehrlicher Mensch, ein logisch denkender „Techniker", der notfalls auch die unbequeme Wahrheit zum Nutzen des Unternehmens sagte.

Ein wesentliches Kommunikationsmuster des „Verkäufertyps" sah so aus: Wenn er eine gute Nachricht für den Bereichsleiter hatte, rief er in dessen Sekretariat an. Ein williges Ohr war ihm dort gewiß, weil er ein Verhältnis mit der Sekretärin hatte.
Er fragte sie: *„Schatz, wie ist der Alte heute gelaunt?"*
„Schlecht!"
„Oh, dann rufe ich morgen wieder an."
Am nächsten Tag meldete er sich wieder:
„Schatz, wie ist der Alte denn heute gelaunt?"
„Gut!"
„Dann mach mir einen Termin."
Der gutgelaunte Abteilungsleiter überbrachte dem gutgelaunten Bereichsleiter eine erfreuliche Nachricht. So etwas fördert die gegenseitige Sympathie. Ein paar Tage später hatte der sozial-intelligente Abteilungsleiter eine schlechte Nachricht für den Bereichsleiter parat. Wiederum rief er in dessen Sekretariat an:
„Schatz, wie ist der Alte heute gelaunt?"
„Gut!"
„Ich melde mich morgen wieder."

Anruf am nächsten Tag:
"Wie ist der Alte heute gelaunt?"
"Schlecht!"
"Mach einen Termin für meinen Kollegen."
Der „Techniker"-Kollege wurde nun sozial-intelligent bearbeitet. Eine gelungene Mischung aus Mitleid „Ich könnte ja selbst die Nachricht überbringen, aber mir geht es schlecht" und Bauchpinselei „Du bist doch so offen und stark, könntest du vielleicht? Auf dich hört doch der Chef" verfehlte nicht ihr Ziel. Der Techniker bekam einen Termin beim Bereichsleiter. Der war schlecht gelaunt und erhielt nun die schlechte Nachricht.

Es ist offensichtlich, welche Pfade bei mehrfacher Wiederholung dieses Musters im Gehirn des Bereichsleiters getrampelt werden: Bei dem einen klappt alles, bei dem anderen ist immer Verdruß angesagt. So macht man sozial-intelligent Karriere. Selbst besondere Fähigkeiten wie Ausstrahlung oder die Kunst der bewußt unscharfen Ausdrucksweise sagen noch nichts über die Art und Anständigkeit ihrer Verwendung aus. So wie wir unsere Fähigkeiten, zu abstrahieren, zu rechnen oder komplexe Probleme zu lösen, auch für „schlechte" Dinge einsetzen können, so gilt dies auch für soziale Intelligenz. Die Fähigkeit der sozialen Intelligenz hat zunächst nichts mit der Tugend der sozialen Verantwortlichkeit zu tun, die wir nun näher anschauen.

Sind „gute" Zeitgenossen sozial-intelligent?

Gemeinhin halten wir Menschen für gut, die altruistisch zuletzt an sich denken, sich für andere einsetzen und stets das „Gute" wollen. Wenn man nach Beispielen fragt, werden Mutter Teresa, Albert Schweitzer, Martin Luther King, neuerdings Lady Diana und weitere Lichtgestalten genannt. Was wir für „gut" und „sozial-verantwortlich" halten, müssen wir genauer beschreiben: Eine Freundin meiner Familie beklagte sich immer über Terminnot. Wir bekamen unsere Doppelkopftermine einfach nicht hin.

Als ich einmal verwundert fragte: „Wieso kannst du eigentlich nie, soviel hast du doch nicht zu tun?" – zugegebenermaßen eine sozial-inkompetente Frage –, berichtete sie von ihren Aufgaben. Die meiste Arbeit bestand in der Hilfe für ihre erwachsenen Kinder. Der 22jährige Sohn kam nur nach Hause, um Wäsche abzuladen. Die verheiratete Tochter hatte etliche Babysitter-Jobs zu vergeben. Die Mutter kam zu nichts anderem, hielt aber an dem Gedanken fest, daß sie ihrer sozialen Verantwortung für die Kinder nachkäme. Aus ihrer Sicht handelte sie sozial-verantwortlich. Aus meiner Sicht handelte sie langfristig sozial-unverantwortlich. Meine Bemerkung: „Die nutzen dich aus, sozial-verantwortlich wäre es gewesen, du hättest die Kinder rechtzeitig zur Selbständigkeit erzogen" legte sie als sozial-inkompetent aus. Die zwischenmenschlichen Beziehungen sind schwierig. Was der eine für sozial-verantwortlich hält, ist für den anderen das Gegenteil. Zur sozialen Verantwortlichkeit gehört es, den Eindruck von Verantwortungsübernahme und damit Vertrauen zu erzeugen. „Du bist für das verantwortlich, was du dir vertraut gemacht hast", sagt der kleine Prinz bei Saint-Exupéry.

Verantwortung ist laut Brockhaus „das existentielle Getroffensein vom Anspruch, der vom Guten und Wert auf seine Erhaltung oder Verwirklichung oder vom Schlechten und Unwert auf seine Verhinderung oder Beseitigung ausgeht, wo solches in der Macht des handelnden Menschen steht". Diese Definition verweist darauf, daß wir, wenn es uns möglich ist, Gutes sagen und auch tun, Schlechtes nicht tun und bekämpfen sollen. Wir stehen für die Folgen unseres Tuns ein und im übrigen auch für die Folgen dessen, was wir nicht getan haben, „eigentlich" aber hätten tun müssen.

Dies betrifft bislang nur uns selbst, wo bleibt das Soziale? Bei Personen, die nicht in der Lage sind, für ihr eigenes Verhalten Verantwortung zu übernehmen, müssen wir für deren Verhaltensfolgen einstehen. Dies betrifft meist Alte, Schwache und Kinder bzw. „nicht zurechnungsfähige" Personen. Der Sohn, der mit dem Fußball Scheiben zertrümmert, ist eine teure Angelegenheit. Irgendwann, vielleicht wenn er sechzehn ist, sagen wir: „Die nächste Scheibe bezahlst du von deinem Taschengeld." Hier beeinflußt der Vater seinen Sohn mittels Kommunikation zu dessen

Nutzen. Das ist Erziehung. Die Beeinflussung des anderen zum eigenen Nutzen ist Manipulation.

Verantwortlichkeit des Vaters als Komponente der Sozialkompetenz besteht nicht darin, kommentarlos die zerbrochenen Scheiben zu bezahlen. Verantwortlich würde der Vater handeln, wenn er seinen Sohn zum selbstverantwortlichen Handeln erzieht. Hilfe zur Selbsthilfe muß die sozial-verantwortliche Devise lauten. Soziale Verantwortlichkeit ist also nicht wie die soziale Intelligenz eine Fähigkeit, sondern eine Tugend. Wir handeln sozial-verantwortlich, wenn wir für andere etwas in deren Interesse tun. Das schließt nicht aus, daß wir indirekt auch einen Vorteil davon haben. Deshalb wären wir noch keine Egoisten. Letztlich kann man immer behaupten, alles menschliche Tun sei egoistisch und jemand spende etwas, nur um sein Gewissen zu beruhigen. Je stärker wir in soziale Systeme eingebettet sind, z.B. in eine Familie, einen Freundeskreis, einen Verein, desto eher sind wir bereit, für dieses System etwas zu tun. Wir bekennen uns zu einem jeweiligen sozialen System, binden uns und andere mit ein. Je weniger soziale Beziehungen wir haben, um so unabhängiger sind wir und um so weniger soziale Verantwortung übernehmen wir.

Verantwortung übernehmen bedeutet: etwas an sich binden, für etwas einstehen und sich nicht abwenden. Einer Verantwortung und Pflicht entbunden zu werden geht oft mit einem Verlust an Selbstwertgefühl einher. Die Tendenz zur Vermeidung von Verantwortung steigt mit der Komplexität und Dynamik unserer (Arbeits-)Welt. Die Zeiten ändern sich, die Anforderungen wachsen und wechseln immer schneller. Wir müssen flexibel sein, reaktionsschnell, dynamisch, kreativ. Auch müssen wir mobil sein, d.h. bereit, alte Bindungen aufzugeben, Freunde, Vertrautes, zur Heimat Gewordenes zu verlassen. Wir glauben, immer wieder Neues anfangen, aufbauen zu müssen, um es anschließend gleich wieder einzureißen oder zumindest liegen zu lassen. Für Aufräumarbeiten bleibt immer weniger Zeit. Soziale Verantwortlichkeit wird also immer wichtiger und schwieriger zugleich, um unsere sozialen Systeme nicht allzu stark erodieren zu lassen.

Ähnlich wie im Erziehungsbeispiel von Vater und Sohn müssen auch in der sozial-kompetenten Führung selbstverantwortliche Subsysteme in ständiger Abstimmung die Produktions- und Dienstleistungsprozesse optimieren. Dies gelingt bei entsprechender Delegation. Führungskräfte übertragen allzugern nur die Aufgabe und nicht die Verantwortung. Das ist nicht nur sozialdumm, sondern auch sozial-unverantwortlich. Sie haben Angst vor Kontrollverlust. Die Mitarbeiter könnten ja zu selbständig werden und auch für die Erfolge verantwortlich sein wollen. Bei einem Mißerfolg kann man andere verantwortlich machen. Also drücken sie sich so „wolkig" aus, daß der Mitarbeiter hoffentlich das Richtige tut und die Chefs als Verantwortliche die Erfolge für sich verbuchen können. Sollte die Arbeit unglücklich verlaufen, können die Mißerfolge auf den Mitarbeiter geschoben werden. Das wirkt zwar sozial-intelligent, ist aber unverantwortlich. In der Politik gibt es besonders viele Meister des „sozial-kompetenten" Beruhigens und des wolkigen Ausdrucks, der später je nach Bedarf immer die gewünschte Interpretation erlaubt.

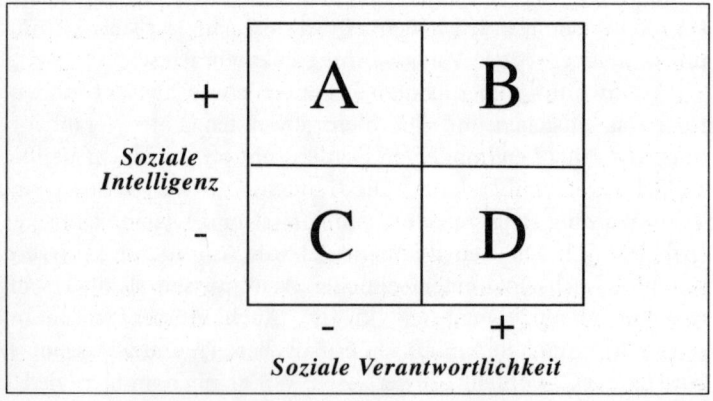

Abb. 1: Facetten der Sozialkompetenz

Sozialkompetenz setzt sich also aus zwei Facetten zusammen, der oben beschriebenen sozialen Intelligenz und der sozialen Verantwortung. Die *soziale Intelligenz* sollte wie andere Intelligenzfacetten auch als eine Fähigkeit verstanden werden. *Soziale Ver-*

antwortung ist eine Tugend. Sie gehört in den ethischen Bereich der Werte.

Aus dem obigen Schema ergeben sich bei einer Aufteilung in Hoch und Niedrig vier Felder, die näher beleuchtet werden sollen. Das unproblematischste Feld des *Syn-Egoismus* ist B. Hier finden wir sozial-intelligente und zugleich verantwortliche Personen, die es Gott sei Dank in Politik und Wirtschaft öfter gibt, als die Medien suggerieren. Die Einordnung der Personen, an die wir denken, hängt vom eigenen Wertesystem ab. In Feld A finden wir Personen mit hoher sozialer Intelligenz, die keine Verantwortung übernehmen. In diesem Feld finden sich die Mafiosi, Goebbels, Karačic und Stalin oder auch manche Heiratsschwindler, „trickreiche" Autoverkäufer und Immobilienhaie.

Feld C ist wiederum einfach. Hier sind die sozial-dummen und zugleich unverantwortlichen Zeitgenossen zu finden, die wir meiden. Sie sind im Gegensatz zu den A-Typen aufgrund ihrer Dummheit leicht zu erkennen. Dies gilt nicht so ohne weiteres für die D-Typen. Hierhin gehört die Frau, die sich von dem Heiratsschwindler hinters Licht führen läßt. Hierhin gehört auch die Oma, die ihr letztes Gespartes dem Enkel-Luftikus gibt. Dieser gutgemeinte Altruismus fördert das egoistische Verhalten des Enkels noch.

In unserem Bekanntenkreis gibt es eine Familie, in der die A's und D's eng beieinander auftreten. Die Großeltern haben ihr Haus der Tochter nebst Schwiegersohn überschrieben. Zur Sicherheit haben sie ein lebenslanges Wohnrecht festgelegt. Zwei Wochen nach dem Vertrag wurden wunderschöne Tannen abgehackt. Ein Teil des Grundstücks wurde abgeteilt und verkauft. Die einzige Freude des Großvaters, der gepflegte Garten, wurde durch ein Haus des neuen Nachbarn ersetzt.

Wesentlich ist, daß die egoistischen A's nur ihre Chancen haben, wenn es genügend sozial-dumme opferwillige D's gibt. Abgesehen davon, daß jeder das Recht haben muß, seine Dummheiten zu begehen, brauchen wir für das soziale System eine ausreichende Verträglichkeit. Wer sich systemunverträglich verhält, das soziale System also zu sehr verletzt, muß aus diesem zumindest zeitweise ausgeschlossen werden.

Wenn wir versuchen, die Kombinationen aus Abb. 1 auf eine Dimension der Sozialkompetenz im Sinne von Systemverträglichkeit zu projizieren, ergibt sich folgendes Bild.

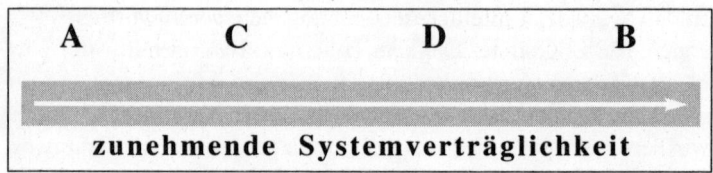

Abb. 2: *Sozialkompetenz: Kombinationen aus sozialer Intelligenz und Verantwortung, Systemverträglichkeit*

Gewünscht ist natürlich die Kombination B. Am schlimmsten und systemunverträglichsten ist aber nicht C, sondern A. So gesehen ist die durch den Heiratsschwindler betrogene Frau immer noch halbwegs sozial-kompetent, denn sie handelt nicht egoistisch.

Woher kommt diese Unterschiedlichkeit der Menschen hinsichtlich ihrer Sozialkompetenz und ihres (syn)egoistischen Verhaltens?

Menschen haben weniger schützende Instinkte als Herdentiere. Ein Baby kann nach wenigen Stunden noch nicht laufen und ist seiner sozialen Umgebung hilflos ausgeliefert. Beispiele für sozial-unverantwortliche Eltern, die Neugeborene aussetzen, gibt es in der Literatur genug. Der Mensch ist zudem darauf angewiesen, das zum Überleben erforderliche Verhalten zu erlernen. Dies geschieht im wesentlichen über Sprache als einem zentralen Element der Sozialkompetenz. Auch in der Sprache finden sich sozial-intelligente und sozial-verantwortliche Anteile. Wie schnell haben wir etwas gesagt, das nicht nur dumm, sondern auch verletzend ist.

Unsere Vorstellungen, Wertungen, Ursachenzuschreibungen, auch unsere Wahrnehmungen und Gefühle unterliegen einer Entwicklung, die durch unsere soziale Umgebung geprägt wird. Unsere Verschiedenheit aufgrund unterschiedlicher Gene und sozialer Entwicklungsprozesse schafft die Freiheit, auf die wir uns viel zugute halten. Ohne sie wäre normabweichendes, individuelles Verhalten und Einzigartigkeit unmöglich. Auf der Rückseite dieser Medaille steht die Verantwortung für unser Tun und unsere soziale Umgebung, die der Ast ist, auf dem wir sitzen. Ohne diese menschliche Vielfalt gäbe es keine Ethik und Kultur.

Zudem sind Menschen unterschiedlich belast- und beanspruchbar, d.h., sie brauchen die Hilfe anderer. Wer alt und schwach ist, braucht den sozial-kompetenten jungen Menschen, der die Tasche trägt und über die Straße hilft, ohne gleich die Hand aufzuhalten. Weiterhin brauchen wir Orientierung. Die fällt nicht vom Himmel, sondern muß im sozialen Gefüge gemeinsam gewonnen werden. Verhalten von verschiedenen Personen muß möglichst sozial-kompetent und menschlich angenehm koordiniert werden, um gemeinsame Ziele zu erreichen. Ein praktisches Beispiel ist die Nachbarschaftshilfe – nicht die Schwarzarbeit. Jeder will ein Häuschen, und man findet sich zusammen, um gemeinsam, jeder mit seinen Fähigkeiten, den Bauprozeß zu optimieren. Müßte jeder allein sein Haus bauen, könnte er es sein lassen. Das ziel- und zweckgerichtete gemeinsame Handeln zwingt förmlich zur Sozialkompetenz. Wer sich hier von anderen erst helfen läßt und anschließend seine Hilfe verweigert, verschafft sich kurzfristig Vorteile, grenzt sich aber langfristig aus.

Wozu brauchen wir Sozialkompetenz?

Wir haben jetzt einen Überblick darüber, was Sozialkompetenz ist. Sie ist eine Mischung aus Fähigkeit und Tugend, die zu aktuellem egoistischem, altruistischem oder synegoistischem Verhalten führt. Versuchen wir im folgenden, die zahllosen Argumente, die für praktisch gelebte Sozialkompetenz sprechen, auf wichtige Muster zu reduzieren. Die entscheidenden vier kausalen Muster, weshalb wir keinesfalls auf Sozialkompetenz verzichten können und sollen, sind unten beschrieben. Alle vier haben mit der zunehmenden Komplexität und Dynamik unseres Umfeldes zu tun.

1. Der erste Grund betrifft unsere Fähigkeiten. Zukünftige komplexe und dynamische Probleme können wir nicht mehr alleine und ohne Sozialkompetenz in den Griff bekommen. Daher gilt: keine synegoistische Problembewältigung ohne Sozialkompetenz.
2. Der zweite Grund betrifft die Richtigkeit unseres Tuns. Probleme zu lösen bedeutet noch nicht, daß es tatsächlich jeweils die „richtigen" Probleme sind, die wir angehen. Wir können in Zukunft ohne Sozialkompetenz nicht herausfinden bzw. uns einigen, welche Probleme wir als „richtig und wichtig" ansehen sollen. Das müssen wir aber wissen, um „richtig handeln" zu können.
3. Der dritte Grund hängt mit den beiden erstgenannten zusammen. Wir werden in einer zunehmend turbulenteren Welt nur dann zurechtkommen, wenn wir „Vertrauensorganisationen" schaffen, d.h. auf die Bereitschaft zum synegoistischen Verhalten der jeweils anderen setzen. Wir arbeiten immer stärker in Netzwerken. Dabei können wir nicht jede Absprache notariell absichern, sondern müssen darauf vertrauen, daß das, was wir

vereinbart haben, schnell, gut und zuverlässig im Sinne des jeweiligen Systems umgesetzt wird.
4. Der vierte Grund für das Erfordernis von Sozialkompetenz ist unsere Lebensqualität. Wir selbst fühlen uns besser und bleiben gesünder, wenn uns die anderen mögen, wenn wir die anderen mögen und wir miteinander statt gegeneinander arbeiten.

Keine Problembewältigung ohne Sozialkompetenz

Die Zukunft ist unbestimmt, ungewiß und unberechenbar. Die Probleme werden komplexer und ändern sich immer schneller. Wir werden immer weniger in der Lage sein, unsere Probleme allein zu lösen. Vor allem durch technologische und organisatorische Umstellungen in unseren Arbeitsbereichen verändern sich Abläufe so, daß immer mehr Koordination, Abstimmung und Kooperation erforderlich ist. Zugleich wachsen die Ansprüche an unsere Arbeitsqualität, Schnelligkeit und Kosteneffizienz.

> Ein Geschäftsführer einer solide finanzierten Firma berichtete Folgendes: „Es macht mir relativ wenig aus, daß ich heute fast das Doppelte arbeiten muß, um denselben Erfolg zu haben wie vor ein paar Jahren. Ich werde auch damit fertig, daß meine Mitarbeiter immer dünnhäutiger und gestreßter werden. Aber mich macht zunehmend kribbelig, daß ich für alltägliche Sachverhalte immer mehr Beratung brauche. Mein neues Auto hat ein Autotelefon mit allen Schikanen. Ich könnte vom Lenkrad aus Telefonnummern anklicken, frei in den Raum sprechen und in Konferenzschaltungen einsteigen. Aber das Handbuch zu dieser Anlage ist 200 Seiten stark. Und ich habe keine Zeit, es zu lesen. Außerdem hasse ich solche Handbücher. In jedem Stau versuche ich, ein paar Seiten vorwärtszukommen. Eines Tages werde ich das Ding beherrschen. Aber in diesem Moment bekomme ich ein neues Telefon, und der ganze Streß fängt von vorne an."

Wie diesem Menschen geht es vielen. Wir verstehen nicht die ständig veränderten Steuerregeln, glauben, daß wir überversichert sind, und Windows 97 funktioniert schon wieder nicht. Es wäre ein völlig sinnloses Unterfangen, überall auf dem laufenden bleiben zu wollen. Also müssen wir Prioritäten setzen und Wissen bzw. Nicht-Wissen durch Vertrauen ersetzen. Vertrauen geben und vertrauenswürdig sein, ist wiederum ein Mosaikstein der Sozialkompetenz. Die Verbindung zwischen individueller und kollektiver Aufgaben- und Problemlösung betrifft eine Disziplin, die in Zukunft Furore machen dürfte, das Wissensmanagement.

Sogar Topmanager verwenden nur weniger als drei Prozent ihrer Zeit darauf, eine Zukunftsvision aus der Sicht des Unternehmens zu entwickeln. Dazu sind sie eigentlich da. Ich empfehle Führungskräften daher immer, einmal am Tag eine Viertelstunde aus dem Fenster zu schauen. Sie sollen nachdenken, die Vogelperspektive einnehmen und möglichst weit vorausschauen. Wir stecken meist zu sehr im Alltagsgeschäft, anstatt uns Gedanken darüber zu machen, welche Kernkompetenzen wir brauchen, welche Bündnisse eingegangen werden sollten oder welche Initiativen wir wo unterstützen. Dies ist menschlich durchaus verständlich. Wir sind froh, wenn wir die komplexe Gegenwart einigermaßen bewältigen, und weniger motiviert, die noch komplexere und unbestimmbarere Zukunft zu analysieren. Es sei denn, es gelingt uns, die vielfältigen Probleme der Gegenwart auszublenden. Die Zukunft meistern und den Wandel managen können wir aber nur, wenn wir lernen, mit Dynamik und Komplexität besser umzugehen.

Komplexität beschreibt das, was ein System ist oder hat. Ein Staat oder eine Firma ist groß, klein, hat viele oder wenige Mitarbeiter. *Dynamik* beschreibt, was ein System tut, d.h. in welchem Zustand es sich befindet bzw. wie schnell und in welche Richtungen es seine Zustände verändert. Straßenverkehr oder Flugverkehr wären noch dynamischere Systeme, wenn die Teilnehmer kreuz und quer, ungeregelt durcheinander fahren würden. Die Komplexität würde durch die Anzahl der Fahrzeuge, ihre Vielfalt und ihren Vernetzungsgrad bestimmt. Verkehrsregeln und -vorschriften versuchen die Dynamik zu reduzieren, um Chaos zu vermeiden. Wenn wir die Komplexität und die Dynamik in einem Vierfelder-Schema auftragen, ergibt sich folgendes Bild:

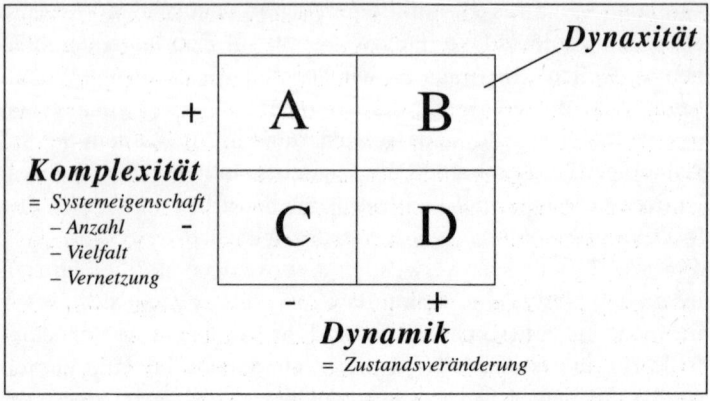

Abb. 3: Komplexitäts- und Dynamik-Kombinationen

Ein Auto ist ein komplexes System, weil es aus vielen (ca. 2.500 Einzelteilen bei einem Mittelklassewagen), vielfältigen (ein Pleuel sieht anders aus als eine Achse) und vernetzten Elementen besteht. Wenn es in der Garage steht, ist es nicht dynamisch. Wenn es fährt, Richtung und Geschwindigkeit ändert, dann ja. Der Unterschied zwischen Komplexität und Dynamik wird deutlicher, wenn man für die obigen vier Kästchen Beispiele der Arbeitstätigkeit findet, für die wir ja auch sozial-kompetent sein wollen.

Es gibt Menschen, die sich in ihrem Gebiet sehr gut auskennen. Sie haben viel gelesen und kennen zahllose Untersuchungen. Also gehören sie in die obere Hälfte von Abb. 3. Allerdings ist bei manchen dieser Experten zu beobachten, daß sie mit der ständigen Veränderung, also der Dynamik, nicht fertig werden. Das, was gestern noch galt, ist heute schon überholt und wird morgen wieder ganz anders aussehen. Wir würden einen Arzt nicht schätzen, der das, was er vor dreißig Jahren gelernt hat, ohne Veränderung immer wieder anwenden würde.

Vertreter von Feld C, die einfache Aufgaben, die sich nicht verändern, bewältigen, sind uns vertraut. Vertreter von Feld D sind meist „Springer", die zwar einfache Tätigkeiten verrichten, die sich aber dauernd qualitativ verändern. Der Hausmeister eines

Hotels muß zwar einfache, aber wechselnde Einzeltätigkeiten verrichten wie Dachrinnen säubern, Lampen reparieren oder den Hof fegen. Wenn Vertreter der Felder A, C und D weniger sozialkompetent sind, ist das zwar nicht unbedingt angenehm, läßt sich aber verkraften. Besonders wichtig wird die Kombination aus Fähigkeit und Tugend jedoch bei Feld B, den komplexen und sich permanent verändernden Tätigkeiten. Diese *Dynaxität* als Verbindung aus Komplexität und Dynamik wird uns noch beschäftigen.

Manager, Politiker, Wissenschaftler oder sonstige Führungskräfte, die mit Komplexität, aber nicht mit Dynamik umgehen können (Feld A), sind für Bereiche mit stabilen Produkten und Märkten oder stabile politische Verhältnisse geeignet. Schwierig wird es für sie in turbulenten Zeiten oder in Bereichen, wo das Wissen eine geringe Halbwertzeit aufweist. Hier brauchen wir „B-Typen". Sie müssen mit Widersprüchen umgehen können, chaostolerant, hochflexibel und umstellungsfähig sein, noch dazu neugierig und bereit, einmal erworbenes Wissen wieder über Bord zu werfen. Unternehmen mit Produkten oder Dienstleistungen in beweglichen Märkten (Feld B) bzw. die entsprechenden politischen Veränderungen benötigen personale Qualitäten wie Sozialkompetenz, die nur sehr begrenzt zur Verfügung stehen. Das erklärt auch, warum es so schwer ist, gute Top-Manager oder Politiker zu finden. Sie müssen nicht nur gute Fachleute sein, sondern auch, soweit möglich, die hier diskutierten Facetten der Sozialkompetenz mitbringen oder erlernen.

Die Lösung komplexer Probleme kann nur gelingen, wenn sich möglichst viele Personen aus unterschiedlichen Denk- und Erfahrungsrichtungen artikulieren. Eindimensionales Denken reduziert die Komplexität und ist langfristig ineffektiv und ineffizient. Die verschiedenen Meinungen im Konsens zu bündeln und zu wenigen Handlungsalternativen zu destillieren ist eine Führungs- und Kommunikationsaufgabe par excellence. Sie ermöglicht erst die Teambildung. Bezüglich dieser wenigen Handlungsalternativen wird dann im politischen Feld abgestimmt bzw. im Arbeitsumfeld entschieden. Die Kunst besteht darin, verschiedene Experten mit unterschiedlichem Wissen dahin zu bringen, daß sie synegoistisch ihre Fähigkeiten in den gemeinsamen „Problemlösetopf" einbringen und am selben Ende desselben Stranges in dieselbe Richtung ziehen, die auch noch die richtige sein muß.

Wenn wir für die Problembewältigung die verschiedenen Spezialisten beisammen haben, kommen andere Phänomene zum Tragen, die zumindest soziale Intelligenz erfordern. Experten sind meist selbstbewußt und glauben, ihre Expertise sei der Schlüssel zur Wahrheit. Wenn es einer Führungspersönlichkeit gelingt, sie synegoistisch unter einen Hut zu bringen, entwickelt sich das nächste Problem. Die Unterschiedlichkeit zwischen ihnen verschwindet und damit auch das Pfund, mit dem man zwecks Komplexitätsbewältigung wuchert. Die Leute tauschen sich aus, haben gemeinsame Aufgaben und bemerken, daß sie ähnliche Interessen haben. Die wahrgenommene Ähnlichkeit der Mitglieder verstärkt die gegenseitige Sympathie. Diese an sich erfreuliche Sympathie sorgt im Verlauf der weiteren Teamentwicklung für eine zunehmende Homogenisierung, wodurch die für kreative Denk- und Problemlöseprozesse notwendige Heterogenität, „das Bunte", verlorengeht. Homogene Systeme überleben kaum. „Willst du deinen Wald vernichten, pflanze Fichten, Fichten, Fichten", so weiß es eine alte Försterregel. Zum Schluß schmoren alle im eigenen Saft und wundern sich über die ungerechte Welt, wenn das Boot untergeht. Sozial-intelligentes Verhalten bestünde also darin, zur Problemlösung die geistige Vielfalt der mit der Problembewältigung Beschäftigten zu erhalten und gleichzeitig zum Zwecke des sozialen Friedens Ähnlichkeit und Harmonie zu erreichen.

Kein „richtiges" Handeln ohne Sozialkompetenz

Was hat Demokratie mit Sozialkompetenz zu tun? Wir wollen diese Frage der sozialen Verantwortung unterordnen. Denn nur wenn die „richtigen" Probleme „richtig" angepackt werden, können wir die Zukunft meistern. Aber was ist „richtig"? In Führungsseminaren schlüpfe ich oft in die Rolle der 15jährigen Tochter, die etwas fragt. Kinder in diesem Alter sind genauso intelligent wie Erwachsene. Aber sie lassen sich nicht so gerne mit wolkigen Begriffen abspeisen und wollen es konkret wissen. Diese Tochter fragt nun: „Was ist Demokratie? Nenne mir ein Beispiel!" Gestandene Führungskräfte antworten zunächst mit Ersatzbegriffen wie Herrschaft des Volkes oder Gegenteil von Diktatur. Als Beispiel wird die fünfköpfige Familie genannt, die Stimmen abzählt, ob sie ins Wochenende fährt oder zu Hause bleibt. Wenn drei sagen, wir fahren, sind alle fünf dabei. Es ist wichtig, daß die demokratisch bestimmte Minderheit sich nicht ausklinkt und daheim bleibt. Der Kern der Demokratie liegt allerdings tiefer. Es ist leicht möglich, eine Stimmenmehrheit zu haben, und gleichzeitig sind alle bereit, das Falsche zu tun. Die Frage ist, wie das Risiko reduziert wird, daß alle im Konsens in die „falsche" Richtung laufen? Dies geht nur über die Heterogenität der Meinungen, die sich artikulieren müssen. Je bunter das Meinungsspektrum und je besser die Meinungen durch sozial-kompetente Führungs- und Organisationsprozesse zu wenigen Handlungsalternativen destilliert werden, um so höher ist die Wahrscheinlichkeit, eine „richtige" Lösung zu finden. Zwischen diesen Alternativen wird im demokratischen Prozeß durch Auszählen gleichwertiger Stimmen gewählt bzw. im demokratischen Führungsprozeß entschieden. Auch die ökologischen Systeme zeigen uns, daß Überleben nur durch Vielfalt möglich ist.

In autokratischen Führungsstrukturen ist allerdings oft das Muster zu beobachten, daß ein Vorstand ein Team von Mitarbeitern auswählt, die ihm gefallen. Alle denken auf der gleichen Wellenlänge. Er realisiert nicht, daß er, wenn alle das Gleiche denken, es auch gleich allein tun könnte. Für den Vorstand ist es natürlich leichter, homogene Mitarbeiter zu führen. Mit unterschiedlichen Mitarbeitern umzugehen, die u.U. völlig andere Meinungen vertreten und Widerworte geben, verlangt mehr Nachdenken, Toleranz, Offenheit, also weitere Mosaiksteine der Sozialkompetenz. Führungskräfte, die sich dieser Mühe unterziehen, werden allerdings später mit hoher Wahrscheinlichkeit damit belohnt, die richtigen Entscheidungen getroffen zu haben.

Die Wahrscheinlichkeit, im Konsens das Falsche zu tun, wird durch das Zusammenführen unterschiedlicher Meinungen verringert. Dies ist unbequem und mühsam, lohnt sich aber auf Dauer. Nun beginnt ein anderes Erfordernis der Sozialkompetenz zu greifen, nämlich die Frage, ob das, was wir gemeinsam lösen, auch das „Richtige" ist. Personen mit besonderen Qualitäten und Spezialwissen haben ihren eigenen Kopf und die oft egoistischen Wahrheitsansprüche ihrer jeweiligen Profession. Für sie gibt es unterschiedliche Ansichten des „Wahren und Richtigen". Wir müssen diese Vielfalt zu Wort kommen lassen. Dies gleicht dem Prozeß des Kochens. Wer nur ein Gewürz nimmt, versalzt die Suppe. Die Kochkunst besteht darin, vielfältige Substanzen und Gewürze in der „richtigen" Weise zu mischen und durch den katalytischen Wechselwirkungsprozeß eine schmackhafte Speise zu erreichen.

Es erfordert Sozialkompetenz, Querdenker und Querköpfe zu effizient arbeitenden Teams und Projektgruppen zusammenzubringen und zusammenzuhalten und auf diese Weise die „richtigen" Problemlösungen zu erarbeiten. Wenn man für eine Führungsposition Menschen gefunden hat, die sowohl mit Komplexität als auch mit Dynamik umgehen können, sind sie häufig nicht sozial-kompetent. Sozialkompetenz wurde vielfach durch (mikro)politische Opportunität ersetzt. Auf dem Weg vom Sachbearbeiter in seinen abgeschotteten vier Wänden zum dynamischen Teamarbeiter muß viel Sozialkompetenz erworben werden. Denn nur so erhöhen wir die Wahrscheinlichkeit richtiger Entscheidungen.

Keine Vertrauensorganisation ohne Sozialkompetenz

Die wachsende Komplexität und Dynamik führt dazu, daß wir immer mehr Wissen durch Vertrauen ersetzen müssen.

> Eines Tages bauten wir unser Bad um, eine an sich banale Angelegenheit, die aber schnell in Streß ausuferte. Bei der Auswahl der neuen Badewanne kam ich auf die Idee, einen Whirlpool einbauen zu lassen. Meine naive Vorstellung war, daß man in eine normale Badewanne ein paar Löcher für die

Düsen bohrt und die Anlage anschließt. In kurzer Zeit entwickelte sich ein komplexes Problem. Anbieter von fertigen Whirlpools verlangten enorme Preise. Die Auswahl, also die Anzahl und Vielfalt der Elemente, war riesig. Es gab Pools mit und ohne Sauerstoffzufuhr, antibakteriell und nicht antibakteriell, vorgeheizt oder nicht, laut oder leise und in den verschiedensten Designs. Was macht der Laie bei so viel Komplexität? Ich bewaffnete mich mit Prospekten. Mit technischen Daten kommt man weiter, dachte ich. Weit gefehlt, denn die Zeit, zum Experten für Whirlpools zu werden, hatte ich nicht. Also galt es, Wissen durch Vertrauen zu ersetzen und andere Kriterien anzulegen. Ich suchte mir eine kleine Spezialwerkstatt mit jungen Fachleuten. Wir bekamen einen wunderbaren Whirlpool, der bezahlbar war.

Wir brauchen Mut zur Lücke und Vertrauen zu Experten, die immer mehr auf einem immer kleineren Sektor wissen. Dies zwingt zur Verknüpfung verschiedener Experten, im Unternehmen eben zu Projektgruppen, deren Mitglieder zueinander „blindes" Vertrauen in das synegoistische Verhalten des jeweils anderen haben müssen.

Ein wesentliches Argument für die synegoistisch handelnde Vertrauensorganisation ist die Zeit. Wir haben zukünftig und oft schon heute nicht genügend Zeit, die Probleme nacheinander zu bearbeiten. In Zukunft werden die Unternehmen überleben, die am schnellsten lernen bzw. sich gemäß dem Evolutionsprinzip „Überleben des Anpassungsfähigsten" verändern. Entscheidend ist es, Synergieeffekte bei verschiedenen Projekten zu erzielen, sie zu bündeln, sich gegenseitig vertrauensvoll zu unterstützen und unterstützen zu lassen. Die Bündelung und Vernetzung verschiedener Projekte und die Nutzung möglicher Synergieeffekte sind wesentliche Aufgaben, die sozial-kompetenten Personen obliegen sollten. Die Fähigkeit, sich zu wandeln und durch sozial-kompetente Kommunikation schneller zu lernen als die anderen, wird zukünftig der entscheidende Wettbewerbsvorteil sein. Es reicht immer weniger aus, daß einige kluge Köpfe in oberen Rängen vor sich hin planen und andere die Vorgaben der „Strategen" erfüllen.

Zukünftige Spitzenorganisationen zeichnen sich dadurch aus, daß auf allen Ebenen das Verhaltens- und damit auch das Kommunikations- und Lernpotential aller Mitarbeiter ausgeschöpft wird. Wir werden kleinere Einheiten, selbstregulative, selbstverantwortliche Subsysteme, z. B. Teams, haben, die zwangsläufig synegoistisch kooperieren müssen. Ein Konvoi ist immer nur so schnell wie sein langsamstes Fahrzeug. Flexible, bewegliche Gefährte driften allerdings auch schnell auseinander. Sie müssen geleitet, gebündelt, koordiniert werden. Und dies, obgleich die selbstbewußten Spezialisten auf ihrem Gebiet qualifizierter sind als die Führungspersönlichkeiten, die diese Koordinations-, Bindungs- und Planungsaufgaben übernehmen. Der flexible, selbstorganisatorische Vertrauensverbund ist die Organisationsform der Zukunft.

Es reicht aber keinesfalls aus, eine problematische Hierarchie durch Projekte zu ersetzen, die man mit genügend Sozialkompetenz koordiniert. Wir müssen auch den permanenten Wandlungsprozeß gestalten. Projektmanagement ist sinnvoll, wenn eine klar definierte Aufgabe innerhalb eines umschriebenen Zeitraumes in verschiedenen Planungs- und Umsetzungsschritten bewältigt werden soll. Beim Hausbau ist es beispielsweise sinnvoll, verschiedene Eckpunkte und Meilensteine zu definieren. Auf diese Weise kann die Komplexität der Aufgabe durch Zerlegung reduziert werden. Voraussetzungen sind allerdings:

- klare Ziele und Aufgaben
- klare Bedingungen
- eine hinreichende Vorhersehbarkeit der Ereignisse
- damit Planbarkeit der Aktivitäten in Raum und Zeit
- Transparenz
- Einflußmöglichkeiten der handelnden Personen: Erst kommt dies, und dann kommt jenes.
- Kontrollmöglichkeiten. Der Projektleiter bestimmt das Verfahren.

Das Vertrauen bezieht sich vor allem auf die Zuverlässigkeit hinsichtlich Qualität, Zeit und Kosten und natürlich darauf, daß keiner den anderen egoistisch ausnutzt. Projektmanager fürchten

Qualitätsmängel, Verzögerungen und Kostensteigerungen. Beim Projekt kann jeweils überprüft werden, ob das Vertrauen gerechtfertigt war. Ein Prozeß hingegen ist ein Ereignisfluß, der mittels Prozeßmanagement angeregt, verändert, beeinflußt, kanalisiert werden kann, aber nicht im Detail bestimmbar ist. Hier bezieht sich das Vertrauen auf Persönlichkeiten, die „es schon richtig machen werden". Die meisten Unternehmen haben in den letzten Jahren durch Restrukturierung einen stärkeren Veränderungsprozeß erfahren als je zuvor. Ein Prozeß entwickelt sich mit der Zeit und über die Schnittstellen zwischen verschiedenen eigendynamischen (Sub)Systemen. Wenn sie auseinanderdriften, verlieren sie ihren Schnelligkeitsvorteil. Der Staffelstab muß an den Schnittstellen möglichst nahtlos übergeben werden. Darauf muß der Prozeßmanager vertrauen können. Herrscht hingegen statisches, egoistisches Abteilungsdenken vor, geht der effiziente Fluß der verschiedenen Geschäfts- und Unterstützungsprozesse verloren. Jede Abteilung sucht bei Mißerfolg die Schuld bei den anderen. Dann müssen Sündenböcke gefunden werden. Teams funktionieren bei Routineaufgaben meist recht gut. Aber bei Bedrohungen des einzelnen brechen sie vielfach mangels Syn-Egoismus und Sozialkompetenz auseinander. Wir brauchen für den schnellen Fluß der Prozesse Vertrauen. Mitarbeiter und Führungskräfte, die sich gegenseitig trauen, arbeiten auf Zuruf und ohne notarielle Absicherungen. In einer Organisation voller Mißtrauen ist dies kaum zu realisieren. Mißtrauen verlangt Absicherung, Intransparenz, Parallelarbeiten. Dies alles kostet Zeit und im übrigen Lebensqualität. Im übrigen ist die „lernende Organisation" nur über eine Lernkultur erreichbar, in der das gegenseitige Vertrauen besteht, eigene Fehler offen einzugestehen, so daß auch andere daraus lernen können.

Keine Lebensqualität ohne Sozialkompetenz

Sozialkompetenz ist nicht nur Voraussetzung, um gemeinsam mehr Erfolg zu haben, dynaxische Probleme zu bewältigen und das „Richtige" zu tun, sondern sie macht auch das Leben angenehmer, ist möglicherweise sogar für unsere Lebensqualität entscheidend. In Managerseminaren zum Selbstmanagement bitten wir die Teilnehmer, ein Zielsystem zu entwickeln. Jeder hat eine Reihe von Zielen, die er unterschiedlich konkret formulieren kann. Wir wollen alle gesund und zufrieden sein. Die Kinder sollen gedeihen, und die meisten von uns wollen Sicherheit des Arbeitsplatzes und der Altersversorgung. Wer noch nicht die Reife der Bedürfnislosigkeit erreicht hat, möchte ein Haus mit Garten, ein bestimmtes Auto oder endlich einmal die Traumstraße der Welt befahren. Solche Ziele werden benannt, konkret beschrieben, in eine Rangordnung gebracht und anschließend zu einem System vernetzt. In dieser „Ziellandkarte" sehen die Teilnehmer dann, was wichtig oder unwichtig ist, welche Zielkonflikte zu befürchten sind und welche Ziele besonders aktiv auf die anderen einwirken.

Ein solches Zielsystem ist nicht einfach zu erstellen. Denn bei jedem Paarvergleich der Ziele sollen die Teilnehmer sagen, welches, wenn nicht beide zugleich möglich sind, das wichtigere ist, z. B. „Geld" oder „von anderen gemocht werden". Der Geizhals gewinnt mit seiner Sparsamkeit ja nicht unbedingt die Sympathien seiner Mitmenschen. Es ist leicht zu sagen: „Wenn ich nicht beides zugleich haben kann, sollen mich lieber die anderen mögen." Aber der Umkehrschluß, den die Teilnehmer ziehen sollen, ist schon drastischer: „Ich verzichte auf Geld." Die Aussage „lieber gemocht als reich" hört sich anderes an als „lieber arm und von anderen gemocht als reich und nicht gemocht". Bei solchen Überlegungen stellt sich erfahrungsgemäß schnell heraus, daß unsere Zielsysteme theoretisch recht ähnlich sind. Letztlich wollen wir alle glücklich und gesund sein und das Leben genießen. Es geht uns um die Lebensqualität, die im sozialen Zusammenleben selbst liegt. Hier agieren auch die meisten Emotionen wie Liebe, Haß, Angst, Ärger, Frustrationen. Sozialkompetenz hilft bei der Erreichung von Lebensqualität. Aber was genau ist Lebensqualität?

Der Begriff der Lebensqualität wird nicht nur in der Werbung genutzt. In der Forschung zur Lebensqualität werden als deren Bestandteile genannt: Zufriedenheit, der Eindruck von sozialer Unterstützung und Solidarität, subjektive Ausgeglichenheit,

Glück, hohe Moral, psychologisches Wohlbefinden, gute Lebenseinstellung, aber auch eine hohe Lebenserwartung, Vermögen, Wohnungseigentum, Komfort, Ausbildungsgrad und Familie.

In der Philosophie gab es zwar lange keine Begriffe wie Sozialkompetenz und Lebensqualität, aber wir finden deren Komponenten unter Rubriken wie „Glück" im Sinne eines erfüllten und sinnvollen Lebens. Schon Demokrit (470-361 v. Chr.) widersprach der Vorstellung, Glück sei allein eine Gabe der Götter bzw. des Schicksals, die durch Macht, Ehre, Reichtum und Gesundheit symbolisiert werde. Er meinte, durch Klugheit, Besonnenheit und vor allem eine vernünftige Lebensführung mit gemäßigten Sinnenfreuden könne der Mensch das Glück einer geistigen, bescheidenen und heiteren Zufriedenheit des Gemütes (ataraxia) erlangen. Auch wer nicht, wie Demokrit, 109 Jahre alt wird, kann dieser Vorstellung von Lebensqualität vielleicht etwas abgewinnen. Die Lehre von der Glückseligkeit (eudaimonia) war für die griechische Philosophie zentral, wobei Platon (427-347 v. Chr.) wiederum das tugendhaft gute (sozial-kompetente) Leben in den Vordergrund stellte. Auch bei Aristoteles (384-322 v. Chr.) ist die Glückseligkeit im Sinne eines tugendhaften Lebens Ziel allen menschlichen Tuns. Er verweist darauf, daß Menschen ihre Meinungen über Lebensqualität ändern. Wenn sie krank sind, besteht Lebensqualität in Gesundheit, wenn sie arm sind, gewinnt der Reichtum an Attraktivität. So ähnlich mag es im sozialen Bereich sein. Wenn wir friedlich miteinander leben, erscheint dies selbstverständlich. Erst wenn der Streit anfängt, wird uns die Wichtigkeit eines sozialkompetenten Miteinanders bewußt.

Nach der Zeitenwende wurden Glück und kooperatives Miteinander als christlich-theologische Probleme diskutiert, indem man sich u. a. auf die Bergpredigt bezog. Augustinus (354-430) ging davon aus, daß der Mensch die wahre Glückseligkeit erst nach dem Tod erlangen könne. Die Renaissance wandte sich verstärkt der griechischen Glücksphilosophie zu und vermengte den kontemplativen Glücksbegriff mit christlichen Elementen: „Liebe deinen Nächsten", höchst sozial-kompetent. Bei späteren Denkern wie John Locke (1632-1704) wird Glück zum Maximum an Lust und Vergnügen. Für Locke ist das Streben nach Freude und

Glück bzw. die Vermeidung von Schmerz die Grundlage des Handelns. Jeremy Bentham (1748–1832) stellt die hedonistischen Aspekte in den Vordergrund.

Viele Philosophen sehen das höchste Ziel des politischen Handelns im größtmöglichen Glück von möglichst vielen Menschen. Der einzelne muß einsehen, daß seinem persönlichen Glück am besten gedient ist, wenn er dem kollektiven Ziel dient. Implizit wird Glück in den meisten Ansätzen als höchste Form der (subjektiven) Lebensqualität verstanden. Immanuel Kant (1724–1804) bedauert in seiner „Metaphysik der Sitten": „Es ist ein Unglück, daß der Begriff der Glückseligkeit ein so unbestimmter Begriff ist, daß, obgleich jeder Mensch zu dieser zu gelangen wünscht, er doch niemals bestimmt und mit sich selbst einstimmig sagen kann, was er eigentlich wünsche und wolle." In der Konsequenz schlußfolgert Kant, daß sich keine eindeutigen Prinzipien festmachen lassen, wie Glückseligkeit zu erlangen sei. Man könne allenfalls vage Ratschläge erteilen. Zudem solle der Mensch sich durch moralisches („sozial-verantwortliches") Handeln für das Glück als würdig erweisen. Nietzsche (1844–1900) beschreibt Glück als Fülle des Gefühls und der Lebenssteigerung: „Das leiseste, leichteste einer Eidechse Rascheln, ein Hauch, ein Husch, ein Augenblick – wenig macht die Art des besten Glücks."

Für Lebensqualität, Glück, Zufriedenheit mit sich und seinen Mitmenschen und andere Komponenten der Sozialkompetenz gibt es kaum objektive Maßstäbe. Aber wir können erforschen, welche Anker unsere Mitmenschen für ihre Glücksgefühle verwenden. Der Mensch bewertet durch Vergleiche. Wer nur arme Leute kennt, wird mit der Qualität seines Lebens zufrieden sein, wenn er über bescheidenen Wohlstand verfügt. Wer sich in der Welt der Reichen und Schönen bewegt, wird eventuell sein bedauernswertes Los beklagen, weil er sich zwar drei Häuser, aber keine Yacht leisten kann. Die unterschiedlichsten „Lebensqualitäts-Inhaber" möchten oft nicht miteinander tauschen. Wer nur in Streit und Verdruß mit seinen Mitmenschen lebt, ist häufig für kleinste Gesten der Zuwendung dankbar. Wer mit sich selbst nicht zurechtkommt, hat meist auch Schwierigkeiten im Umgang mit seinen Mitmenschen.

Wie ich mein Leben sehe, wie zufrieden und glücklich ich bin und wie ich in der Folge mit anderen umgehe, ist eine entscheidende Frage des Selbstmanagements. Diese Management-Aufgabe ist sehr viel schwerer, als die meisten glauben. Wir haben in einem langen, mehr oder weniger gelungenen Erziehungsprozeß versucht sie zu erlernen. Verstehbar ist Selbstmanagement nur, wenn wir die drei Facetten des Menschen verstehen, die in ihrem dynamischen Zusammenspiel seine Ganzheit ausmachen. Diese drei Welten sind nicht einfach Körper, Geist und Seele, wie wir nach der Unterscheidung von Materie und Geist durch Descartes gelernt haben. Seinem „Ich denke, also bin ich!" können wir ein „Ich fühle, also bin ich!" und ein „Ich empfinde, also bin ich!" zur Seite stellen. Wir haben mindestens drei Zugangswege zu uns, leben in drei Welten, und zwar in der Körper-, der Geistes- und der Lebenswelt.

Die Körperwelt ist die Welt der physikalisch definierbaren Ereignisse. Wir messen Lärm in Dezibel, Gewicht in Kilogramm, Licht in Lux. Hier ist Objektivierung möglich. Hohe Lebensqualität könnte für unsere Körperwelt bedeuten: körperliche Funktionstüchtigkeit, gute Lungenfunktion und Blutdruckwerte, eine helle, freundliche, ruhige, saubere Wohnung. Sozialkompetenz aus Sicht der Körperwelt wäre bestimmbar durch die Anzahl der verbalen und nonverbalen Kontakte, durch Soziogramme, d.h., wer wen wie oft anspricht. Die Wahl des Klassensprechers kann als Maß für seine Beliebtheit und das Vertrauen in seine Sozialkompetenz gesehen werden.

Die Geisteswelt ist die Welt der Gedanken, der synegoistischen Überlegungen und Einstellungen, der Ursachenzuschreibungen, teilweise der Motivationen, der Werte und Ziele. Lebensqualität könnte hier bedeuten: Zufriedenheit mit dem Erreichten, dem geistigen Austausch, Anerkennung von Leistung, soziale Einbettung und Unterstützung. Sozialkompetenz drückt sich in dieser Welt vor allem in der sozialen Intelligenz und bezüglich der sozialen Verantwortung in ethischen Standards aus. In der Geisteswelt spielen sich Selbstreflexion und Metakognition ab. Wir können denken, wie wir denken. Wir können aber nicht fühlen, wie wir fühlen. Letzteres spielt sich nämlich in einer anderen Welt ab.

Die Lebenswelt ist die Welt der unmittelbaren Gefühle. Angst, Ärger, Langeweile sind ein Ausdruck niedriger Lebensqualität. Freude, Liebe, Glück hingegen haben eine positive Wertigkeit bei allen Menschen. Aspekte der sozialen Verantwortung wie z.B. Barmherzigkeit und Mitleidsfähigkeit gehören in diese Welt.

Zusammenhänge zwischen diesen Welten werden in der „Lebensqualitätsdynamik" sichtbar. Das Zusammenspiel von Liebe (Lebenswelt) und sexueller Lust (Körperwelt) beispielsweise führt erst in der Kombination zu höchster Lebensqualität.

Wenn wir die drei Welten auf den einzelnen und auf Gruppen beziehen, ergeben sich recht interessante Kombinationen für die Lebensqualität und die *Sozialkompetenz:*

	Körperwelt	Geisteswelt	Lebenswelt
individuell „subjektiv"	A	B	C
kollektiv „objektiv"	D	E	F

Abb. 4: Körper-,/ Geistes-,/ Lebenswelt: subjektiv / objektiv

In Feld A wären z.B. die subjektive Behaglichkeit, das schmackhafte Essen oder der Orgasmus einzuordnen. Zur Sozialkompetenz gehört hier z.B. die Bereitschaft, dafür zu sorgen, daß der andere auch seine Lebensqualität hat. „Leben und leben lassen" ist eine sozial-kompetente Devise. Feld B betrifft die Zufriedenheit über die eigene Leistung, die Position oder gedeihende Kinder. Feld C beinhaltet Gefühle wie Freude, Glück und Liebe. In Feld D wären relativ allgemeingültige Aspekte, wie Blutdruckwerte, Körpergewicht etc., zu lokalisieren. Im Führungsprozeß ist es unbedingt erwünscht, daß der Vorgesetzte darauf achtet, ob seine Mitarbeiter gesundheitlich gefährdet sind. Die Felder A und D können beispielsweise durchaus divergieren. Ein fülliger Mann kann in einer Brauerei wesentlich besser wirken als ein Asket mit Idealgewicht.

Feld E betrifft den *Syn-Egoismus* direkt sowie allgemeine Reflexionen zu sozialen Bindungen, „gesunden" und lebensqualitativ wertvollen oder -losen geistigen Inhalten. Auch hier können B und E divergieren. Auf so manche Fernsehsendung, in der soziale Inkompetenz den Inhalt bestimmt, freut sich der einzelne und rechnet sie womöglich zu seiner Lebensqualität (Feld C). Vor allem in den Feldern E und F ist die Sozialkompetenz, die synegoistisches Verhalten provoziert, eine entscheidende Größe. Höchste, sowohl individuelle als auch kollektive Lebensqualität besteht in der Übereinstimmung aller sechs Felder. Wir fühlen uns körperlich wohl (A) in Übereinstimmung mit medizinischen Idealwerten (D). Wir sind zufrieden mit dem Erreichten (B) in Übereinstimmung mit den Werten und Normen unseres sozialen Systems (E), und wir empfinden höchstes Glück (C) in Übereinstimmung mit dem, was in dem jeweiligen gesellschaftlichen System als Glück gilt (F).

Wie leben wir sozial-kompetent?

Wir wissen nun im Prinzip, was Sozialkompetenz ist und wozu wir sie brauchen. Um stärker im Detail zu erarbeiten, wie wir konkret danach leben, sollten wir eine kognitive Ordnungsstruktur schaffen. Dies soll mit Hilfe des folgenden Mindmaps gelingen, dessen feinere „Stationen" wir später nacheinander ausbauen.

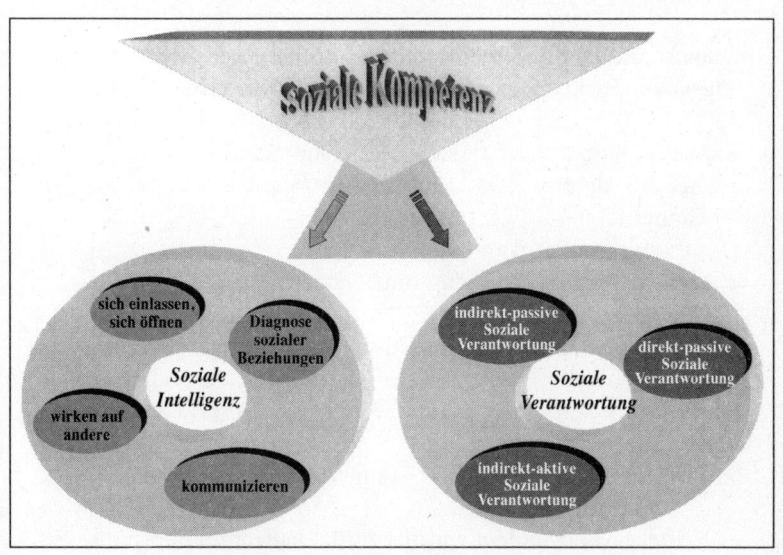

Abb. 5: Mindmap Soziale Kompetenz als Voraussetzung für synegoistisches Verhalten

Um zu beantworten, wie wir konkret *sozial-kompetent leben*, wollen wir vorerst nur die Grobgliederung betrachten. Sie differenziert zwischen sozialer Intelligenz als Fähigkeit (Können) und sozialer Verantwortung als Tugend (Wollen). Natürlich müssen wir auch dürfen, also die Gelegenheit zu sozial-intelligentem und -verantwortlichem Handeln haben.

Die Gliederung im mittleren Auflösungsgrad differenziert:

- bei der sozialen Intelligenz nach Diagnose (z. B. soziale Wahrnehmung), Einlassen und Empfangen (z. B. Offenheit), Wirkung auf andere (z. B. Charisma) und Kommunikation (z. B. Zuhören),
- bei der sozialen Verantwortung hinsichtlich *"indirekt-passiver sozialer Verantwortung"* (z. B. Mitleid), *"indirekt-aktiver sozialer Verantwortung"* (z. B. Vorleben) und *"direkt-aktiver sozialer Verantwortung"* (z. B. Helfen).

Beim sozial-intelligenten Handeln, das noch nichts mit seiner ethischen „Richtigkeit" zu tun hat, müssen wir also fähig sein:

- soziale Prozesse bei anderen zu diagnostizieren,
- uns auf sie einzulassen und soziale Signale wahrnehmen zu können,
- auf andere zu wirken
- und mit anderen zu kommunizieren.

Dieser Kreisprozeß läuft inhaltlich unter Rückkopplungen auf die *soziale Verantwortung* ab. Es reicht nicht, auf andere wirken zu können, wir müssen es auch wollen, und umgekehrt.

Sozial-verantwortlich handeln können wir:

- indirekt-passiv, indem wir uns zurückhalten, tolerieren, respektieren;
- indirekt-aktiv, indem andere uns beobachten und daraus sozial erwünschtes Verhalten lernen;
- direkt-aktiv, indem wir für andere Verantwortung übernehmen und für sie einstehen.

Soziale Intelligenz als Fähigkeit

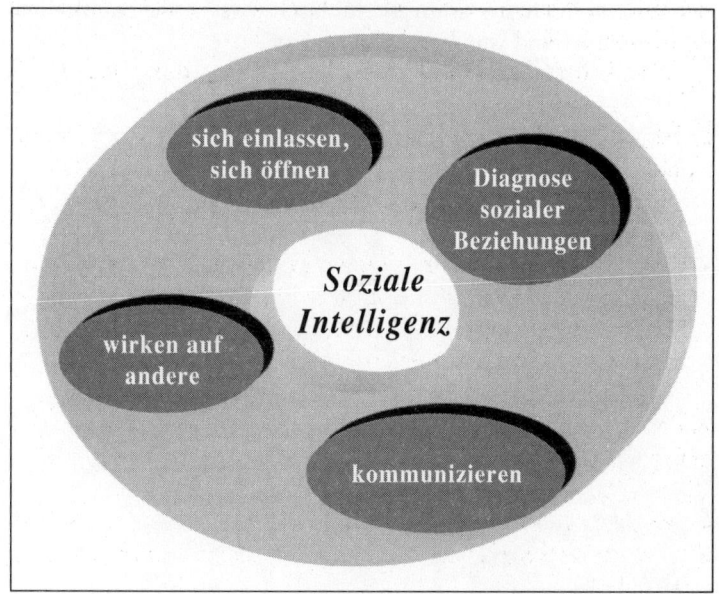

Abb. 6: Mindmap Soziale Intelligenz

Wir betrachten zunächst soziale Intelligenz als Fähigkeit, die nichts mit der Tugend zu tun hat. Über sie verfügen Heiratsschwindler und Mafiosi; Verkäufer, die andere über den Tisch ziehen; Politiker, die dem Volk etwas vorgaukeln; Spione, die zwischen verschiedenen Welten wechseln; aber auch Schauspieler, die glaubwürdig unterschiedlichste Charaktere verkörpern; kurz, alle Leute, die auf der psychologischen Klaviatur spielen können.

Soziales Handeln ist ein Prozeß. Jeder Ausschnitt daraus, ist eine künstliche Trennung. Wenn wir zum besseren Verständnis sozialintelligente Verhaltensweisen aus diesem Prozeß herausschneiden, beginnen wir mit einer Diagnose. Wir müssen laufend einschätzen, welche Interessen, Motive und Fähigkeiten andere haben, um mit ihnen umgehen zu können. Nichts ist ungerechter, als verschiedene Leute gleichartig zu sehen und zu behandeln. Wenn ich Kritik anbringe, muß ich wissen, wie empfindlich der andere ist und was er vertragen kann.

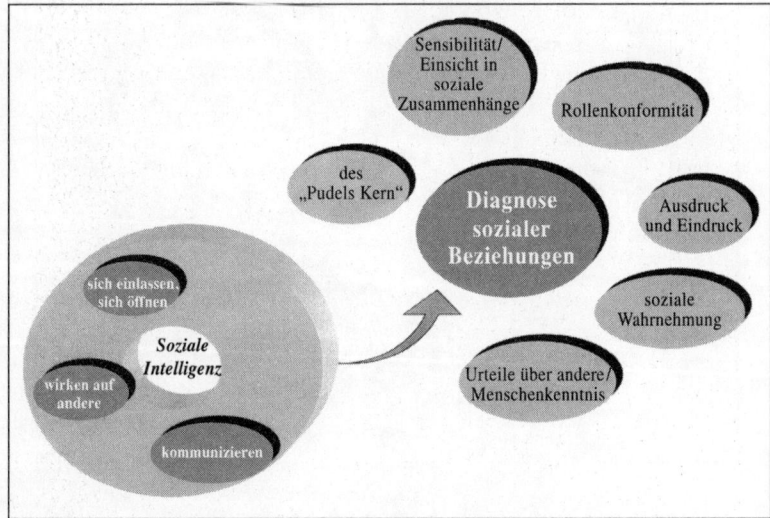

Abb. 7: Soziale Intelligenz: Diagnose sozialer Beziehungen

Diagnose sozialer Beziehungen

Ohne Beziehungsanalyse kein Syn-Egoismus

Soziale Beziehungen zu diagnostizieren ist ausgesprochen schwierig und vielschichtig. Wir haben nicht alle die gleiche Menschenkenntnis. Manche sind feinfühlig und spüren genau, was in anderen Personen vorgeht. Viele kennen ihre „Pappenheimer". Andere haben nach vielen Jahren gemeinsamer Arbeit immer noch nicht begriffen, wie sehr sie „über den Tisch gezogen werden". Nach meiner Erfahrung haben Frauen oft bessere soziale Antennen als Männer. Wir müssen lernen, soziale Beziehungen zu durchschauen, um wirklich synegoistisch handeln zu können.

Ausdruck macht Eindruck

„Man erblickt nur, was man schon weiß und versteht", sagt Goethe. Wir alle kennen Mitmenschen, die auf den ersten Blick etwas ausdrücken, was einen positiven Eindruck hinterläßt. Unsere Eltern haben gelehrt: „Traue nie dem ersten Eindruck, schau dir den Menschen erst genauer an." Da wir dazu nicht immer die Zeit haben, verlassen wir uns trotz des guten Rates auf unser „Gefühl für Menschen" und sind oft auch gut damit gefahren.

> Meine Frau sagte mir einmal, nachdem sie einen meiner neuen Kollegen kennengelernt hatte: „Paß auf, der will dir was." Ich war erstaunt, denn ich hatte den besten Eindruck von ihm. Wir verstanden uns fachlich hervorragend. Er war nett, freundlich und zuvorkommend. Ein Jahr später mußte ich meiner Frau recht geben. Der Kollege entpuppte sich als egoistisch, machthungrig und intrigant. Heute behandle ich ihn nur noch höflich. Als ich meine Frau fragte: „Wie hast du das gemerkt?", antwortete sie: „Ich habe gesehen, wie er dich angeschaut hat." Meine Frau war zweifellos sensibler in ihrer sozialen Diagnose.

Man kann das Thema Feinfühligkeit ausweiten. Kommen Kinder spontan zu einer Person? Wie verhält sie sich mit Tieren? Wie teilen sich Stimmungen, Sympathie und Antipathie anderen mit? Eine gute Wahrnehmung ist wichtig, um abschätzen zu können, wie jemand reagieren wird. Nur so kann ich mein eigenes Verhalten einstellen. Wissenschaftlich ist der erste Eindruck gut untersucht mit dem Ergebnis, daß er für eine „Vorsortierung" taugt, für mehr auch nicht. Wildfremde Menschen, die wir nur kurz sehen, können uns sofort sympathisch oder unsympathisch sein.

Wenn wir einen Menschen beschreiben sollen, beginnen wir mit seinen Äußerlichkeiten: Größe, Haarfarbe, lange Nase. Wenn wir sagen sollen, was wir über einen Menschen wissen, werden wir anders anfangen. Wir nennen seinen Beruf, beschreiben seine Eigenschaften. Bei der Personwahrnehmung geht es um die Beziehung zwischen Eigenschaften und Verhaltensweisen anderer Personen, die wir unterschiedlich gut erkennen können. Oft sagt unsere soziale Wahrnehmung mehr über uns selbst als über den Wahrzunehmenden. Denn was ich über einen anderen weiß, ist ein von mir geformtes Bild, in das sich mein persönliches Menschenbild einschleicht. Wir sind aber um so sozial-intelligenter, je weniger wir uns in unserem Bild vom anderen von unseren eigenen blinden Flecken, Vorurteilen, Wünschen, Bedürfnissen und Interessen leiten lassen.

Die Frage, wie wir die Gefühle unserer Mitmenschen erkennen, hat schon Darwin beschäftigt. Er meinte, der Ausdruck von Gefühlen in Menschen und Tieren entstehe durch ein Ausdrucksverhalten, das sich von einer Kommunikationsfunktion erhalten hat, die es vor der Sprache gab. Wenn ich fragend die Augenbraue hebe, weil ich etwas nicht verstanden habe, spitze ich damit die Ohren und höre besser. Mancher Bösewicht im Film bleckt die Zähne, obwohl er nicht mehr beißt. Darwin glaubte, unser Ausdruck unterliege nicht der kognitiven Kontrolle, zumindest wenn wir nicht gerade Schauspieler sind. So enthüllt er unsere „wahren" Gefühle. Demzufolge müßten alle Menschen bei identischen Gefühlen denselben Gesichtsausdruck zeigen. In der psychologischen Forschung stellte sich allerdings heraus, daß sich Menschen stark unterscheiden:

- im Grad des Gefühlsausdrucks
- in der Art und Weise des Gefühlsausdrucks
- in der Stabilität (derselbe Mensch drückt dieselben Gefühle zu verschiedenen Situationen unterschiedlich aus)
- je nach Zugehörigkeit zu einer Kultur.

Neuere Forschungen zeigen, daß sich sechs bis acht erkennbare Emotionen in verschiedenen Kulturen am Gesichtsausdruck erkennen lassen: Wut, Furcht, Ekel, Verachtung, Traurigkeit, Glück und evtl. Interesse sowie Scham. Ein Teil unserer sozialen Wahrnehmung scheint also angeboren zu sein, ein Teil erlernt. Letzteres sehen wir bei uns selbst. Mit zunehmenden Jahren werden wir auch insofern reifer, als wir das Verhalten anderer Menschen besser „lesen" können. Ein guter Lehrer oder Trainer kann genau einschätzen, wie interessiert seine Zuhörer sind und wieviel er ihnen noch zumuten kann. Leider irren sich diesbezüglich viele Chefs, die stundenlang sich selbst preisen.

Merksätze für das praktische sozial-intelligente Verhalten

- *Fordere die Bilder anderer über andere ein.*
- *Der erste Eindruck taugt relativ wenig.*
- *Reflektiere die eigenen blinden Flecken und die verzerrenden eigenen Bedürfnisse.*
- *Die Einschätzung der eigenen Persönlichkeitsmerkmale färbt auf die anderer Personen ab.*

Soziale Wahrnehmung – andere beobachten können

„Du sollst dir kein Bild von mir machen!"

Zur sozialen Wahrnehmung, genauer der Personwahrnehmung, gehört auch die Einordnung des nonverbalen Verhaltens.

Dazu ein Beispiel: Ein Mitarbeiter einer Fluggesellschaft war nicht effizient genug. Sein Chef bat mich daher, mit ihm zu reden. Der Mitarbeiter sei zwar intelligent und fleißig, aber es kämen zu wenig gute Arbeitsergebnisse heraus. Ich sah mir das Arbeitsverhalten dieses Mitarbeiters an und ließ es mir von ihm schildern. Er beklagte sich, er käme deshalb zu nichts, weil er viel Zeit damit verliere, als höflicher Mensch mit Kollegen Dinge zu besprechen, die ihn „eigentlich" nicht interessieren. Beispielsweise hätte es ihn heute 20 Minuten gekostet, einem Kollegen zuzuhören, der von den Knöchelproblemen seiner Frau berichtete.

Ich fragte ihn, ob er möglicherweise die falschen nonverbalen Signale gebe, und wir gingen die Situation mit dem schwatzhaften Kollegen durch: Der freut sich, ein dankbares Opfer gefunden zu haben. Mein Klient lächelt und erwidert den Gruß. Die Tatsache, daß er unruhig von einem Bein aufs andere tritt und nach Fluchtwegen sucht, fällt dem Schwätzer nicht auf. Dessen Redestrom quittiert mein Klient mit Kopfnicken in der Hoffnung, das könnte die Angelegenheit abkürzen. Weit gefehlt, der Kollege fühlt sich ermuntert, noch mehr ins Detail zu gehen. Das ist aus seiner Sicht verständlich, denn das Kopfnicken deutet er als Interesse. Das Muster ist klar, es gilt unbedingt, die richtigen Signale zu senden. Ein deutlicher Blick auf die Uhr wäre angebracht gewesen. Wenn alles nichts hilft, muß deutlich und bestimmt mit nicht allzu freundlicher Miene der Satz kommen: „Ich würde gerne ein andermal länger zuhören, aber ich muß unbedingt ..." Dies mußte mein Klient mühsam lernen. Später erzählte er mir, daß es ihm auf diese Art gelungen sei, auch am Telefon viel Zeit zu sparen.

Zur sozialen Wahrnehmung gibt es zahlreiche Untersuchungen, die auch für die Psychotherapie wichtig sind. Wann kommt Angst auf? Polizisten lernen, Verdächtigen systematisch näher zu rücken, um „die Wahrheit aus ihnen herauszuholen". Berührungen wie die Hand des Arztes auf dem Arm der Patienten führen dazu, daß Menschen ihre Gefühle eher mitteilen. Augenkontakte fördern die Sympathie und Hilfsbereitschaft. Allerdings sei vor manchen Empfehlungen aus Listen des nonverbalen Verhaltens bzw. der Körpersprache auch gewarnt. Die Verschränkung der Arme vor der Brust muß keinesfalls immer Ablehnung bedeuten.

Im täglichen Leben ist es besonders interessant, herauszubekommen, ob jemand lügt oder die Wahrheit sagt. Gelernt haben wir, daß hier der Satz „Schau mir in die Augen, Kleines" gilt. Wissenschaftliche Untersuchungen haben allerdings gezeigt, daß Körpersignale eindeutiger sind. In einer Studie von Littlepage und Pineault (1979) sollten Studenten je zwei Fragen einmal ehrlich und einmal gelogen beantworten. Sie wurden auf zwei Arten dabei gefilmt, einmal nur das Gesicht und einmal nur der Körper vom Kinn abwärts. Von den Beobachtern sahen manche nur das Gesicht, andere nur den Körper. Sie sollten einschätzen, ob der

Proband im Film lügt oder die Wahrheit sagt. Diejenigen, die den Körper sahen, identifizierten die Lüge deutlich besser als die, die das Gesicht sahen.

Soziale oder auch Personwahrnehmung betrifft das, was wir über andere wissen und wie unser Verständnis von ihnen zustande kommt. Schon durch den Gesichtsausdruck können wir begrenzt Gefühle erkennen. Wir „malen" uns im Kopf bereits auf der Basis sehr weniger Informationen ein Bild über andere. Damit sind wir etlichen „Falschnehmungen" ausgeliefert. Wir lassen uns durch Sprache und Mimik leicht irreführen, auch wenn wir glauben, über eine gute Menschenkenntnis zu verfügen. Nach neueren Forschungen sprechen die Bewegungen der Körperextremitäten, also z.B. das Fußwippen, eine eindeutigere Sprache.

Wir machen uns aufgrund relativ weniger Informationen nicht nur ein Bild vom anderen, sondern entwickeln häufig eine komplette Persönlichkeitstheorie über ihn. Diese Konstruktion ist eine Vorstellung davon, welche Eigenschaften anderer wir als zueinander passend empfinden. Wir schließen aus Einzelinformationen durch Hypothesen auf die Zusammenhänge verschiedener Persönlichkeitsmerkmale. Wir runden das Bild ab: Dicke gelten als gemütlich. Hohe Stirn und Brille zeugen von Intelligenz. Zusammengewachsene Augenbrauen sind ein Zeichen von Jähzorn.

In Seminaren zur Sozialkompetenz wird oft die Selbst-, Selbstfremd-selbst- und Fremd-Beurteilung untersucht. Man gibt jeweils Skalen von −3 bis +3 vor. Nun sollen die Seminarteilnehmer beurteilen:

a) wie sie sich selber sehen, z.B. ich bin 2 aktiv,
b) wie sie glauben, daß die anderen sie sehen, z.B. ich glaube, die anderen sehen mich 3 aktiv,
c) anschließend werden die anderen gefragt, wie sie denn diese Person „wirklich" sehen.

Dabei kann man böse Überraschungen erleben. Ich habe das Spiel einmal mit Führungskräften des Öffentlichen Dienstes gemacht und sie gebeten, die eigene Sozialkompetenz auf diese Weise einzuschätzen. Eine Führungskraft, die nicht vom Selbstzweifel geplagt war, schätzte sich selbst sehr hoch ein und glaubte, daß die anderen dies auch so sehen. Als ich die anderen um ihr Urteil bat, herrschte Schweigen. Nichts gesagt bedeutet auch etwas. Die betreffende Führungskraft hat mir das sehr übel genommen. Wie so oft wird von sozial-inkompetenten Zeitgenossen der Botschafter mit der Botschaft verwechselt.

Wichtig ist, daß Differenzen zwischen Selbst- und Fremdsicht für die betreffende Person nicht unbedingt schlecht sein müssen. Einer meiner Freunde hatte beispielsweise eine erhebliche Differenz im Hinblick auf seine Aggressivität. Er hielt sich selbst für sehr friedlich, glaubte aber, daß andere ihn deutlich aggressiver einschätzten. Dies war auch der Fall, und zwar noch ausgeprägter, als er vermutete. Nun war die Frage, wie er mit dieser Diskrepanz leben sollte. Er kann sich bemühen, auf andere weniger aggressiv zu wirken. Mein Freund war allerdings der Meinung, daß er bislang mit dieser Diskrepanz zwischen selbst-wahrgenommener Friedfertigkeit und fremd-wahrgenommener Aggressivität gut gefahren war. Sie schützte ihn vor Aggressionen durch andere. Und diesen Schutz wollte er behalten.

Merksätze für das praktische sozial-intelligente Verhalten

- *Überprüfe die eigenen Signale! Oft sind sie falsch.*
- *Unsere Persönlichkeitsbilder von anderen sind durch Nuancen stark veränderbar.*
- *Gute Schauspieler sind beim Lügen kaum zu ertappen, achte auf die Hände und Füße.*
- *„Falschnehmen" ist fast so häufig wie „wahrnehmen".*
- *Die Selbsteinschätzung differiert oft von der Fremdwahrnehmung.*

Urteile über andere – Menschenkenntnis

Oft sind wir von unserer Menschenkenntnis überzeugt. Dies äußert sich darin, daß wir nach einem ersten Eindruck glauben, diesen oder jenen Menschen gut einschätzen und sein Verhalten vorhersagen zu können: „Der hat einen schlaffen Händedruck und sieht leicht verschlagen aus", ein kerniger Satz, der mit der Realität nichts zu tun haben muß. Bestimmte Hinweise werden als Ausdruck eines Verhaltens gesehen. Beim Beobachter erzeugen sie – je nachdem wie dieser eingestellt ist – bestimmte Eindrücke.

Die ersten Informationen, die wir über eine Person erhalten, wie z. B. warmherzig oder kalt, kanalisieren unsere weitere Wahrnehmung. Ich zeigte Studenten einen Film in zwei Varianten. In der ersten hilft ein junger Mann einer älteren Dame über die Straße (sympathisch und hilfsbereit). In der zweiten Variante rennt er eine ältere Dame fast um (rücksichtslos). In der für beide Varianten gleichen Folgeszene sitzt der junge Mann im Hörsaal und diskutiert mit dem Professor. Die Studenten beurteilten den jungen Mann in der ersten Variante als sympathisch und anschließend in der Universität als interessiert und selbstbewußt. In der zweiten Variante beurteilten sie ihn als rücksichtslos und bei der Diskussion mit dem Professor als frech. Dies bedeutet, später erhaltene Informationen über Menschen nehmen unterschiedliche Bedeutung an, je nachdem über welche Informationen wir zuvor verfügen. Wer also einmal einen schlechten ersten Eindruck erzeugt, hat im weiteren Verlauf aufgrund dieses „Kanalisierungsphänomens" schlechte Karten.

Wir verändern ungern unsere Bilder über andere Menschen, weil wir dann ja mehr nachdenken müßten. Vorurteile und Kategorisierungen wie beim ersten Eindruck sind praktisch, weil sie Komplexität erträglicher machen. Diese Meinungsträgheit, auch Inertia-Effekt genannt, ist nichts anderes als die Tendenz, spätere Informationen, die unseren vorherigen Bildern widersprechen, nicht wahrnehmen zu wollen. Wenn wir sie dann doch wahrnehmen müssen, interpretieren wir sie als Ausnahme von der Regel.

Wir können die Effekte des ersten Eindrucks mildern, wenn wir uns fest vornehmen, uns kein Bild zu machen, sondern erst alle möglichen Informationen zu sammeln. Man sollte es sich beispielsweise zum Prinzip machen, keine Bewertung abzugeben, ehe man die andere Partei gehört hat. Wenn wir im Rahmen unserer Menschenkenntnis Eigenschaften wie Intelligenz, Anständigkeit oder Mut heranziehen, um andere Menschen zu beurteilen und ihr Verhalten vorherzusagen, fragt sich, woher diese Eigenschaften kommen. Menschen haben schließlich keine Schilder vor dem Bauch, auf denen ihre Eigenschaften stehen, sondern sie versuchen, sich situationsangepaßt und erwartungsgemäß zu verhalten. Sogar im Privatleben kann soziale Intelligenz darin bestehen, nicht immer die eigenen Gedanken mitzuteilen.

Unser Gehirn erzeugt Eindrücke von anderen Personen, nicht indem es Eigenschaften addiert, sondern es formt Muster. Aufgrund unserer Lebenserfahrung sehen wir bestimmte Verhaltensweisen und Eigenschaften als zusammenhängend an. Wir deuten Verhalten und sehen Menschen und ihr Verhalten kausal verknüpft. Wir schließen vom Verhalten, das wir beobachten können, auf bestimmte zugrundeliegende Wesenszüge. Wir attribuieren, d.h. nehmen Ursachenzuschreibungen vor. Diese Attributionen sind für die Sozialkompetenz generell – also sowohl die soziale Intelligenz als auch die soziale Verantwortung – von außerordentlicher Bedeutung: Ein Mann tritt einen Hund, weil er aggressiv ist. Ein Mitarbeiter dreht Däumchen, weil er faul ist. Dieses Denkmuster funktioniert auch bei uns. Ich sehe, daß ich nichts auf die Reihe bekomme, weil ich chaotisch und schlecht organisiert bin. Die meisten Zusammenhänge fallen uns nicht auf. Wir müssen keine kausalen Beziehungen herstellen, weil wir sie als „normal" kennen.

Immerhin wissen wir recht genau, welchen Beobachtungsfehlern wir normalerweise unterliegen, wenn wir andere Personen beurteilen. Neulich erzählte mir ein Geschäftsführer, er wolle Herrn X über zwei Hierarchieebenen hinweg befördern. Als ich fragend die Augenbraue hob, meinte er: „Der Mann ist einfach gut, intelligent, flexibel, moralisch sauber. Er erinnert mich an mich selbst in jungen Jahren, ein typischer Marketing-Mann." In dieser kurzen Beschreibung lagen gleich alle fünf wichtigsten Beurteilungsfehler vor, die wir kennen:

- Der Halo- oder auch Hofeffekt. Wir verallgemeinern unzulässig aufgrund eines guten oder schlechten Eindrucks. Herr X war in den Augen seines Geschäftsführers nicht nur intelligent und

flexibel, sondern damit auch moralisch sauber. Intelligent war er zweifellos, allerdings eher im Sinne von clever und gerissen.
- Der logische Irrtum, d. h., man nimmt an, bestimmte Eigenschaften träten gemeinsam auf. Hoch flexibel war Herr X auf jeden Fall, vor allem, was seine Fähigkeit zur blitzschnellen situationsangepaßten Meinungsänderung anging. Seine moralische Sauberkeit schien der Geschäftsführer aus der Tatsache abgeleitet zu haben, daß Herr X immer wie aus dem Ei gepellt aussah.
- Der Milde-Effekt. Dies ist eine Tendenz, andere in bezug auf positive Merkmale zu erhöhen und deren negative Merkmale zu verniedlichen. Dies unterlief dem Geschäftsführer in einer typischen Weise, nach dem Motto „In der Jugend muß man auch mal über die Stränge schlagen".
- Die projektive Ähnlichkeit, d. h., man schreibt anderen die Eigenschaften zu, die man bei sich sieht. „Er erinnert mich an mich selbst in meiner glorreichen Jugend."
- Und schließlich die Stereotypisierung. Damit bezeichnet man die Tendenz, Menschen „typische" Merkmale einer bestimmten Gruppe zuzubilligen. „Es ist eben ein typischer Marketing-Mann."

Außergewöhnliches Verhalten weckt unser Interesse, wir wollen mehr darüber wissen. Das setzt den Attributionsprozeß in Gang. Dies ist nur natürlich. Denn in der Evolution hat sich das „normale" Verhalten bewährt und kann als geprüft gelten. Das Ungewöhnliche kann immer noch Kopf und Kragen kosten. Ein oft zitiertes Beispiel ist das des Aufzugs. Es ist eigenartig, daß Menschen den Aufzug betreten und sich sofort um 180 Grad drehen, um mit der Nase zu der Tür zu stehen, durch die sie gekommen sind. Niemand wundert sich darüber. Die Überraschung ist da, wenn in einem anderen Stockwerk sich plötzlich die Rückseite der Aufzugkabine öffnet.

Unsere Ursachenzuschreibungen, sprich Attributionen, haben etliche Facetten. Zum einen können wir umfeldbezogene Attributionen, d. h. solche, die nicht in der handelnden Person begründet sind, vornehmen. Eine persönliche Attribution nehmen wir vor, wenn wir das Verhalten „von innen" aus der handelnden Person selbst heraus erklären. „Der spinnt!" Mit solchen Urteilen sind wir schnell zur Hand. Wenn sich jemand nicht „normal", d.h. so, wie wir es bisher kennen, verhält, ist er eben „anormal". Damit liegt keine gründliche Analyse vor. Ehe wir glauben zu wissen, warum sich jemand so oder so verhält, sollten wir genauer und länger hinschauen, dessen Verhalten besser verstehen und zu einem gültigeren Urteil kommen. Das wäre insgesamt sozialkompetenter, also sowohl sozial-intelligenter als auch sozial-verantwortlicher.

Bei dem Bemühen um gültige persönliche Attributionen und Ursachenzuschreibungen spielen folgende Faktoren eine besondere Rolle:

- Wir schreiben die Gründe für Verhaltensergebnisse um so eher der handelnden Person zu, je mehr diese Absicht und Anstrengung zeigt. Erstere ist recht gut über Augenkontakte zu erfassen. Ich bitte meinen kleinen Sohn, sich Mühe zu geben und den Ball geradeaus zu schießen. Seine Absicht erkenne ich daran, daß er immer wieder den Ball fixiert und mich zwischendurch anschaut. Seine Gestik und die Zunge zwischen den Lippen zeigen mir außerdem, daß er sich anstrengt. Absicht und Anstrengung zeigen Bemühen an. Wenn er es jetzt schafft, den Ball geradeaus zu schießen, schreibe ich dieses Handlungsergebnis seinem Bemühen zu. Wenn ein Mitarbeiter beispielsweise einen besonderen Erfolg erzielt, ohne daß wir etwas von Bemühen gesehen haben, schreiben wir ihn einer glücklichen Situation und nicht dem Mitarbeiter zu. Zumindest zur sozialen Intelligenz gehört es also, den anderen anzuschauen, die gute Absicht und die Bereitschaft zur eigenen Anstrengung zu zeigen. Dann ist der andere auch gewillt, Erfolge an der Person festzumachen bzw. Mißerfolge weniger schwer zu gewichten.
- Neben dem Bemühen ist die Fähigkeit ein wichtiger Faktor. Je mehr wir jemandem Fähigkeiten zutrauen, um so eher schreiben wir Erfolgen eine persönliche Ursache zu. Wenn wir glau-

ben, jemand sei zu dick, weil er unbeherrscht ist, nehmen wir eine persönliche Attribution vor. Wenn wir glauben, er sei krank, entschuldigen wir seine Fettleibigkeit mit einer äußeren Ursache.

- Je ungewöhnlicher und unwahrscheinlicher ein Verhalten ist, um so eher schreiben wir es der handelnden Person zu. Wenn jemand einen Hund beißt, glauben wir, er müsse persönliche Defizite haben. Wir können uns kaum vorstellen, daß dies durch das Umfeld bedingt sein könnte.

Ursachenzuschreibungen können sehr ungerecht sein. Menschen, die wir für fähig halten, verzeihen wir Mißerfolge weniger, weil wir meinen, sie hätten sich nicht genügend angestrengt. Kindern verzeihen wir fast alles. Wer als Wissenschaftler, Künstler oder Sportler durch spektakuläre Leistungen beim Publikum hohe Erwartungen geweckt hat, wird schnell ausgebuht, wenn die Leistung nicht mehr so großartig ist.

Menschen, die zielstrebig und konsequent immer das tun, was sie für richtig halten, bewundern wir zwar, aber sie sind uns zumeist auch etwas unheimlich. Das läßt sich sozial-kompetent mildern, wenn sie durch kleine Fehler durchscheinen lassen, daß sie auch „nur" Menschen sind. Solche Attributionen sind vorurteilsbehaftet. Wir neigen dazu, das wahrzunehmen, was wir wahrnehmen wollen, und unseren Glauben zu bestätigen. Grundsätzlich spielt die Nähe der Ereignisse eine wesentliche Rolle bei unseren Ursachenzuschreibungen. Wenn in Fernost oder in Afrika politische Unruhen Menschenleben kosten, ist man schnell mit der Erklärung bei der Hand: „Kein Wunder, die sollen mal ein demokratisches System einführen." Geschähe dies in unserem eigenen Land, sähen die Diagnosen und Attributionen anders aus. Sie würden spezifischer und komplexer.

Außerdem neigen wir dazu, das Verhalten anderer auf deren Eigenschaften zurückzuführen. Bei uns selbst finden wir aber reichlich andere Gründe für weniger zufriedenstellende Handlungsergebnisse. Wir können über andere Menschen nie endgültig und umfassend urteilen, sondern müssen in irgendeiner Form kategorisieren. Dies tun wir auch im Rahmen einer impliziten

Persönlichkeitstheorie. Obwohl wir möglicherweise nur wenig von einer anderen Person wissen, stecken wir sie in eine „Schublade", in der ein komplexes Persönlichkeitsmuster beschrieben wird. Schließlich müssen wir ein Urteil über den anderen bilden, um unsere eigenen sozialen Handlungen planen zu können. Schubladen haben den Vorteil, daß wir Ähnliches zusammenpacken und darauf ähnlich reagieren können. Wollten wir jedem Menschen in seiner individuellen Vielfalt mit entsprechend vielfältigen Reaktionen begegnen, könnten wir nichts anderes mehr tun. So kleben wir ähnlichen Menschen ähnliche Etiketten auf, die uns ein strukturiertes Handeln ermöglichen. Freundlichen und intelligenten Menschen begegnen wir differenziert und entgegenkommend. Dummschwätzer meiden wir. Diese Klassifizierungen gelingen uns mit Einstellungen bzw. Stereotypen.

Einstellungen zu Politikern, Frauen, Ausländern, Kindern, Chefs und Kollegen haben bestimmte Assoziationshöfe. Wenn ein Mensch mit bestimmten Schlüsselreizen auftritt, die zu einem solchen Bedeutungshof gehören, denken wir: „Aha, Typ Lehrerin oder Versicherungsvorstand." Solche Stereotypen sind praktisch, weil sie schnelle Entscheidungen ermöglichen, aber riskant, weil wir völlig falsch liegen können. Jeder von uns hat schon die Erfahrung gemacht, daß eine Person, die wir einer bestimmten Kategorie zugerechnet hatten, sich überraschend als völlig anders entpuppte. Interessanterweise bilden wir solche Kategorien nicht unbedingt selbst, sondern übernehmen sie von anderen. Wir sehen diese Kategorien nicht isoliert, sondern vernetzen sie zu komplexen Persönlichkeitstheorien.

Meist unterliegen wir Täuschungen, weil es schwer ist, zwischen echten Motiven, Bedürfnissen und Interessen oder nur vorgetäuschten zu unterscheiden. Dies beginnt schon beim einfachen Lächeln. Nach einer Untersuchung von Ekman und Friesen (1982) ist unechtes Lächeln im Vergleich zum echten Lächeln eher asymmetrisch („er grinste schief"), die Augen sind nicht beteiligt, und Einsatz, Dauer und Ausklingen sind abrupter und kürzer. Auch wurde untersucht, wie wir als menschliche Lügendetektoren funktionieren. Bei folgenden Reaktionen haben wir den Eindruck, getäuscht zu werden: verzögerte und kurze Antworten, nervöse Handbewegungen wie Reiben der Hände, häufiges Lächeln und Störungen im Sprechfluß. Bei Täuschungen ist auch die Anzahl redebegleitender Gesten geringer, aber Schulterzucken ist häufiger. Zudem ist die Grundfrequenz der Stimme höher (Ekman, Friesen, Scherer, 1976). Wichtig ist bei solchen Verhaltensweisen die Angemessenheit der Situation. Sie bestimmt, ob wir den Eindruck haben, es würde zu häufig oder zu wenig gelächelt.

Wenn wir andere Personen in ihren Vernetzungen einschätzen, spielen deren Persönlichkeitsmerkmale eine wichtige Rolle. Am besten untersucht sind hier Extraversion und Dominanz. Extravertierte Personen zeigen mehr Blickkontakte, reden mehr und länger und haben eine geringere Distanz zu ihrem Gegenüber als Introvertierte. Dominante Persönlichkeiten halten den Blick länger aus als nicht dominante.

Merksätze für das praktische sozial-intelligente Verhalten

- *Unsere Personwahrnehmung wird durch die ersten Informationen kanalisiert.*
- *Spätere Informationen, die unseren ersten Bildern widersprechen, filtern wir aus.*
- *Wir glauben, was wir glauben wollen.*
- *Die Hauptbeurteilungsfehler sind Verallgemeinerung, Milde, Ähnlichkeitszuschreibung, Stereotypisierungen.*
- *Ursachenzuschreibungsprozesse bestimmen unser Urteil über andere.*
- *Personen mit unterschiedlichen Persönlichkeitsmerkmalen nehmen andere sehr unterschiedlich wahr.*

Verhalten und Persönlichkeitsmerkmale

„Des Pudels Kern"

Wir können für unsere Menschenkenntnis und unsere Diagnose sozialer Prozesse nicht alle hoch komplexen Befunde der Psychologie bereithalten. Für die Praxis hat sich die „Verhaltenszwiebel" als brauchbar erwiesen. In diesem Bild wird die Persönlichkeit als Zwiebel gesehen, deren Schalen von innen nach außen betrachtet werden.

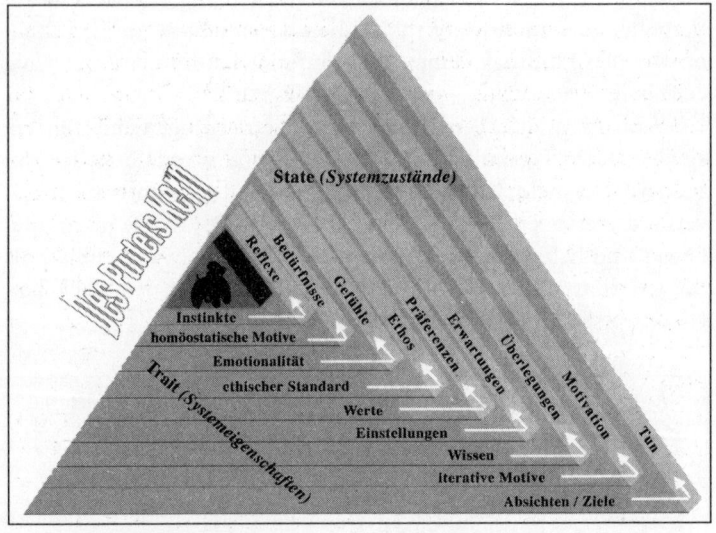

Abb. 8: Verhaltenszwiebel: des Pudels Kern

Die „Zwiebel" – aus technischen Gründen hier wie ein Dreieck dargestellt – hat eine obere und eine untere Hälfte. Letztere kennzeichnet stabile Persönlichkeitsmerkmale, die wir in verschiedenen Situationen gleichartig zeigen und in uns tragen. Sie entsprechen der Komplexität eines Systems, also seinen Eigenschaften. Die obere Hälfte der Zwiebel zeigt die Zustände, in denen wir uns gerade befinden. Sie entsprechen den Zustandsveränderungen eines Systems. Angst (als Beispiel für eine Emotion) ist beispielsweise ein Zustand. Wenn ich einen Menschen frage: „Hast du Angst?", wird er seine momentane Befindlichkeit beschreiben.

Für die Sozialkompetenz sieht die Verhaltenszwiebel so aus: Im Kern haben wir genetisch bedingte *Instinkte*. Sie sind Verhaltensprogramme, bei denen wir gar nicht anders wahrnehmen und handeln können. Das Neugeborene findet sofort die Brustwarze, ein höchst sozialer Akt. Wenn wir einen Menschen nicht riechen können, zucken wir automatisch zurück. Die Werbung setzt hier an. Nicht ohne Grund wird neben Autoreifen oder Versicherungspolicen nackte Haut gezeigt. Da können wir gar nicht anders als hinschauen. Unsere stabile Eigenschaft Instinkt sorgt in der gegebenen Situation für den *Reflex* als Zustandsveränderung.

Eine Zwiebelschale weiter Richtung außen finden wir die *homöostatisch regulierten Motive*. Hunger, Durst, Sexualität, aber auch die Suche nach Kontakt. Solche Motive werden situationsbedingt aktualisiert. Dann sprechen wir von Motivation: Ein Bedürfnis „meldet sich". Homöostatische Motive heißen so, weil sie durch eine Basislinie gekennzeichnet sind, zu der der Mensch immer wieder zurückkehrt. Mein Hungermotiv wird zur Motivation, zu einem Essensbedürfnis, wenn ich lange nichts zu mir genommen habe. In der Körperwelt äußert sich dies durch knurrenden Magen. In der Geisteswelt kann ich mich nicht mehr konzentrieren. Und in der Lebenswelt freue ich mich auf das saftige Steak. Wenn ich mich satt gegessen habe, verschwindet das Motiv wieder im Unbewußten. Dieses *Bedürfnis* ist essentiell für mein Überleben, weil es mich aktiviert. Ich mache mich auf, etwas Eßbares zu finden.

So ähnlich „funktioniert" das Motiv der Kontaktsuche. Wir sind soziale Wesen. Wenn wir lange keinen Menschen gesehen haben, haben wir Bedarf, d.h. sind motiviert, Kontakte zu suchen. Wenn uns die vielen Menschen nerven, suchen wir die Einsamkeit.

Die Möglichkeit der Übersättigung ist entscheidend für die Sozialkompetenz. Hier ergeben sich sowohl sozial-intelligente als auch sozial-verantwortliche Implikationen. Wenn Menschen zuviel Kontakt haben, etwa in der Kriegsgefangenschaft, ist die Gefahr von Mord und Totschlag, also höchster sozialer Inkompetenz, groß. Wer einsam auf seiner Farm in der Einöde Alaskas lebt, bietet einem Gast vielleicht vier Wochen Gratisurlaub an.

Noch im Kern, aber eine Zwiebelschale weiter, liegt die *Emotionalität* als Gefühlsgrundlage. Ein liebevoller, mitfühlender Mensch wird sehr viel häufiger *Gefühle* äußern als eine „eiskalte" Natur. Emotionen sind Gefühle, Leidenschaften, die in verschiedensten Mischungen auftreten. Die Kernemotionen dürften sein: Angst, Zorn, Trauer, Ärger, Glück und Freude, Liebe, Haß, Ekel, Scham, Überraschung. Vier Emotionen sind in allen Kulturen sofort am Gesichtsausdruck zu erkennen, und zwar Angst, Zorn, Trauer und Glück.

Eine Schale weiter nach außen verlassen wir den genetischen Kern und kommen zu stärker sozial-abhängigem Verhalten. Im Kindesalter lernen wir schon, was wir dürfen und was nicht, was gut und was schlecht ist. Wir bekommen ein *ethisches Fundament*. „Stehlen ist Sünde." „Man wirft kein Brot weg." Solche Standards wirken handlungsleitend. Und meist wäre es sozialdumm, sich anders zu verhalten. Bezüglich der Sozialkompetenz können dies sein: „Du sollst nicht lügen", „Ausreden lassen", „Immer erst die Meinung des anderen hören". Solche ethischen Fundamente werden in entsprechenden Situationen aktualisiert. *Ethos* bedeutet Gebrauch. Für diesen Gebrauch interessierte sich Sokrates, als er über den Markt von Athen ging. Er wollte wissen, welches Verhalten die Menschen für richtig halten. Für eine gute und sozial-kompetente Organisation der Politeia, des Stadtstaates Athen, mußte eingeschätzt werden, wann die Menschen Konflikte entwickeln und sich bekriegen und wie sie zu motivieren sind, damit das soziale System funktioniert.

Eine weitere Zwiebelschale nach außen sind die Dinge des Lebens angesiedelt, die auf der Basis unseres ethischen Standards etwas wert sind. Wer z.B. von der Gleichwertigkeit der Menschen und von der „Heiligkeit" der Natur ausgeht *(ethischer Standard)*, der kämpft für die Chancengleichheit und für ökologisches Verhalten. Ein solcher Mensch entwickelt bestimmte Präferenzen. Er wird eher einen Job in einer liberalen und ökologisch orientierten Firma annehmen, die schlechter zahlt, als in einem gut zahlenden Konzern mit Rassentrennung, der die Umwelt zerstört.

Auf dem Humus unserer Instinkte, homöostatischen Motive, ethischen Standards und Werte entwickeln sich aus unseren Wahrnehmungen und Erfahrungen unsere *Einstellungen*. Wir stellen uns zu Frauen, Männern, Ausländern, Politikern ein und entwickeln Reaktionsbereitschaften. Wenn ich „die Politiker", „die Italiener" etc. kenne, erwarte ich von ihnen bestimmte Verhaltensweisen. Die Frau, die die Männer „kennt", wird entsprechende *Erwartungen* hegen, die ihr Verhalten leiten.

Die nächste Zwiebelschale ist ebenfalls wichtig für die Sozialkompetenz. Unser *Wissen* über den Umgang mit anderen wird uns nicht „eingetrichtert", sondern wir konstruieren es mit Hilfe unserer selektiven Wahrnehmung. Je nach Wissen stellen wir *Überlegungen* an. Weiter außen liegen unsere *iterativen Motive*. Iterative Prozeduren sind solche, bei denen das, was früher war, immer wieder eingerechnet wird. Die iterativen Motive sind nicht wie die oben beschriebenen homöostatischen Motive an eine genetisch verankerte Basis gebunden. Wir entwickeln sie als Ansprüche auf der Basis der kernnäheren Zwiebelschalen, vor allem des Wissens. Je mehr wir wissen und kennen, je mehr wollen wir haben. Hier gibt es keine Sättigung wie bei den homöostatischen Motiven. Die Werbung suggeriert uns Wünsche, die wir früher gar nicht kannten. „Je mehr er hat, je mehr er will, niemals steht der Ehrgeiz still." Und an nichts gewöhnen wir uns schneller als an dieses „Mehr" und machen es in kürzester Zeit zum Anspruch.

Iterative Motive wie Macht, Ehrgeiz, Geld etc. wirken bei den äußeren Zwiebelschalen und werden aktualisiert als Motivation durch Anreize. Wir entwickeln konkrete Absichten und Ziele (z.B. „Ich will netter, freundlicher und kommunikativer werden, damit ich den Chefposten erreiche und meine Ehe hält"). Diese werden – leider allerdings zu selten – in die Tat umgesetzt. Gerade im Bereich des sozial-kompetenten Verhaltens spielen diese Zwiebelschalen eine besondere Rolle. Wir müssen nämlich immer bedenken:

- wie wir auf andere Menschen einwirken können bzw. wie stark und in welche Richtung wir sie beeinflussen: Die Beeinflußbarkeit nimmt zum Kern hin ab;
- wie sehr und kernnah wir sie verletzen können mit allen Haupt- und Nebenwirkungen;
- wie weitgehend überhaupt Änderungen möglich sind: Je tiefer wir zum Kern vorstoßen, um so schwerer können wir verletzen;
- und wo und in welcher Intensität Widerstände gegen Verhaltensänderungen zu erwarten sind: Je „kernnäher" wir Men-

schen verändern wollen, um so mehr Widerstände sind zu erwarten.

Emotionen und Selbstwertgefühl sind die entscheidenden Ansatzpunkte für sozial-intelligentes Verhalten. Wer frustriert ist, wird aggressiv. Wer haßt, zentralisiert seine Wahrnehmung und legt ein soziales Verhalten an den Tag, das man möglicherweise nie bei ihm für möglich gehalten hätte. Der Liebende wird plötzlich elegisch und entfaltet eine Kreativität in seinem Sozialverhalten, das er selbst von sich nicht kannte.

Je tiefer wir zum Kern vorstoßen, um so weniger beeinflußbar, änderbar und um so verletzbarer ist der Mensch und um so stärkere Widerstände sind zu erwarten. Zugleich wird das Risiko, unethisch und sozial-unverantwortlich zu handeln, immer größer. Je mehr Verhaltensweisen stabil in der Persönlichkeit verankert sind, um so schwerer und langsamer sind sie zu verändern. Je „kernnäher" wir aber einen Menschen „erwischt" haben, z.B. durch Liebe, um so stärker verändert sich sein Gesamtverhalten und -erleben.

Im Rahmen von Zielvereinbarungen können wir relativ leicht Absichten und Ziele verändern (äußerste Zwiebelschale). Wir können auf iterative Motive einwirken. Dies tun wir in der Kindererziehung. Wir versuchen z.B. durch sozial-intelligente elterliche Verhaltensweisen den Ehrgeiz unserer Kinder zu wecken. Wir können Wissen beeinflussen. Einstellungen sind hingegen ziemlich schwer zu ändern. Das hängt mit ihrer Komplexität zusammen. Durch Einstellungen, auch durch sozial unerwünschte, reduzieren wir die Komplexität unserer Welt. Wenn ich glaube, Mitarbeiter sind faul und ändern sich im Prinzip nicht, dann erwarte ich dies auch. Durch mein entsprechendes soziales Verhalten kommt es zu einer sich selbst erfüllenden Prophezeiung. Meine Wahrnehmung ist dann auf Faulheit sensibilisiert. Fleiß sehe ich gar nicht. Irgendwann haben die Mitarbeiter gelernt, daß es keinen Unterschied macht, ob sie faul oder fleißig sind. Dann verhalten sie sich entsprechend, was wiederum meine Meinung bestärkt. Glaube versetzt nicht nur Berge, sondern er verstärkt sich auch durch das glaubensgeleitete Verhalten selbst.

> *Merksätze für das praktische sozial-intelligente Verhalten*
> - *Wir können andere nicht in ihrer ganzen Individualität erfassen.*
> - *Vom innersten Kern der Instinkte und Emotionen geht es weiter nach außen über Ethik, Einstellungen und Wissen zum Tun.*
> - *Je nach Grad des Vordringens in die Persönlichkeit des anderen ergeben sich unterschiedliche Empfindlichkeiten und Wahrscheinlichkeiten der Veränderbarkeit und der Verletzung des anderen.*

Sensibilität, Einsicht in soziale Zusammenhänge

Es reicht nicht aus, sich für die relativ stabilen Eigenheiten anderer zu sensibilisieren, sondern wir müssen auch eine gewisse Feinfühligkeit, eine Sensibilität für die Zustände der anderen Person entwickeln. Wir müssen intuitiv erfassen, in welcher psychischen Situation sich der andere befindet. Ist er gerade ansprechbar oder abgelenkt? Bedrückt ihn etwas? Wo liegen seine momentanen Bedürfnisse, Interessen, Motivationen? In welchen Kategorien denkt er? Wie sehen möglicherweise seine Vorurteile über mich aus?

Das Verstehen anderer und das Wissen, wie es ihnen geht, verlangen eine feinfühlige Personwahrnehmung. Die Fähigkeit, in sozialen Situationen zu unterscheiden, fällt unter den Begriff „Wahrnehmungssensibilität". Sie gilt nicht nur für einzelne Personen, sondern in besonderer Weise auch für soziale Zusammenhänge. Es gibt Personen, die schnell ein untrügliches Gespür dafür entwickeln, wer wen leiden kann, wer mit wem ein „Techtel-Mechtel" hat, wer nur schauspielert oder wer ernste Absichten hat. Sie kennen die gemeinsamen Biographien, Abhängigkeiten, Seilschaften, „Filzokratien". Hierhin gehört auch ein Gespür für die mikropolitischen Prozesse. Wer hat mit wem „eine Leiche im Keller", und wer ist wem was schuldig?

Eine unzureichende Sensibilität für andere und die sozialen Beziehungen zwischen Mitgliedern eines sozialen Systems kann ein Defizit sein. So wie wir Leute mit mangelnder mathematischer Begabung kennen, gibt es auch Personen, die kein Feingefühl haben. Der häufigere Fall scheint allerdings zu sein, daß kein prinzipielles Defizit vorliegt, sondern die mangelnde Bereitschaft, andere differenziert wahrnehmen zu wollen.

> <u>Merksätze für das praktische sozial-intelligente Verhalten</u>
>
> - *Unsere Sensibilität für andere Menschen und soziale Beziehungen erhöht sich, wenn wir deren Biographie innerlich nachvollziehen.*
> - *Dazu muß allerdings erst einmal eine hinreichende Neugier auf andere Menschen geweckt werden.*
> - *Mangelnde Sensibilität kann ein Begabungsmangel sein. In diesem Falle sollte wenig soziale und Führungsverantwortung übertragen werden.*
> - *Sensibilität kann als Potential durchaus vorhanden sein, aber durch eine zu starke Ich-Bezogenheit nicht zur Entfaltung kommen. In diesem Falle kann durch Coaching und soziale Job-Rotation eine Verbesserung erzielt werden.*

Rollenkonformität

Einer meiner Coaching-Fälle drohte ins Burnout abzugleiten. Symptome wie verstärktes Engagement, Humorverlust und psychosomatische Erscheinungen zeigte er bereits. Erst nach mehreren Gesprächen hatte er unter vier Augen zugegeben, daß ihm die Anforderungen über den Kopf wuchsen. Wie in solchen Fällen üblich, erhob ich zunächst die Anamnese, d.h. sammelte Informationen über seinen bisherigen Lebenslauf. Der einzige auffällige Befund war, daß er schon von Kindesbeinen an auf mehreren Hochzeiten tanzte. In der Schulzeit war er Mitglied eines Sportvereins, einer Band, einer Theater-Arbeitsgemeinschaft und wurde mehrmals zum Schulsprecher gewählt. In seinem sozialen Verhalten war er aber nicht der Hansdampf in allen Gassen und fröhliche Charmeur, der Witze erzählend die Leute mitriß. Im Gegenteil, er war eher derjenige, den man brauchte und der still und ordentlich die

Arbeit machte, vor der andere sich drückten. Schriftführer und Kassenwart sind typische Posten für diesen Charakter.

Dieser Verhaltensstil setzte sich fort bis zum aktuellen Syndrom der psychisch-geistigen und auch körperlichen Erschöpfung. Mittlerweile war der Klient Geschäftsführer eines Kaufhauses, Bürgermeister seines Wohnortes, Vorsitzender des Sportvereins und ambitioniert, in der Landespolitik vorwärtszukommen. Dieser Manager hatte natürlich zu viele „Fässer" aufgemacht. Seine Familie sah ihn kaum noch. Urlaub war nur einmal im Jahr für zwei Wochen möglich, und Zeit für sich selbst hatte er auch nicht. Dieses Problem haben wir bewältigt, indem er nicht als Bürgermeister kandidierte, den Vorsitz im Sportverein aufgab und sich weitere politische Ambitionen aus dem Kopf schlug. Statt dessen lernte er mit seiner Frau zusammen Golf. Aus der Perspektive der Sozialkompetenz lag das Problem in seinen Rollenkonflikten im Zusammenhang mit seiner Selbstwahrnehmung.

Wir alle sind gleichzeitig Mitglieder mehrerer sozialer Systeme, in diesem Fall Ehemann, Vater, Sohn, Bruder, Freund, Mitarbeiter, Chef, Kollege, Sportkamerad, Bürgermeister, Parteifreund, aktives Kirchenmitglied. Es ist klar, daß es zwischen diesen Systemen zu Konflikten kommt. Das war aber nicht das eigentlich krank machende Problem. Die Schwierigkeit des Geschäftsführers bestand darin, daß er darunter litt, die Rollenerwartungen in den unterschiedlichen Systemen aus seiner Sicht zu wenig zu erfüllen, und damit immer frustriert war. Als Politiker wäre er gerne charismatisch mitreißend gewesen, als Vater eine liebevolle Bezugsperson, als Ehemann der Angebetete. Für seine Mitarbeiter wäre er gerne die bewunderte Führungspersönlichkeit gewesen, für die seine Mitarbeiter durchs Feuer gingen. Im übrigen träumte er von einem Aufstieg in den Vorstand der Warenhauskette, sah aber, daß mit Anfang Fünfzig dieser Zug abgefahren war. Und als Politiker hätte er gerne einmal nicht nur dem Kreisblättchen Interviews gegeben.

Statt dessen war er immer „nur" derselbe. Er hatte eine nüchterne, humorlos-sachliche Art und war eine pflichtbewußte „graue Maus", die alle brauchten und schätzten, aber nicht liebten. Daher mußte hier die Rollenflexibilität erhöht werden – ein nicht ganz leichter Fall. Denn etliche seiner Merkmale waren veranlagt oder in einer jahrzehntelangen Sozialisation festgefahren. Ein zentrales Problem lag hier u. a. in der mangelnden Fähigkeit, mit Ärger umzugehen. Er fraß alles in sich hinein und mußte lernen, den Ärger herauszubringen, ohne sich damit neuen Ärger einzuhandeln. Das verlangt einiges an einer Facette der Sozialkompetenz, der Selbstwahrnehmung. Beispielsweise mußte er lernen, nicht die Person anzugreifen, sondern deren Verhalten konstruktiv zu kritisieren.

Den umgekehrten Fall gab es auch. Es handelte sich dabei um eine Mittvierzigerin, die sich auch in den verschiedensten sozialen Systemen bewegte. Dort war sie aber jeweils so perfekt und typisch für die jeweilige Rolle, daß ihre Umgebung damit nicht fertig wurde. In ihrem Umfeld hatten alle das Gefühl, eine perfekte Schauspielerin vor sich zu haben, und suchten nach ihrem individuellen „wahren" Kern. Ein paar persönlichkeitsspezifische Ecken und Kanten erwarten wir schon. Allzuviel Rollenflexibilität geht uns allerdings auch auf die Nerven.

Dem entspricht eine Erfahrung im Außendienst einer Bausparkasse. Dort machte man mit „perfekten" Vertretern, die etliche Verkäufertrainings hinter sich hatten, schlechte Erfahrungen. Sie waren den Kunden zu glatt, rhetorisch zu versiert und hatten auf jede Frage sofort eine gestylte Antwort parat. In der Konsequenz wurde dazu übergegangen, verstärkt Leute aus „kernigen" Berufen, wie z. B. Kfz-Mechaniker, zu rekrutieren und ihnen die schlimmsten sozialen Inkompetenzen abzugewöhnen. Etliche Ecken und Kanten behielten sie und kamen damit bei den Kunden bestens an.

Wir sollten also bezüglich unserer verschiedenen Rollen darauf achten, daß wir eine sozial-intelligente Balance finden. Einerseits sollten wir in der jeweiligen Rolle authentisch sein. Andererseits sollten wir durchgängig in den verschiedenen Rollen so viel Eigenständigkeit bewahren, daß ein stabiler Kern unserer Persönlichkeit für unsere Mitmenschen erkennbar bleibt. Nur so können wir uns im synegoistischen Verhalten vertrauen und aufeinander einstellen. Und so bewahren wir auch unsere Glaubwürdigkeit und können damit bei anderen Vertrauen auslösen. Dies gelingt um so eher, je besser wir unsere verschiedenen Rollen in glaubwürdiger Übereinstimmung halten.

Merksätze für das praktische sozial-intelligente Verhalten

- *Oft laden wir uns zu viele Rollen auf und geraten in Streß.*
- *Niemand kann zu vielen Rollenerwartungen gleichzeitig gerecht werden. Deshalb sollten so viele Rollen wie unbedingt für die eigene Lebensqualität nötig und so wenige wie möglich angenommen werden.*
- *Wer seine jeweilige Rolle „zu gut" spielt, läuft Gefahr, für unecht gehalten zu werden. Ein eigenständiges Profil, bestimmte Ecken und Kanten der Persönlichkeit sollten erhalten bleiben.*
- *Zur sozialen Intelligenz gehört Rollenkonformität. Sie ist durch die Rollenauswahl und durch eine Reflexion zu erreichen, was die Personen, die uns wichtig sind, unter der jeweiligen Rolle verstehen.*

Sich einlassen auf andere, sich öffnen

Neben der Diagnose ist bezüglich der sozialen Intelligenz eine Fähigkeit von besonderem Belang, die oft unterschätzt wird. Es genügt nicht, soziale Phänomene und Zusammenhänge in unserer Umgebung zu sehen und anschließend wirksam werden zu lassen. Wir müssen auch fähig sein, uns auf andere einzulassen, auf „Empfang zu schalten" wie ein gutes Radio, das sich auf feinste Differenzierungen im Äther einstellt und möglichst ohne Rauschen empfängt. Nur so können wir unsere Ich-Bezogenheit überwinden und synegoistisch handeln.

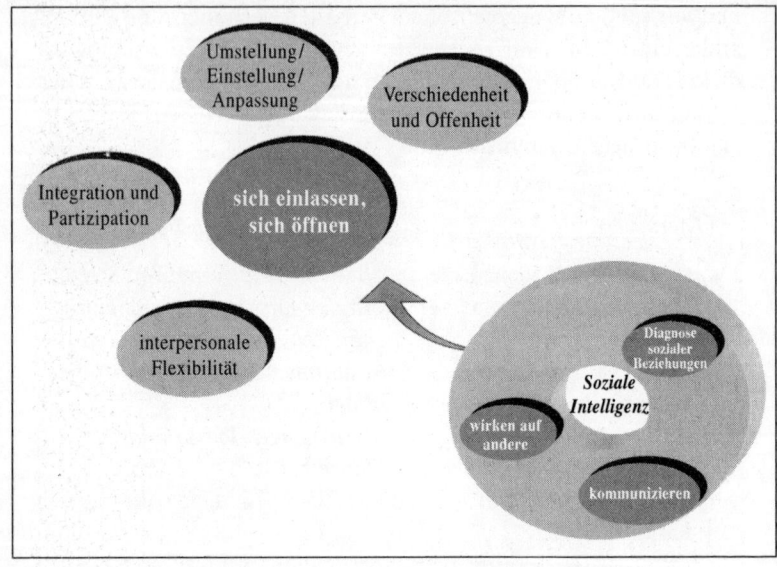

Abb. 9: Soziale Intelligenz; sich einlassen, sich öffnen

Verschiedenheit und Offenheit

Menschen senden und empfangen im Umgang miteinander höchst verschieden. Jeder von uns hat zahlreiche Beispiele im Kopf, wo sein Gegenüber hörte, was er hören wollte. Die meisten wollen selber reden. Aber zuhören muß aktiv und möglichst offen erfolgen. Offen bedeutet in diesem Zusammenhang, unvoreingenommen und bereit zu sein, das, was der andere äußert und in Gestik und Mimik ausdrückt, als ehrlich gemeint zu akzeptieren. Offenheit bedeutet nicht, einem Fremden in den ersten fünf Minuten der Konversation die intimsten Details des eigenen Privatlebens auszubreiten.

Kinder sind meist offen. Deshalb können sie auch so schnell Kontakte schließen und gemeinsam etwas unternehmen. Sie sind neugierig und arglos bereit, das ihnen Übermittelte anzunehmen.

Mit zunehmendem Alter neigen wir dazu, die traurigen Erfahrungen mit der eigenen Offenheit in Vorsicht umzumünzen. Der Optimist sagt, dies ist die beste aller Welten. Der Pessimist fürchtet, daß der Optimist damit recht haben könnte. Dieser Pessimismus, der im Grunde nur ein Schutz vor psychischen Verletzungen ist, behindert uns, zwecks synegoistischen Handelns aufeinander einzugehen.

Offenheit fällt uns um so leichter, je bekannter unsere Sozialpartner sind und je sicherer wir uns mit ihnen fühlen. Ähnlichkeit, gemeinsame Motive, Interessen und Erfahrungen öffnen uns einander und machen uns gegenseitig sympathisch. Sympathie öffnet uns. Diese Spirale kann sich hochschaukeln. Verschlossenheit schafft Distanz, Unähnlichkeit, Antipathie. Diese Spirale schaukelt sich ab. Wer sich seinen Mitmenschen gegenüber verschließt, bekommt auch nichts mehr von ihnen und vereinsamt.

Je fremder und unähnlicher wir einander sind, um so unsicherer sind wir, halten mehr Distanz und wehren ab. Die Distanz erzeugt Frustrationen bei den anderen, die Kontakt suchen. Frustration erzeugt Aggression und umgekehrt. In dem Moment, in dem wir die Verschiedenheit anderer nicht mehr als Bedrohung begreifen – ein evolutionsgeschichtlich gesehen sinnvoller Reflex –, sondern als Bereicherung, öffnen wir uns. Wir werden neugierig und suchen selbst den Kontakt zu dem Andersartigen.

Natürlich ist es nicht leicht, Menschen, die anders aussehen, riechen oder andere Sitten haben, gegenüber offen zu sein. Sozialintelligentes Verhalten besteht darin, die Chancen dieser Vielfalt zu erkennen und zu nutzen. Der sozial-verantwortliche Anteil besteht darin, sich auf Verschiedenartigkeit einlassen zu wollen und nicht immer nur die eigene Spezies für die beste zu halten. Wer sich Heterogenität gegenüber nicht öffnet, hat nur Monokultur zu bieten. Die Verschiedenheit brauchen wir zur Problemlösung und zum Systemerhalt.

> *Merksätze für das praktische sozial-intelligente Verhalten im Sinne des Sich-Einlassens auf andere*
>
> - *Ohne Offenheit ist ein Einlassen auf andere und damit Syn-Egoismus nicht möglich. Offenheit fördert die Informationsaufnahme und -verarbeitung.*
> - *Sympathie öffnet, Offenheit fördert Sympathie.*
> - *Andersartigkeit der anderen birgt mehr Chancen als Risiken.*
> - *Ohne Verschiedenheit keine Problemlösung und kein Systemerhalt.*
> - *Ohne Offenheit keine Verschiedenheit.*

Umstellung, Einstellung und Anpassung

Wer kennt nicht den „EDV-Crack", der hinter einem PC-Anfänger steht, eine Hand lässig in der Tasche, und „erklärt". Der Anfänger weiß gerade mal, wo der Computer angeschaltet wird und hört nun von seinem EDV-Lehrer: „Da kannst du über die Festplatte gehen, und hier über die Norton-Utilities geht es einfacher, und außerdem kann man auch ..." Nach spätestens drei Minuten traut sich der Anfänger nicht mehr, eine Frage zu stellen. Denn jede würde seine Unwissenheit entblößen. Der Supervisor aber ist in seinem Ego geschmeichelt. Hier kann er zeigen, was er „drauf" hat. Ein solches Verhalten führt nicht zu gemeinsamem Gewinn, ist sozial verantwortungslos und alles andere als sozial-intelligent. Wir müssen unsere Mitmenschen dort abholen, wo sie stehen. Das bedeutet nicht, daß wir jeden Slang mitreden müssen.

Die Frage ist, wie wir uns auf andere in der „richtigen" Weise einstellen können. Einstellungen sind erworbene, relativ stabile Tendenzen, bestimmte Objekte oder Personen, gleichbleibend wahrzunehmen, sie zu bewerten und uns zu ihnen in einer bestimmten Weise zu verhalten. Wir entwickeln Personen gegenüber bestimmte Erwartungen und Reaktionsbereitschaften.

Unsere Einstellungen bestehen aus mindestens drei Komponenten, einer kognitiven, einer affektiven und einer konativen:

- die kognitive Einstellungskomponente betrifft die Art, wie wir Personen wahrnehmen und über sie urteilen (z. B. „Männer wollen alle nur das Eine!");
- die affektive Einstellungskomponente bezieht sich auf positive oder negative Gefühle, also auch auf die Wertschätzung und den Wunsch dazuzugehören (beispielsweise haben wir Angst vor Rechtsradikalen und meiden sie);
- die konative Einstellungskomponente betrifft den Handlungsaspekt (beispielsweise weigert sich ein Politiker, gemeinsam mit einer Schauspielerin öffentlich aufzutreten).

Stereotype sind Vorstellungen von Personengruppen über andere Personen. Beispielsweise glauben viele Deutsche, Süditaliener seien im Vergleich zu ihnen weniger fleißig, weniger sauber und pflegten das Dolcefarniente. Je stabiler und starrer unsere Einstellungen sind, um so weniger lassen wir uns auf Neues ein, stellen uns um und passen uns an soziale Situationen an. Kognitive Einstellungskomponenten bekommen wir in den Griff, wenn wir genauer nachdenken. Die affektiven Komponenten, die in tieferen Schichten unserer Verhaltenszwiebel wirken, sind schwerer zu beeinflussen.

Wir können uns kognitiv auf einen neuen Kollegen einstellen, der eine bestimmte Marotte hat. Affektiv kann die Angelegenheit schon schwieriger werden. Ich coachte einmal einen Geschäftsführer, der bei seinen drei Kollegen, vor allem beim Sprecher der Geschäftsführung, Umstellungs- und Anpassungsprobleme auslöste. Bei jeder Besprechung, zu der bis zu seinem Eintritt in diesen Kreis Kaffee gereicht wurde, brachte er selbstgebrauten Tee mit. An sich wäre dies kein Problem. Der eine mag Kaffee, der andere Tee. Zunächst war die Einstellung der Kollegen kognitiv neutral. Die Verhaltenskomponente wurde problematischer, weil der Geschäftsführer seinen Tee unbedingt selbst machen wollte. Außerdem handelte es sich um eine süßliche, stark duftende Spezialmischung, die in einem bestimmten Zeremoniell zubereitet werden mußte. Er schleppte zu jeder Besprechung, also fast täglich, ein Tablett mit Tauchsieder, Teekanne bis hin zu diversen Teedosen in das Besprechungszimmer und werkelte vor sich hin. Das nervte die Kollegen mit der Zeit.

Die affektiv-negative Einstellungskomponente wurde dadurch gefördert, daß der Geschäftsführer nicht nur bei der Teezubereitung sonderbar erschien, sondern auch Krawatten ablehnte, und seinen Kollegen verdeutlichte, daß sie im Vergleich zu ihm ziemlich blöd waren. Man kann sich leicht vorstellen, welche Einstellung die Kollegen in kurzer Zeit entwickelten, wenn sie nur das Geklapper der Teeutensilien hörten. Von adäquater Umstellung und sozial-intelligenter wechselseitiger Anpassung konnte hier kaum die Rede sein.

Wenn wir uns auf andere einstellen wollen, stehen uns oft eigene oder die vermeintlichen Werte anderer im Wege. Werte oder Wertorientierungen sind Überzeugungen, die unabhängig von unseren konkreten Zielen unser Handeln leiten. Freiheit, Gleichheit, Brüderlichkeit oder Menschlichkeit, Leistung, Ehrlichkeit können solche Werte sein, die prinzipiell „immer" gelten. Einstellungen sind im Gegensatz dazu bewertende Überzeugungen zu spezifischen Objekten oder Situationen.

Es fällt uns um so schwerer, uns auf andere einzustellen, je stärker unsere Werte negativ berührt werden. Wenn zentrale Werte und Gefühle im Spiel sind, müssen die Umstellungs- und Anpassungsprozesse besonders feinfühlig und subtil mit viel Geduld vollzogen werden. Die Methode „ins kalte Wasser schmeißen" führt zwangsläufig zu Konflikten.

Einstellungen erlauben uns, die Welt zu kategorisieren und damit Stabilität und Vorhersagbarkeit in sie hineinzubringen. Es sind relativ langanhaltende physische und psychische Wahrnehmungs- und Bewertungstendenzen, die Ordnung in das täglich wachsende Chaos bringen. Änderungen sind zunächst unerwünscht, stören eine Ordnung und zwingen zum Nachdenken. Der Wertewandel hat dafür gesorgt, daß sich Menschen heute anders auf andere einstellen und an sie anpassen. Das Individuum steht stärker als früher im Vordergrund, was man auch als Vormarsch des Egoismus sehen kann. Wer in einen der Top-Fußball-Clubs in Deutschland tieferen Einblick gewonnen hat, der weiß, daß es mit dem synegoistischen Motto von Sepp Herberger „Elf Freunde müßt ihr sein" heute nicht mehr weit her ist. Derselbe Spieler, der heute predigt: „Mehr Einsatz, ihr müßt euch quälen für die Mannschaft", läßt gleichzeitig egoistisch über seinen Manager neue Kontakte knüpfen und prüfen, in welchem Club er noch mehr verdienen könnte.

Anpassung und Einstellung werden hier also nur in Worten, nicht aber in Taten deutlich. Kein Wunder, denn schließlich zahlt sich ja dieses sozial-intelligente, aber nicht sozial-verantwortliche Handeln in Mark und Pfennig aus. Andere halten denjenigen für wenig clever, der sich aus Treue und Verantwortlichkeit für den Club mit weniger Geld bescheidet.

Es ist zu vermuten, daß Individualisierung und zunehmender Egoismus die *soziale Intelligenz* fördern, aber die Übernahme von sozialer Verantwortung mindern, wodurch Syn-Egoismus behindert wird. Wenn wir sozial verträglich sein wollen, ohne persönliche Interessen aufzugeben, bleibt uns nur eine Balance zwischen individuellen und sozialen Interessen. Die ausschließliche Durchsetzung egoistischer Interessen führt auf Dauer zur sozialen Unverträglichkeit und ist damit sozial-dumm. Die altruistische Aufgabe der eigenen Bedürfnisse zugunsten der Gemeinschaft führt irgendwann zu Unverträglichkeiten und kann sogar krank machen. Wer alles tut, um anderen zu gefallen, ist ebenfalls sozial-dumm. In der synegoistischen Gratwanderung liegt das Geheimnis. Wir müssen an den sozialen Systemen partizipieren, uns aber auch integrieren. Immer nur haben wollen, ohne zu geben, führt auf Dauer zum sozialen Tod.

---

*Merksätze für das praktische sozial-intelligente Verhalten
im Sinne des Sich-Einlassens auf andere*

- *Hole die anderen da ab, wo sie stehen.*
- *Einstellungen sind Kategorisierungen und helfen uns, die sozialen Zusammenhänge zu ordnen.*
- *Sie wirken über Wahrnehmungs- und Bewertungskomponenten, Gefühls- und Handlungskomponenten auf unser konkretes soziales Handeln.*

> - *Einstellungen sind nützlich im Sinne der besseren Anpassung, der Förderung des Selbstwertgefühls und der Stabilisierung unseres Weltbildes.*
> - *Die Risiken von Einstellungen liegen in Ungerechtigkeiten und der mangelnden Akzeptanz in den Augen der anderen.*
> - *Der Wertewandel hat auch Einstellungen verändert in Richtung Individualisierung und Ablehnung von Bindung.*
> - *Wir müssen uns in unseren Einstellungen permanent umstellen, je nachdem über welche Informationen wir verfügen. Dies müssen wir aber auch wollen.*

Integration und Partizipation

Eine gelungene Balance zwischen Integration als Einordnung des einzelnen in das soziale System und Partizipation als Teilnahme und Teilhabe des einzelnen an dem sozialen System stellt den Übergang dar zwischen *Einlassen auf* und *Anpassen an* zum *Einwirken auf* andere. Wer teil an den positiven Dingen des jeweiligen sozialen Systems hat, muß auch selbst etwas dafür tun. Wenn nicht, wird ihn dieses System irgendwann absondern. Die Bereitschaft, diese Erkenntnis in praktisches Verhalten umzusetzen, ist eine Verantwortungsfrage. Aber die Fähigkeit, dies einzusehen und diese Muster auch im praktischen Leben zu erkennen, ist eine Frage der sozialen Intelligenz.

Meine Frau und ich versuchen, unsere vier Kinder so zu erziehen, daß jedes seinen schmutzigen Teller selbst in die Spülmaschine einräumt. Wenn sie nur teilhaben, muß die Mutter die ganze Arbeit erledigen, was wiederum Konflikte mit sich bringt. Dummerweise lohnt sich das falsche Verhalten meist. Unsere Kinder sind – wie die meisten anderen Kinder wahrscheinlich auch – unglaublich erfinderisch darin, kurz nach dem Essen Ausreden zu finden, daß sie ganz dringend etwas erledigen müssen. Bewährt hat sich beispielsweise, mit verkniffener Miene zu rufen: „Ich muß unbedingt zur Toilette!" und vom Tisch wegzustürzen. Welche Eltern wollen das überprüfen? Der Erfolg für die Kinder: Sie haben Arbeit gespart. Dummerweise sehen die anderen, daß sich solches Verhalten lohnt, und eifern dem nach.

Wenn wir dieses Bild auf unsere gemeinsame Arbeit oder das politische Leben übertragen, wird klar, daß wir mit der zunehmenden Komplexität und ständigen Veränderung unserer Probleme nur eine Chance im Miteinander und nicht im Gegeneinander haben. Dies wird aber immer schwieriger, weil wir immer weniger Zeit zum Kennenlernen und Aufeinander-Einlassen haben. Die für Problemlösungen gewünschte Vielfalt der Fähigkeiten unserer Mitarbeiter birgt zugleich die Gefahr, daß sie in verschiedene Richtungen driften. Jeder hält sich und seine Sicht für die einzig wahre. Dieses Auseinanderdriften wäre aus Organisationssicht unerwünscht. Das Wünschenswerteste für eine Organisation wären Mitarbeiter, die selbstorganisiert von sich aus das „Richtige" tun, so daß sich Führung durch andere Personen erübrigt. Ein derartiges Verhalten ist in der Realität jedoch kaum zu erwarten.

Organisationen müssen ihre Mitglieder integrieren. Dies gelingt nur, wenn sie den einzelnen teilhaben lassen, sonst laufen sie aus durchaus verständlichem Egoismus weg. Die Mitglieder müssen sich selbst integrieren und an der Organisation teilnehmen. Wenn die Organisationsmitglieder aber nur teilhaben wollen, droht der Zerfall der Organisation. Nur wenn Teilnahme und Teilhabe synegoistisch ausbalanciert werden, ist ein systemverträgliches Überleben für beide Seiten möglich.

Hier werden die Begriffe Egoismus, Altruismus und Syn-Egoismus noch einmal besonders deutlich. Egoismus bedeutet: „Ich will etwas für mich auf Kosten anderer." Das mag zwar kurzfristig sozial-intelligent sein, ist aber sozial wenig verantwortlich und meist langfristig sozial-dumm. Wenn ich mir das größte Stück Kuchen nehme, haben meine Kinder weniger. Altruismus bedeutet: „Ich will etwas für andere auf meine Kosten." Ich gebe anderen meinen Kuchen und habe selbst nichts mehr. Beide Phänomene sind ungesund. Die Egoisten zerstören die sozialen Systeme. Die Altruisten zerstören sich selbst. Beides ist sozial-dumm.

Was wir brauchen, ist synegoistisches Verhalten: In einem ausgewogenen, systemverträglichen Verhalten tut das „Untersystem" etwas für sich und für das „Obersystem". Umgekehrt tut das Obersystem etwas für sich und für seine Untersysteme. Als Mitglied einer Bergsteigermannschaft helfe ich dem anderen in der vernünftigen und einvernehmlichen Erwartung, daß er mir auch gleich hilft. Gemeinsam feiern wir den Erfolg auf dem Gipfel. Derjenige, der kurz vor dem Ziel die anderen im Stich läßt, um allein Erfolg zu haben, handelt egoistisch. Diejenigen, die anderen den Vortritt lassen, handeln altruistisch. Dies kann, abgesehen von den ethischen Implikationen, sinnvoll im Sinne sozialer Intelligenz sein.

Syn-Egoismen werden in der Realität leider nicht unbedingt belohnt. Oft ist das Gegenteil der Fall, man macht oft Karriere auf Kosten anderer. Jedes System optimiert nicht, sondern maximiert sein Verhalten gemäß seinen Interessen und Zielen. Das Untersystem Mitarbeiter kann aus seiner Sicht seine Interessen am besten durch Teilhabe am nächsthöheren System durchsetzen. Das kurzfristig sozial-intelligenteste Verhalten wäre aber die Integration des nächsttieferen Systems, ohne dieses teilhaben zu lassen.

Ich hatte einmal einen Mitarbeiter, der an meinem Lehrstuhl von der Arbeit anderer profitierte. Er publizierte einiges, glich aber diese Aktivitäten durch Untätigkeit bei seinen eigentlichen Pflichten aus. Das war kurzfristig sozial-intelligent. Durch seine freundliche Art brachte er die anderen Mitarbeiter dazu, interessante Artikel für ihn mit zu kopieren oder ihm bei unangenehmen statistischen Berechnungen zu helfen. Seinerseits trug er aber zum Erfolg des Lehrstuhls nichts bei. Dieses Verhalten lohnte sich kurzfristig für ihn. Eine erste Fassung seiner Dissertation lag sehr schnell vor.

Wenn alle Mitarbeiter so handelten, wäre das Obersystem Lehrstuhl zum Scheitern verurteilt. Irgendwann fiel mir auf, daß die Anzahl der Fotokopien und die Sucht, alles an Information zu vereinnahmen, was zu erhalten war, nicht mit einer aktiven Beteiligung an unangenehmeren Arbeiten korrelierten. Da fand der Kollege tausend Gründe, weshalb er dieses oder jenes nicht erledigen könnte. Langfristig lohnte sich das Verhalten dieses Mitarbeiters nicht, weil sein Ruf ruiniert war und die Kollegen sich auf ihn entsprechend einstellten.

Umgekehrte Fälle kennen wir auch. Es gibt Lehrstuhlinhaber, die ihre Mitarbeiter zum Nutzen des Obersystems vorwärts peitschen, aber deren Promotion lange hinausschieben. So prosperiert eine gewisse Zeit der Lehrstuhl, aber die Untersysteme nicht. Langfristig wird dieses Verhalten bestraft, weil die guten Leute weggehen oder sich dort gar nicht erst bewerben. Insofern ist dieses Verhalten langfristig genauso sozial-dumm wie das des oben beschriebenen Mitarbeiters.

Nun könnte man natürlich argumentieren: Wir sollten erreichen, daß beide, Ober- und Untersystem, das Maximum füreinander tun. Dies ist aber nicht möglich, weil sich egoistisch das eine System auf Kosten des anderen maximiert, nicht optimiert. Synegoistisches Verhalten liegt an dem Schnittpunkt der egoistischen Interessen beider Systeme vor. Jedes System tut etwas für sich und für das andere System. Und beide profitieren davon.

Wünschenswert wäre eine Balance zwischen soviel Partizipation (Teilnahme) wie möglich und soviel Integration von Erfahrungen, Wissen, Engagement wie möglich. Es müßte möglichst viel Teilnahme der Untersysteme erreicht werden bei gleichzeitig so viel Teilhabe, daß sie das Obersystem nicht verlassen. Und es muß möglichst viel Integration erzeugt werden, dies aber nur bis zu der Grenze, wo genügend Eigenständigkeit der Untersysteme deren Vielfalt erhält, die für die Problemlösung gebraucht wird. Dort wird die dritte Dimension, die „Komplexität", wichtig. Bei einfachen Aufgaben kann man Egoisten ersetzen. Das Obersystem kann autokratisch dominieren. Der Personalmarkt ist voll von unqualifizierten Leuten. Aber je komplexer die Aufgaben sind, um so mehr braucht das Obersystem qualifizierte Leute. Je unverzichtbarer diese sind, um so mehr muß sich das Obersystem bemühen, deren egoistische Neigungen zu mildern. Wir müssen also erreichen, daß hochkompetente Mitarbeiter synegoistisch für sich und für das Obersystem arbeiten und komplexe Aufgaben selbstregulatorisch und verantwortungsvoll bewältigen.

Junge Mitarbeiter tun oft noch nichts für sich, und das Obersystem tut auch noch nichts für sie. Personalentwicklung bedeutet, sie von diesem Punkt zum erwünschten sozial-intelligenten und sozial-verantwortlichen, synegoistischen Verhalten zu bringen. In den verschiedenen Systemsichten von Ober- und Untersystem ergeben sich folgende Interessen:

- Aus Sicht des Obersystems soviel Partizipation (im Sinne von Teilnahme, Nutzen) des Untersystems mit dessen Wissen, Können, Wollen und zugleich soviel Integration, d.h. Unterordnung unter die Interessen dieses Obersystems ohne Reibung und Konflikte wie möglich, bei gleichzeitig nur soviel Partizipation (Teilhabe) und Verfolgung der Eigeninteressen des Untersystems wie unbedingt nötig.
- Aus Sicht des Untersystems soviel Partizipation (Teilhabe, Nutzen) am Obersystem wie möglich, bei soviel Teilnahme wie unbedingt nötig (Kosten) und nur soviel Integration im Sinne von Unterordnung seiner Interessen unter die des Obersystems wie unbedingt nötig.

Der kamikaze-fliegende Befehlsempfänger wäre z.B. jemand, der seine Interessen ausgeblendet hat und sich als Instrument dem Obersystem zur Verfügung stellt. Er trägt inhaltlich nicht unbedingt zur Bewältigung komplexer Probleme bei.

Der Einzelgänger würde sich selbst ohne Integrationsinteresse organisieren. Dies kann bei manchen wissenschaftlichen Arbeiten sinnvoll sein, kann aber auch zu unzulässiger Ausnutzung eines Chefs, der von seiner Tätigkeit abhängig ist, führen (etwa bei EDV-Spezialisten). Hier muß die bestmögliche Balance zwischen Selbstorganisation des Untersystems und seiner Integration in das Obersystem gefunden werden. Dies alles bei einvernehmlicher Partizipation im Sinne von sowohl Teilnahme als auch Teilhabe. Gelingen können derartige Balanceakte nur bei altruistischem Verhalten, bei Interessenidentität von Unter- und Obersystem (mit beidem ist nicht zu rechnen) oder bei synegoistischem Verhalten.

Synegoistisches Verhalten wird durch emotionales Wohlbefinden, angenehme Kommunikation, Solidarität und gefühlsmäßige Identifizierung mit anderen Personen gefördert. Partizipation und Integration sind zwei Seiten einer Medaille des sozial-intelligenten wechselseitigen Verhaltens. Wir müssen „Win-win-Situationen" schaffen, in denen beide, Individuum und soziales Obersystem, vom gemeinsamen Handeln profitieren. „Gemeinsam sind wir stark" ist durchaus kein oberflächlicher Spruch. Der Charme dieses Modells liegt darin, daß Unter- und Obersysteme beliebig sind. Wir können z.B. als Untersystem Deutschland und als Obersystem die EU betrachten. Die sozial-intelligenten Muster des Syn-Egoismus gelten immer.

Merksätze für das praktische sozial-intelligente Verhalten im Sinne des Sich-Einlassens auf andere

- *Partizipation bedeutet nicht nur Teilhabe, sondern auch Teilnahme. Die faire Balance aus Teilhabe und Teilnahme bedeutet synegoistisches und damit sozial-intelligentes Verhalten.*
- *Das falsche, nur teilhabende Verhalten darf sich nicht lohnen. Richtiges, synegoistisches Verhalten sollte sich lohnen.*
- *Der Integration aus Organisationssicht entspricht die Partizipation aus individueller Sicht.*
- *Egoismen müssen negative Folgen haben, Syn-Egoismen müssen sich dauerhaft lohnen.*

Interpersonale Flexibilität

Es gibt nichts Ungerechteres, als verschiedene Menschen gleichartig zu behandeln. „Jeder Jeck ist anders", sagt der Rheinländer. Wir müssen flexibel auf die unterschiedlichen Eigenheiten unserer Mitmenschen eingehen.

Wenn wir die oben beschriebenen Phänomene auf einer allgemeineren Ebene betrachten, ergeben sich ähnliche Muster, wenn mehrere Kulturen aufeinanderprallen. Unter dem Aspekt der sozialen Intelligenz ist der entscheidende Gesichtspunkt die

Systemverträglichkeit. Die US-Amerikaner und Kanadier haben als Einwanderungsländer viele Kulturen aufgenommen. Ob sie integriert sind und es zur Partizipation im Sinne von Teilnahme und Teilhabe gebracht haben, mag bezweifelt werden. Vor allem in den Großstädten leben verschiedene Kulturen neben-, aber nicht miteinander. Chinatown, italienische, polnische, deutsche Viertel grenzen sich ebenso ab wie schwarze, weiße oder Hispano-Regionen. Abgesehen von den ethischen Implikationen ist unter dem Aspekt der sozialen Intelligenz zu bedenken, daß die heterogenen Verhaltensweisen im Rahmen verschiedener Kulturen sich durchaus zu einer bereichernden neuen Mischung vereinen könnten. Wir schätzen es ja, mal italienisch, mal chinesisch, mal deutsch und mal mexikanisch essen gehen zu können. Die Kunst der sozialen Intelligenz besteht darin, sich überall das Beste herauszusuchen, ohne sich zugleich die unerwünschten Aspekte mit einzuhandeln.

Transkulturelle Flexibilität bedeutet, daß es nicht genügt, eine fremde Sprache zu sprechen. Sozial-intelligent kann man im fremden Land erst handeln, wenn man z.B. in den USA das richtige Distanz-Verhalten einübt oder sich möglichst politischer Diskussionen enthält. Im Fall der USA handelt es sich um eine Kultur, die unserem Kulturkreis ähnlich ist. In Korea oder Japan ist das schon anders.

> In anderen Kulturen existieren Ängste, Vorbehalte, Erwartungen gegenüber der Nation, aus der ein Fremder stammt. Eine Führungskraft, die einen großen Vertriebsbereich leitete, hatte Managementprobleme. Es handelte sich um einen intelligenten, netten und gepflegten Mann mit vollendeten Umgangsformen. Der Anlaß für seine Probleme war ein alkoholbedingter Verkehrsunfall mit anschließendem Führerscheinentzug. Der Mann wurde aus dem Kreis der oberen Führungskräfte herausgenommen und versetzt. Die Firma bot ihm Coaching an, das er auch in Anspruch nahm. Er erzählte die Geschichte seines Alkoholismus: „Wer im Vertrieb im Osten tätig ist, muß auf jeden Fall alkoholresistent sein. Ich habe die ganzen Nationen von West nach Ost, von Polen bis Korea und Japan durchge-

macht. Es ist überall das gleiche. Man braucht das persönliche Vertrauen und die Akzeptanz der Leute, die die Aufträge vergeben. Das erreicht man kaum durch logische Argumente. Die hat die Konkurrenz auch. Man muß unbedingt auf der emotionalen Ebene Zugang und eine Identifikation finden, die bei den Leuten das Gefühl auslöst, man wäre einer von ihnen. Mit einem von ihnen säuft man. Man kann es gar nicht anders ausdrücken. Ich habe zu manchen Zeiten im Schnitt täglich etliche Biere, zwei bis drei Flaschen Wein und ein bis zwei Flaschen Schnaps getrunken. Und das, wohlgemerkt alles, ohne unangenehm aufzufallen. Wer nicht mitsäuft, beleidigt die Kameraden." Auf meine Frage, ob man nicht mal die Blumen mit Schnaps begießen konnte, antwortete er: „Habe ich alles versucht. Ich habe mir Schnaps in die Schuhe gegossen, im Tischtuch versickern lassen, im Mund deponiert und auf der Toilette ausgespuckt. Das ist mengenmäßig zu vernachlässigen. Die anderen stoßen an und schauen bei jedem Schluck zu. Mogeln wird als Vertrauensmißbrauch angesehen. Entschuldigungen gelten nicht. Dann ist man unten durch, und der Auftrag ist futsch."

Dieser Mann machte einen glaubwürdigen Eindruck, und die Muster wiederholen sich in vielen Coaching-Fällen. Sie zeigen uns, wie weit man sozial-intelligentes Verhalten zum Zwecke des Gewinns treiben kann, ohne kriminell zu werden. Bezogen auf die Systemverträglichkeit und die eigene Gesundheit kann man die soziale Intelligenz und speziell die interpersonale Flexibilität auch übertreiben. Um die Geschichte abzuschließen: Ein Entzug und die Betreuung danach führte zur vollständigen Rehabilitation des Mannes, der später wieder in den Kreis der oberen Führungskräfte aufgenommen wurde.

Merksätze für das praktische sozial-intelligente Verhalten im Sinne des Sich-Einlassens auf andere

- *„Andere Länder, andere Sitten", transkulturelles Management muß erlernt werden.*

- *Dabei geht es nicht nur um Sprachkenntnisse, sondern vor allem um das Verständnis anderer sozialer Verhaltensweisen wie z.B. Distanz-Verhalten, Erwartungen, Sitten und Gebräuche sowie der politischen Empfindlichkeiten in den fremden Kulturen.*
- *Wie bei solchen Kollektiven müssen wir uns auch auf einzelne flexibel einstellen, sie unterschiedlich behandeln, damit sie ihre verschiedenen Fähigkeiten und Ansichten in synegoistisches Handeln einbringen können.*

Wirken auf andere

Wenn wir das Sich-Einlassen auf andere als wesentliche Facette der sozialen Intelligenz beherrschen, können wir sehr viel besser andere beeinflussen, auf sie einwirken und damit soziale Interaktionen nach eigenen Vorstellungen gestalten.

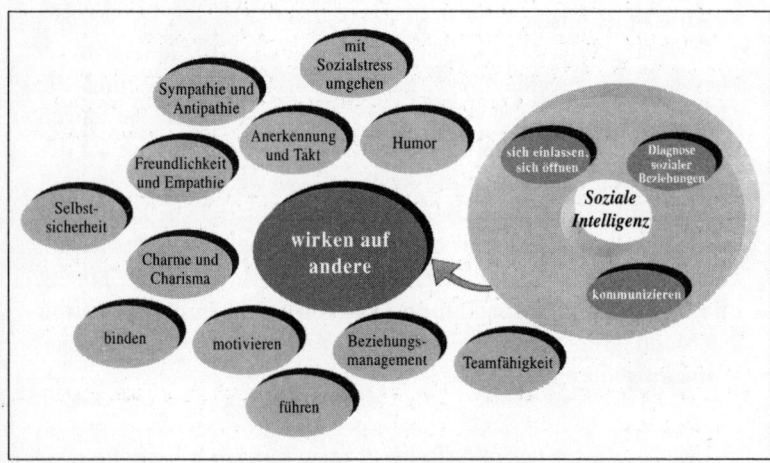

Abb. 10: Wirken auf andere

Teamfähigkeit

Der Umgang mit Verschiedenheit und Offenheit, die Umstellung und Einstellung auf und die Anpassung an andere, die Integration und Partizipation sowie die interpersonale Flexibilität kommen alle in besonderer Weise bei der Gruppen- und Teamarbeit zum Tragen. Ein wesentlicher Punkt ist zunächst der adäquate Umgang mit Verschiedenheit. Jeder Mensch konstruiert seinen Sinn, seine Vision, seine Ziele in seiner spezifischen biographisch gewachsenen Weise. Insofern spielen bei der sozialen Intelligenz im Hinblick auf Flexibilität und Anpassungsfähigkeit folgende Verschiedenheiten mit. Wir müssen:

- mit zahlreichen unterschiedlichen eigenen und fremden sozialen Rollen zurechtkommen (Vater, Freund, Chef, Clubmitglied etc.);
- viele unterschiedliche soziale Wechselwirkungen mit verschiedensten Personen und in unterschiedlichsten Situationen effektiv und effizient gestalten, z.B. die richtige Sprache und das sozial passende Verhalten in der richtigen Situation finden;
- mit vielfältigen Menschen und -gruppierungen sozialverträglich umgehen und Vertrauen vermitteln und erzeugen;
- soziale Beziehungen verknüpfen, verschiedene Fäden verbinden und diese Verbindungen unabhängig und zu Selbstläufern machen, d.h. Vernetzungen gestalten und ihre Eigendynamik fördern;
- zwischen verschiedensten sozialen Interaktionen schnell und sicher umschalten;
- sich in verschiedene Systemsichten hineindenken und dies auch vermitteln können;
- mit anderen Werten, Interessen und „Wahrheiten" als den eigenen umgehen können;
- mit anderen Kulturen, Denk- und Lebensweisen umgehen können.

Mangelnde soziale Intelligenz bedeutet in diesem Zusammenhang nur mit wenigen Leuten und in wenigen sozialen Rollen kommunizieren können. Sozial wenig intelligent wäre demnach jemand, der nur mit sich oder seinesgleichen kommunizieren kann, überall mitmischen muß und nicht verschiedene Kommunikationsströme vernetzen kann. Gleiches gilt für jemanden, der zu schnell Solidarisierungen (eine Extremform ist das „Nachplappern") vornimmt, Konflikte meidet und nicht aktiv bewältigt, nur seine Wahrheit und die eigene Systemsicht gelten läßt und nicht in den Systemsichten anderer denkt.

> Wir alle kennen Menschen, die nur mit „ihresgleichen" reden. Das wirkt auf die Ausgegrenzten zumindest arrogant. Arroganz und Borniertheit sind besonders krasse Merkmale mangelnder sozialer Intelligenz. Weniger schlimm sind vorschnelle Solidarisierungen. Ich hatte einen Mitarbeiter, den wir alle gerne mochten. Seine „Nettigkeit" bestand u. a. darin, daß er jedem beipflichtete: „Ja, genau, da hast du aber wirklich recht". Das führt bei seinem Gegenüber zu erfreuten Reaktionen. Wer mir beipflichtet, ist mir zunächst sympathisch. Das Dumme war nur, er stimmte allen zu. Langfristig rächte sich dieses Verhalten. Man kann die Harmonisiererei sozial-dumm auch übertreiben.

Der entscheidende Grund, in Teams oder Gruppen zu arbeiten, ist die Bewältigung komplexer Probleme und nicht unbedingt die Tatsache, daß es netter ist, mit anderen zusammen zu sein. Konkurrenz innerhalb eines Systems tötet das System. Aus Sicht der Teammitglieder gehört Teamfähigkeit, das Sich-einfügen-Können zu einem guten Team. Sinnstiftung, Integration und Motivation heterogener Persönlichkeiten werden somit zu immer wichtigeren Führungsaufgaben. Wir müssen erreichen, daß unterschiedliche Personen am selben Ende des Strickes in dieselbe Richtung ziehen. Es sollte allerdings der richtige Strick und die richtige Richtung sein.

Team bedeutet soviel wie Mannschaft und kommt begrifflich vom Pferdegespann. Wenn wir uns einen Vierspänner vor Augen führen, ist in diesem Bild viel von dem enthalten, was wir bei einem Team brauchen. Teamwork als gute Zusammenarbeit mit Ergebnissen, bei denen einzelne Urheberschaften nicht mehr zu trennen sind, und Teamgeist als Mannschaftsgeist vervollständigen diesen Bedeutungshof.

Ehe wir die Besonderheiten von Teams im Unterschied zu Projektgruppen betrachten, schauen wir uns den Oberbegriff für beide, die Gruppe, genauer an:

- Zunächst ist eine Gruppe eine Mehrzahl von Menschen mit gemeinsamen Merkmalen, die als soziale Einheit erscheinen und in verschiedenen Rollen miteinander arbeiten sowie gemeinsame Normen und ein Wir-Gefühl entwickeln.
- Gruppenmitglieder erwarten, daß sich jeder entsprechend seiner Rolle verhält. Die Einhaltung von Verhaltensregeln wird durch die Gruppe kontrolliert.
- Gruppendynamik ist die wechselseitige Beziehung zwischen den Gruppenmitgliedern (z.B. Familie, Schulklasse, Seminargruppe). Kontakte, Zusammenhalt und Zusammengehörigkeitsgefühl (Kohäsion) sind entscheidend. Meist ergeben sich in kurzer Zeit unterschiedliche Rollen und Ränge der Mitglieder hinsichtlich bestimmter Merkmale wie Intelligenz, Tüchtigkeit oder Beliebtheit.

Das Wissen darum, im gleichen Boot zu sitzen, steigert die Bereitschaft zur Zusammenarbeit. „Mir geht es genauso mies wie dir." Gemeinsame Not verbindet die Mitglieder der Gruppe. Die sozialen Beziehungen spielen eine wichtige Rolle. Wenn sie gut sind, können sie sogar eine als sinnlos empfundene Arbeit kompensieren. Der Gruppenzusammenhalt wird wesentlich durch die Attraktivität ihrer Mitglieder bestimmt. Ein bißchen vom Glanz der anderen färbt auf den einzelnen ab. Selbst bei geringem Zusammenhalt kann die Gruppe fortbestehen, wenn die Mitglieder Nachteile durch einen Verlust der Mitgliedschaft befürchten.

Wichtig für die Gruppenarbeit ist, daß sich das Verhalten der Mitglieder, die Gruppennormen und -erwartungen vereinheitlichen. Die Personen werden sich ähnlicher, wodurch jedoch entscheidende Vorteile der Vielfalt verlorengehen. Je besser sich ein Gruppenmitglied an die Normen der Gruppe hält, um so eher erhält es positive Bestätigung. Abweichler werden bestraft. Eine eigenständige Meinung muß man sich leisten können. Wenn sich die Gruppenmitglieder bezüglich der negativen Sanktion des „Übeltäters" einig sind, wird er ausgeschlossen, ein meist wenig sozial-intelligenter Akt.

Effektive Gruppen zeigen sich bei engem Zusammenhalt und hoher Leistungsnorm. Die Leistungsnorm kann aber auch bei hohem Zusammenhalt gering sein. In diesem Fall sprechen wir von einer Clique. Der Chef, der der Illusion unterliegt, er müsse eine faule Gruppe auf Trab bringen, indem er einen fleißigen Mitarbeiter „einpflanzt", wird sein blaues Wunder erleben. Dieser Mensch wird von den anderen sehr schnell auf ihr Leistungsniveau zurechtgestutzt.

Hohe Leistungen sind bei einer Kooperationsdauer von ca. zwei bis fünf Jahren zu erwarten. Zu Beginn befindet sich die Gruppe in einer Findungsphase, dann folgt eine Leistungsphase, und im weiteren Verlauf beschäftigt sich die Gruppe mit sich selbst. Dies bedeutet, daß der Gruppe nach einiger Zeit neue Mitglieder zugeführt werden müssen.

Wesentlich für die Gruppenzusammensetzung ist die soziale Aktivierung, d.h. die Beeinflussung der Gruppenmitglieder durch andere. Hier spielt insbesondere das Geschlecht eine Rolle. Wie verändert sich das Arbeitsverhalten einer Männergruppe, wenn Frauen hinzukommen? Frauen kümmern sich stärker um die Beziehungen, Männer sind eher zielorientiert. Männer neigen eher zu wettbewerbsorientiertem Verhalten, während Frauen zu Kooperation und Teilung des Erfolges bereit sind. Männer neigen zu einem sachlichen Kommunikationsstil im Gegensatz zur stärkeren Gefühlsorientierung bei Frauen. Sie kommen eher zu Konsensentscheidungen. Männer schaffen sich mehr Rangstrukturen und neigen stärker zu einer offenen Konfrontation mit Gewinnern und Verlierern.

Diese Überlegungen beschreiben ein Gruppenverhalten, das wir nur sozial-intelligent gestalten können, wenn wir solche Befunde der Sozialpsychologie zur Kenntnis nehmen. Für die sozialintelligente konkrete Arbeit sind einige Unterschiede zwischen Projektgruppen und Teams wichtig. Sie stellen unterschiedliche Anforderungen an eine sozial-intelligente Führung.

Teams sind in vielerlei Hinsicht anspruchsvoller als Projektgruppen:

- Teams sind sich entwickelnde Gruppen von Personen, die sich nach fachlichen Aufgaben und Fähigkeiten sowie nach sich ergänzenden Persönlichkeitsmerkmalen zusammenfinden und über längere Zeiträume und verschiedenste Aufgaben hinweg möglichst synegoistisch zusammenarbeiten. Im Gegensatz dazu bestehen Projektgruppen aus von „oben" nach funktionalen Kriterien zusammengestellten Mitarbeitern, die für einen begrenzten Zeitraum eine konkret definierte Aufgabe außerhalb ihrer „normalen" Arbeit bewältigen sollen und sich hinterher wieder zerstreuen. Die Denk- und Planungsweise ist meist kurzfristig und auftragsorientiert.
- Selbstorganisation und Selbstbeauftragung sowie Querkommunikation sind im Team deutlich stärker ausgeprägt als in der Projektgruppe. In Projektgruppen ist die Kommunikation meist weniger offen, weil unterschiedliche Motivationen mit Bezug auf die Stammsysteme angenommen werden. Entsprechend werden wesentliche Informationen oft nicht weitergegeben. Häufig bestehen egoistische Interessen des Stammsystems, das bewußt einen Vertreter in die Projektgruppe entsendet, der besonders durchsetzungsstark ist.
- Die Teammitglieder erkennen ihre wechselseitigen Abhängigkeiten an. Jeder weiß, daß sein Erfolg mit dem des gesamten Teams verbunden ist. Synegoistische Prinzipien schlagen hier sehr viel stärker zu Buche als in der Projektgruppe. Projektgruppenmitglieder arbeiten weniger abhängig als Teammitglieder und haben unterschiedliche Interessen und Zielvorstellungen. Sie werden weniger an Zielentwicklungen beteiligt und bestehen stärker auf individueller Urheberschaft.
- Im Team verpflichten sich die Mitglieder auf gemeinsame Ziele; sie werden vereinbart, nicht vorgegeben. Sie entwickeln ihre Aufgaben sehr viel stärker als die Gruppe, die meist von „außen" beauftragt wird. Projektgruppen erhalten Aufträge und erarbeiten sie weniger selbst.
- Teammitglieder werden eher auf der Basis ihrer unterschied-

lichen persönlichen Fähigkeiten und Fertigkeiten zusammengestellt als auf der Basis funktionaler Organisationseinheiten.
- Positionen und Rollen spielen im Team eine deutlich geringere Rolle als in der Gruppe.
- Die Teamdynamik besteht darin, daß die Mitglieder offener kommunizieren und versuchen, die Systemsichten der anderen zu verstehen und zu akzeptieren. Konflikte werden als Chance zur Weiterentwicklung gesehen und konstruktiv bearbeitet. In einer Projektgruppe können Konflikte oft nicht eigendynamisch gelöst werden. In der Konsequenz werden latente Konflikte meist auch nicht aufgedeckt.
- Im Team herrscht mehr Vertrauen in die synegoistische Fairneß der anderen Teammitglieder und keine Angst, sich zu blamieren.
- Ziele sollen im Team entwickelt und Entscheidungen gemeinsam getroffen werden. Individuelle und Teamleistungen werden wechselseitig anerkannt. Die Identifikation ist höher als bei Projektgruppen.
- Konkurrenzen innerhalb des Teams gelten als destruktiv.
- Die Kohäsion ist im Team sehr viel stärker als in der Gruppe.
- Im Team wird viel öfter als in der Gruppe gefragt: „Sind wir auf dem Weg, den wir wollen?"
- Das Team hat einen „Teamgeist" im Sinne gemeinsamer Vorstellungen von dem, was die Mitglieder des Teams wollen, was sie füreinander investieren und riskieren. Der „Korpsgeist" hingegen betont stärker die Zugehörigkeit zu einer Vereinigung relativ homogener Mitglieder. Bei einer Projektgruppe gehört die stärkere Identifikation dem System, dem die Mitglieder entstammen. Wenn sie von „wir" sprechen, meinen sie normalerweise ihr Stammsystem und nicht die Projektgruppe.
- Handlungen des Teams wirken sowohl auf die einzelnen Mitglieder als auch auf das Team als Ganzes zurück.

Besondere soziale Intelligenz wird natürlich vom Teamleiter erwartet:

- Der Teamleiter sollte die Fähigkeit besitzen, die Verbindung zwischen Team und Umfeldsystemen zu gestalten. Er muß

soziale Verantwortung übernehmen und den Kopf dafür hinhalten, wenn das Team nicht funktioniert. Er hat die Funktion des Informationsfilters. Welche Informationen braucht das Team, und welche sollen weitergegeben werden? Innerhalb des Teams herrscht Offenheit.
- Er versteht sich als Primus inter pares. Die Teamleitung kann durchaus in definierten Zeitabständen wechseln.
- Er hat Moderator-, Katalysator- und Koordinierungsfunktionen.
- Der Teamleiter hat eine Kontrollfunktion bezüglich des hinreichenden Vertrauens und synegoistischer bzw. egoistischer Verhaltensweisen im Team.

Es dürfte in Zukunft wenig nutzen, die erforderlichen Qualifikationen jeweils nur individuell zu entwickeln, sondern wir müssen dies in sich permanent ändernden Teams tun. Auf der Basis von Fach- und Personenkenntnissen müssen sich ständig neue Teams zusammenfinden, deren Mitglieder kooperieren und nicht konkurrieren. Die Stärke solcher Teams liegt nicht nur darin, daß die unterschiedlichen Fähigkeiten und Kenntnisse der Spezialisten anforderungsorientiert gebündelt werden, sondern daß sich aus deren dynamischen Wechselwirkungen neue Qualitäten ergeben. Spezialisten neigen dazu, ihr jeweiliges Wissen für das wichtigere zu halten und die eigene Unentbehrlichkeit in den Vordergrund zu stellen. Gerade deswegen braucht es die soziale Intelligenz der Teamleiter, die verschiedenen Egoismen und Systemsichten im Interesse einer möglichst effizienten Problemlösung zu bündeln. Mittels Sinnstiftung, Integration und Motivation heterogener Persönlichkeiten sollen die Mitarbeiter lernen, eine Balance aus qualitativer Leistung, adäquater Kommunikation und Beanspruchung zu erreichen.

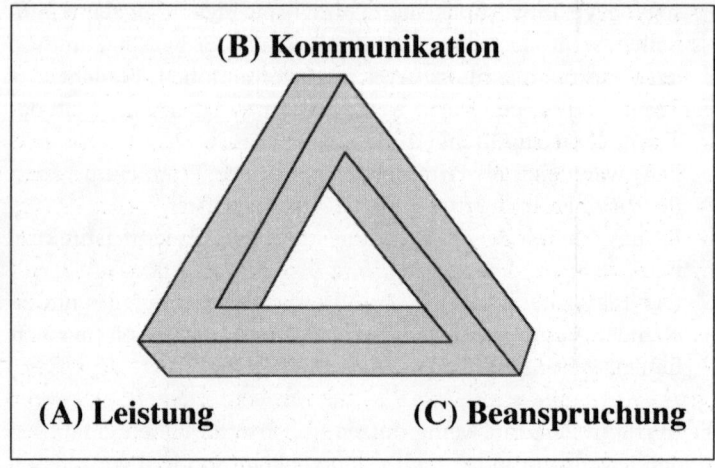

Abb. 11: Dreieck aus Leistung / Kommunikation / Beanspruchung

Wenn ein Team bezüglich der gegenseitigen Kompensation und der sozialen Aktivierung gut zusammengesetzt ist (Strecke AB), läuft die Kommunikation besser. Wenn die Mitglieder sich gegenseitig sozial unterstützen (Strecke BC), wird die Beanspruchung reduziert. Wenn sich die Teammitglieder auf die richtige Weise beanspruchen (Strecke AC), wird die Leistungsfähigkeit gefördert. Wenn das Team viel leistet, fördert das die Stimmung, die Art des Umgangs miteinander, die Kommunikation und die soziale Unterstützung. Egal welche Strecke wir anschauen, es ergeben sich immer sozial-intelligente Verhaltensweisen, die für die Teamfähigkeit von Belang sind.

Teambildung, -entwicklung und Teamfähigkeit als wesentliche Facetten der sozialen Intelligenz sind leicht zu fordern, aber schwer umzusetzen. Denn die Anforderungen an ein Team bewirken nicht unbedingt die erforderlichen individuellen Handlungen, die zu einem harmonischen Gruppenverhalten führen. Jeder nimmt dieselbe Situation und ihre Anforderungen subjektiv anders wahr. Der einzelne handelt womöglich aus Neugierde, Angst oder Ärger und wird durch die Gruppe frustriert. Projektgruppen oder Teams müssen also keineswegs immer ein Königsweg sein.

Projektgruppen und Teams stellen sich je nach Umfeld und Funktion anders dar. Meister, Gesellen und Lehrlinge in Handwerksbetrieben bilden ein andersartiges Team als eine Gruppe von Software-Spezialisten. Gruppen bilden generell ihre eigenen Werte, Normen und Regeln. Sie beeinflussen den einzelnen, der wiederum ein Teil des Systems ist. Er identifiziert sich, fühlt sich mit den anderen zusammengehörig, hat Bezugspersonen, soziale Unterstützung, fühlt sich im „warmen Nest" und verhält sich gemäß der Gruppennormen. Solche Normen sind Vereinheitlichungen von Verhalten. Bestimmte Dinge tut „man" oder auch nicht. Sie werden als Gebote oder Verbote erlebt. Solche oft unausgesprochenen Normen schränken zwar den individuellen Handlungsspielraum ein, haben aber den Vorteil, Verhaltenssicherheit zu bieten. Jedes Mitglied weiß, wie es sich zu verhalten hat. Rollen hingegen bündeln Verhaltensweisen zu bestimmten Mustern. In der Gruppe gibt es Stars, Quertreiber, Außenseiter und Dominante.

Gruppen können lose sein, aber auch wie Pech und Schwefel zusammenhalten. Der Zusammenhalt drückt sich in Solidarität und Loyalität der Gruppenmitglieder untereinander und des einzelnen zur Gesamtgruppe aus. Je höher die Gruppenkohärenz, um so stärker der Konformitätsdruck, d.h., es wird schwierig, eine eigenständige Meinung zu äußern. Das kann sich bis zum Gruppenterror steigern, eine nicht sehr sozial-kompetente Verhaltensweise der übrigen Gruppenmitglieder.

Gruppen mit besonders hohem Zusammenhalt, die sich zudem noch für eine Elite halten, z.B. ein Sportlerteam, unterliegen der Gefahr, daß eine einheitliche Meinung, ein „groupthink", entsteht. Das führt dazu, daß der einzelne nichts mehr ohne seine Gruppe entscheidet. Umgekehrt kann durch dieses Gruppendenken eine Risikobereitschaft entstehen, die der einzelne sich nicht im Traum hätte einfallen lassen.

Gemeinsamkeit macht stark. Dieses Phänomen haben viele Bücher und Filme zum Thema. Die Ursachen sind schwer zu ergründen. Zum einen liegt eine Verteilung der Verantwortung vor.

Jeder glaubt, er könnte mehr wagen, weil er nicht allein die Verantwortung trägt. Aber es ist auch möglich, daß besonders risikofreudige, charismatische und verführerische Persönlichkeiten die anderen durch ihr riskantes Verhalten so mitreißen, daß andere dem nichts entgegenzusetzen haben und mitmachen.

Allerdings ist damit immer noch nicht geklärt, was das Wesentliche einer Gruppe ist. Wenn einige Individuen sich zu einer Gruppe zusammenfinden, tun sie dies normalerweise aus guten Gründen. Zum einen gibt es sicherlich ein Grundmotiv der Geselligkeit. Zum zweiten verspricht sich jeder etwas von seiner Gruppenzugehörigkeit. Um aus einer Gruppe Nutzen zu ziehen, muß diese erst einmal geformt werden. Das ist nicht so einfach, denn zunächst sieht sich jeder einzelne der Übermacht der anderen gegenüber und hat möglicherweise Angst. Nach Schein (1965) wünscht er sich:

- Sicherheit durch seine Mitgliedschaft in der Gruppe
- Einfluß auf die Gruppe und zugleich Unabhängigkeit von ihr
- Akzeptanz durch die anderen Gruppenmitglieder und emotionale Nähe zu ihnen.

In der Ausprägung dieser Wünsche unterscheiden sich die Gruppenmitglieder je nach Persönlichkeit. Der *Kämpfer* legt Wert auf Einfluß und Kontrolle, dem *Helfer* ist die emotionale Nähe der anderen wichtiger, und der *logische Denker* leugnet seine emotionalen Bedürfnisse und verschiebt sie auf die sachliche Ebene der Entwicklung von Gruppenregeln. Jeder kann sich in einem solchen Dreieck selbst einordnen, je nachdem wo seine persönlichen Schwerpunkte liegen. Solche emotionalen Bewältigungsstile bringen für die Gruppenbildung ein Problem mit sich, weil sie sich im Prinzip gegenseitig ausschließen.

Der *Kämpfer* geht dem Helfer auf die Nerven, weil er die für ihn wichtige emotionale Nähe verweigert. Und der *Kämpfer* paßt nicht in das Konzept des *logischen Denkers,* weil dessen sachlogische Vorstellungen durch das emotionale Einfluß- und Kontrollverhalten gestört werden. Der *Helfer* nervt den *Kämpfer* durch seine Neigung zur emotionalen Bindung, die letzteren beim Kampf behindert. Und der *logische Denker* empfindet die emotionale Art des *Helfers* als unangemessen. Der *logische Denker* schließlich kratzt am Ego des *Kämpfers* und des *Helfers*, weil seine logische Art die Verhaltensweisen der beiden als irrational und weniger wertvoll erscheinen läßt.

In einer solchen Mischung entsteht schnell der Funke, der wenig sozial-intelligente Explosionen auslösen kann. Die Gruppenmitglieder leben zwischen der Skylla des Nutzens, den ihnen die Gruppe bietet, und der Charybdis der Freiheitseinschränkung durch die Gruppe. Hier kann die sozial-intelligente Moderation eines Gruppenmitglieds oder -leiters sehr hilfreich sein. Er erläutert Sinn und Vorteile der Gruppe, artikuliert die Befürchtungen der Gruppenmitglieder, die letztlich alle, jeder für sich ganz ähnliche Gefühle haben. Und er macht klar, daß man nicht beides gleichzeitig haben kann, die Hilfe der Gruppe und die Freiheit des Individuums.

Arbeitsgruppen, seien es nun Projektgruppen oder Teams, sind dann geboten, wenn bei der Problembearbeitung Komplexitäten und Dynamiken auftauchen, die für den einzelnen nicht zu bewältigen sind, und wenn die Probleme nicht in kleinere Probleme zerlegbar sind, die getrennt gelöst werden können. Insbesondere innovative, kreative Denkprozesse, bei denen man nicht auf bekannte Regeln und Abläufe zurückgreifen kann, sind ein Gebiet für die Teamarbeit. Im Problemklassifikationswürfel sind Aufgaben und Probleme nach dem Motto „Gefahr erkannt, Gefahr gebannt" einzuordnen.

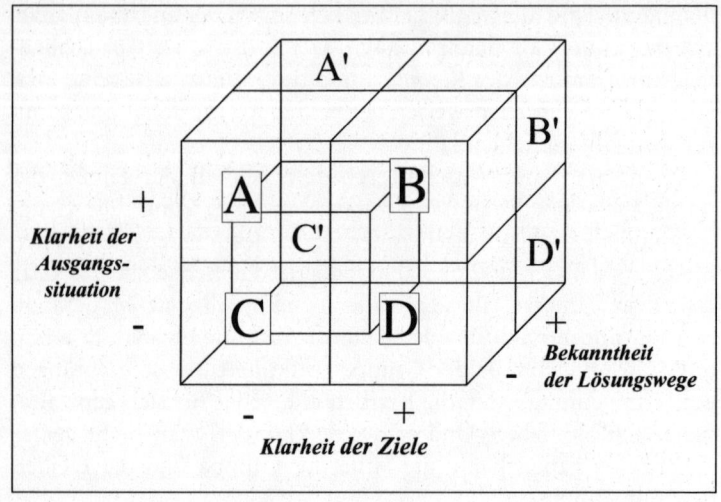

Abb. 12: Problemwürfel

Für die Teamarbeit sind solche Probleme von besonderem Interesse, bei denen die Ausgangslage und die Zielsetzung unklar und die Lösungswege unbekannt sind. Ärgerlicherweise ist die Forschung zur Problemlösung dort am weitesten gediehen, wo wir sie am wenigsten brauchen, nämlich bei den Aufgaben, bei denen Ausgangssituation, Ziele und Lösungswege relativ klar sind. Projektgruppen werden eher eingesetzt, wenn Ausgangs- und Zielsituation relativ klar sind.

Zahlreiche empirische Studien haben gezeigt, daß Partizipation an Führungs- und Entscheidungsprozessen positive Folgen sowohl für die Arbeitszufriedenheit als auch für das Leistungsniveau haben können, aber nicht müssen (Fischer, 1990). Weiter kann die Teamentwicklung ausgezeichnet für Lernprozesse genutzt werden. Zusammen lernt es sich meist besser als im einsamen Studierzimmer. Zudem bieten Teams in Zeiten stärkerer Arbeitsbeanspruchung mehr soziale Unterstützung als zusammengestellte Arbeitsgruppen.

Bezüglich der Teamentwicklung werden meist vier „klassische" Phasen genannt (vgl. Tuckman, 1965):

a) Forming (Orientierungsphase), bei dem verschiedene Verhaltensmuster erprobt und gegebenenfalls Widerstände provoziert werden. Die Teammitglieder „beschnuppern" und orientieren sich, „Claims werden abgesteckt". Es entstehen häufig Unsicherheiten, ob die persönlichen Erwartungen erfüllt werden.
b) Storming (Kampfphase), bei dem gruppeninterne Konflikte ausgetragen werden. Die individuelle Freiheit wird zwangsläufig eingeschränkt. Individualinteressen und Vorlieben oder Abneigungen dominieren die Sachfragen.
c) Norming (Organisationsphase). Hier sind die Standpunkte geklärt, Harmonie, Konfliktvermeidung und Versachlichung treten in den Vordergrund.
d) Performing (Integrations- und Leistungsphase). Die Bewältigung von Aufgaben und Problemen ist möglich. Geklärte Rollen, Beziehungen und Verhaltensstandards ermöglichen, daß das Team seine Stärken ausspielt.

Was müssen sozial-intelligente Führungskräfte im Team konkret tun?

1. Schritt
Zunächst muß entschieden werden, ob zur Aufgaben- und Problembewältigung Teams oder Projektgruppen erforderlich sind. Teamarbeit ist nicht besonders sinnvoll bei Einzelaufgaben, bei denen kaum Schnittstellenprobleme auftreten können. Ähnliches gilt für Aufgaben, bei denen verschiedene Einzelentscheidungen zu einem Gruppenurteil gemittelt werden. Das Team erreicht zwar eine statistische Fehlerminimierung, findet aber nicht unbedingt die optimale Lösung. Aufgaben, bei denen eine richtige Lösung aus mehreren Möglichkeiten herausgefiltert werden muß, sind hingegen für Teams interessant, kosten aber viel Zeit, weil einzelne die anderen erst von ihrer Lösung überzeugen müssen. Ideal für die Teamarbeit sind konjunktive Aufgaben, bei denen sich eine gute Lösung durch die wechselseitigen Anregungen der Teammitglieder prozeßhaft entwickelt.

2. Schritt

Zur Führungsarbeit für und in Teams gehört die Erfüllung einiger Bedingungen:

- klare Rahmenbedingungen (Budget, Arbeitsmittel), die dem Team den „Rücken freihalten"
- Autonomie
- schnelle, unbürokratische Kommunikationswege
- geeignete Räumlichkeiten.

Solche „Äußerlichkeiten" sind relativ leicht zu bewerkstelligen. Schwieriger wird die Führungsarbeit bei der Zusammenstellung von Teams, sofern diese sich ausnahmsweise nicht selbst zusammenfinden. Die optimale Größe liegt zwischen fünf und acht Mitgliedern, die alle möglichst teamfähig sein sollten. Um Team(arbeits)fähigkeit festzustellen, sollte folgendes geklärt werden:

- Personmerkmale wie fachliche Kompetenz, Kooperationsbereitschaft, Neigung zu Verzicht auf Privilegien, Selbstkontrolle, Bereitschaft, Vorschläge anderer zu akzeptieren, und vor allem Bewahrung der geistigen Autonomie
- Gruppenprozeßmerkmale, d.h. Verständnis für Gruppendynamik, akzeptierte Rollen- und Aufgabenverteilung
- Rahmenbedingungen wie Autonomie, Verantwortungsspielraum, Hilfsmittel
- Symbole und Mythen zur Normvermittlung, Vorbilder
- Führung durch Rückkopplungen und einen Teamleiter als Primus inter pares
- Eindeutige und von allen akzeptierte Aufgaben und Ziele.

3. Schritt

Die Teamzusammensetzung ist im Unterschied zu einer Projektgruppe komplexer. Letztere werden erfahrungsgemäß nach Funktionen und fachlichen Kompetenzen zusammengestellt. Nach dem Erkennen eines komplexen Problems wird eine Gruppe von Personen, die etwas mit der Angelegenheit zu tun haben, zusammengerufen. Aus Sicht der betroffenen Bereiche werden diese Projektgruppen meist nach taktischen Überlegungen beschickt.

Teams hingegen sind stärker an den Persönlichkeiten und deren Rollen orientiert. So wie ein Koch verschiedene Grundelemente, Gewürze und sonstige Zutaten zusammenstellt und zu einer wohlschmeckenden Speise komponiert, so muß sich auch eine Teamkomposition aus Persönlichkeitsmerkmalen und Rollen entwickeln. Die Rezepte für diesen Vorgang sind allerdings unterschiedlich.

Bei aller Vorsicht mit Typisierungen und Klassifizierungen von Menschen hat Belbin (1996) eine Rollenbeschreibung vorgelegt, die gut für die Teamzusammensetzung, -entwicklung und -arbeit geeignet ist. Demnach sind typische Verhaltensrollen in ihrer Zusammensetzung wesentlich für den Erfolg von Teams. Diese Rollentypen werden unterteilt in Kreativitätsrollen, Führungsrollen und Schlüsselrollen.

a) Kreativitätsrollen

Der kreative „Erfinder oder Querdenker" ist intelligent, introvertiert, kauzig, verschroben und schwer in das Team integrierbar bis hin zur Bockigkeit. Als Querdenker hat er oft ungewöhnliche, auf den ersten Blick verrückte Ideen. Die anderen Teammitglieder brauchen meist eine Weile, bis sie den Wert dieser Ideen und Perspektiven erkennen. Meist ist er wenig durchsetzungsfähig und zieht sich zurück, wenn seine Ideen keine Würdigung finden. Wenn sich die anderen Teammitglieder bei Details aufhalten, wird er bissig bis zynisch und klinkt sich geistig aus. Zu viele Kreative in einem Team können zu Reibereien führen, die das Team Kraft kosten.

Etwas weniger kreativ, aber besser integrierbar und umgänglicher ist der Wegbereiter, der zudem als extravertierter und kommunikativer Zeitgenosse Ideen zur Problemlösung auch außerhalb des Teams findet. Er bildet die Brücke zwischen Team und Umfeld, kennt jeden, kommt mit jedem zurecht und wirkt schwungvoll-lässig. Ein Problem besteht darin, daß er sich genauso schnell für neue Dinge begeistert, wie er sie auch wieder wie eine heiße Kartoffel fallen läßt. Der Wegbereiter beschafft Kontakte, Ressourcen, bekommt alles billiger. Er ist immer auf Entdeckungsreisen, stellt sich schnell auf andere Menschen ein, präsentiert neue Ideen und vergißt schon mal, daß es nicht die eigenen waren. Einsame Grübeleien im Büro sind seine Sache nicht. Er muß unter Menschen sein und seine Hahnenkämpfe lauthals austragen können.

b) Führungsrollen
Nach Belbin gibt es kaum den hinsichtlich Kreativität und Intelligenz überlegenen Führer. Die Führungspersönlichkeit sollte zu den Randbedingungen und natürlich zum Team passen, ansonsten aber nicht durch zu viel Intelligenz das Team an die Wand spielen. Der eher aggressive, erfolgsorientierte, ungeduldige, dominante Macher eignet sich insbesondere für wenig leistungsfreudige Teams. Er ist engagiert, impulsiv und besitzt wenig Frustrationstoleranz. Er akzeptiert sofort Herausforderungen, trägt alle Kämpfe aus, ist andererseits auch schnell versöhnlich. Er spornt die Teammitglieder an, wenn es sein muß auch mit weniger sozial-kompetenten Methoden. Die Teammitglieder sieht er als Instrumente zur Zielerreichung des Teams. Wer nicht mitzieht, wird attackiert. Unter seiner Führung fühlt sich das Team unwohl, gehetzt, erreicht aber das Ziel.

Der ausgeglichene und sozial hoch intelligente „Vorsitzende" ist durch seine Ruhe, kommunikative Art, Toleranz und Selbstdisziplin dazu prädestiniert, das Team im leistungsorientierten Gleichgewicht zu halten. Er verfügt über natürliche Autorität und Koordinationsfähigkeit. Er ist auf eine angenehme Art dominant, charismatisch und führt, von allen Teammitgliedern akzeptiert. Er hat immer das Team im Auge, lockt die Ruhigen und dämpft die Vielredner. Er fügt die Stärken und Schwächen der einzelnen Teammitglieder zusammen, greift Beiträge auf, strukturiert, entwickelt Strategien und trifft meist die Entscheidungen.

c) Schlüsselrollen sind der *Umsetzer,* der *Perfektionist,*
    der *Teamarbeiter* und der *Beobachter.*
Der pragmatische, pflichtbewußte und berechenbare *Umsetzer* oder Aufgabenarbeiter steht mit beiden Füßen auf dem Boden der Realität, denkt nur an das Unternehmen, stellt persönliche Interessen zurück und findet praktische Lösungen. Besondere Intelli-

genz und Kreativität besitzt er nicht. Er übersetzt Ideen in umsetzbare Handlungspläne, prüft auf Machbarkeit und bildet die Brücke zwischen Plan und Tat. Er handelt systematisch, methodisch und achtet auf Effizienz. Der Umsetzer ist uneitel, nützlich für das Team und zupackend.

Der fleißige, pedantische *Perfektionist* neigt dazu, sich im Detail zu verlieren, und geht mit seiner Vorsicht den anderen Teammitgliedern eher auf die Nerven. Er sorgt aber dafür, daß die Dinge zu Ende gebracht werden. Der Perfektionist denkt laufend darüber nach, was alles schiefgehen könnte. Regeln müssen eingehalten werden. Mit fortwährendem Vorwurf in der Stimme registriert er mißbilligend (Quer-)Denker oder charismatische Filous. Er ist die Zuverlässigkeit in Person. Seine Fixierung aufs Detail bewahrt das Team davor, Rahmenbedingungen zu übersehen, die im Kleingedruckten stehen.

Der wenig ehrgeizige und wenig dominante *Teamarbeiter* ist ebenso pragmatisch wie der Umsetzer, aber weniger an Sachleistung als an menschlichen Beziehungen orientiert. Der Teamarbeiter ist das „Seelchen", er zittert mit den anderen und kennt die Privatprobleme von jedem. Er unterstützt jede Idee aus Menschlichkeit und würde nie eine Konkurrenzidee präsentieren. In seinem Harmoniebedürfnis riecht er Konflikte schon von weitem. Er gleicht aus, schlichtet Konflikte. Der Teamarbeiter kann gut zuhören, ist empfindsam und zieht den Kopf wie eine Schildkröte ein, sobald er sich in einem Konflikt für eine Partei entscheiden muß. Wichtig ist der Teamarbeiter vor allem in Streßzeiten. Unermüdlich muntert er auf und hält die Stimmung im positiven Bereich.

Die Rolle des *Beobachters* lebt teilweise aus dem Gegenpart zum Erfinder. Er ist neben dem Querdenker meist der intelligenteste, vorsichtig, seriös, ernst, gefeit gegen jeden Enthusiasmus und bewahrt einen kühlen Kopf in kritischen Situationen. Durch seine überkritische Art führt er das schwärmerische Team oft auf den Boden der Tatsachen zurück. Er tötet damit Motivation, wirkt selbst nicht inspiriert, für die anderen inspirationshemmend und langweilig, hat aber einen entscheidenden Vorteil. Sein Urteil stimmt fast immer. Er kann Komplexität schnell und sicher auf die entscheidenden Muster und Kernprobleme reduzieren. Er neigt kaum dazu, Führungsansprüche zu erheben, hätte damit auch Schwierigkeiten, weil seine direkte Art Freundschaften nicht gerade fördert.

Diese Rollen wirken natürlich auf den ersten Blick klischeehaft. Jeder wird bestimmte Ähnlichkeiten bei sich entdecken. Der Sinn dieser Rollen liegt für die Teamarbeit aber darin, daß:

- eine Person mehrere Rollen gleichzeitig übernehmen kann;
- jedes Teammitglied auch die Rollen üben soll, die ihm nicht in die Wiege gelegt sind. Allerdings sollte dies nur als Lernprozeß zu neuen Systemsichten führen. Oft scheitern heterogene Teams daran, daß die Mitglieder Rollen übernehmen, zu denen sie keinen „Draht" bekommen;
- alle lernen, daß nur die richtige Mischung aus diesen Rollen einen Teamerfolg verspricht.

Dieser sinkt mit der Homogenität der Mitglieder. Sogenannte Apollo-Teams beispielsweise, die nur aus überdurchschnittlich Intelligenten bestehen, schnitten bei Managementübungen deutlich schlechter ab als gute Mischungen. Sie konkurrierten, waren wenig kompromißfähig und koordinierten sich nicht richtig.

Teams waren erfolgreich, wenn sie heterogen waren und die Teammitglieder in einer gelungenen Mischung aus Flexibilität und Selbstbeschränkung jeweils Rollen übernahmen, die die Situation erforderte. Niemand übernahm zu viele Rollen gleichzeitig, zumal solche, die nicht zu ihm paßten. Und jedes Mitglied war bereit, seine Egoismen zu überwinden und des öfteren gut überlegte persönliche Opfer zum Nutzen des Teams zu erbringen.

Der Einsatz von Teamarbeit lohnt sich nur bei arbeits- und funktionsteiligen Lösungen komplexer Probleme, die interdisziplinäre Kooperation nahelegen. Teamarbeit ist um so effektiver und effizienter, je:

- dynamischer die Arbeitsabläufe sind (Zustandsveränderungen),
- diffuser und weniger vorhersagbar die Arbeitsabläufe sind,

- mehr Schnittstellen und Rückkopplungen die Bewältigung der Aufgaben und Probleme erfordern,
- langfristiger die Problemlösungsprozesse sind.

Allerdings hat Teamarbeit neben den erwähnten Kostenproblemen auch Nachteile:

- Die Teamleistung kann kleiner sein als die Summe der Einzelleistungen, vor allem wenn die Einzelleistung mit zunehmender Gruppengröße abnimmt.
- Fehlende Vergleichbarkeit der eigenen Leistung mit denen der anderen Teammitglieder führt zu sozialem Müßiggang mit der Gefahr der Cliquenbildung. Das ist der Grund, weshalb bei Examina nachprüfbare Einzelleistungen verlangt und Gruppenarbeiten ungern gesehen werden.
- Der Eindruck der Verzichtbarkeit der eigenen Leistung, ohne unangenehm aufzufallen, führt zu Trittbrettfahrermentalität.
- Die Spezialisten sprechen unterschiedliche Sprachen, was vielfach einen aufwendigen Prozeß der Bedeutungsannäherung bedingt.
- Die unterschiedlichen Arten des Denkens führen zu logischen Sprüngen in der Problembearbeitung, was Zeitverluste mit sich bringt.
- Gerade zu Beginn der Teamarbeit unterliegen ruhigere Naturen leicht der Dynamik der Vielredner und neigen dazu, statushöheren Personen höhere Kompetenz als sich selbst zuzuschreiben.
- Der Vorteil der Heterogenität birgt umgekehrt die Gefahr des Konformitätsdrucks zur Anpassung an die Mehrheitsmeinung.
- In diesen gemeinsam getrampelten Pfaden entsteht eine schleichende Routinisierung mit der Folge der entsprechenden Problemblindheit.
- Durch den Eindruck geringerer individueller Verantwortung neigen Teammitglieder zu höheren Risiken.
- Teams sind anfällig für Beziehungsstörungen. Beziehungsprobleme werden z.T. auf die Inhaltsebene verlagert, demotivieren und lähmen. Der Vorteil der menschlich angenehmen Team-

arbeit hat die Kehrseite der Lähmung bei menschlichen Problemen.
- Die Konfliktbearbeitung endet oft im kleinsten gemeinsamen Nenner mit der Folge der Innovationsblockade. D. h., das Team verliert seinen entscheidenden Vorteil.
- Zu hohe Kohäsion führt zum Mitschleppen schwacher Teammitglieder. Der Konvoi wird so langsam wie das langsamste Schiff.
- Das Groupthink-Phänomen als Kombination aus Konformitätsdruck, Routinisierung, Kompetenzzuschreibung bei Statushöheren und zu hoher Risikobereitschaft kann dazu führen, daß selbst erstklassig zusammengestellte Teams Schiffbruch erleiden.

Merksätze für das praktische sozial-intelligente Verhalten im Sinne des Wirkens auf andere

- *Gruppenarbeit ist nicht gut oder schlecht, sondern kann je nach Komplexität und Stadium der Aufgabenlösung in verschiedenen Formen sinnvoll eingesetzt werden. Gruppenarbeit ist jedoch kein Allheilmittel.*
- *Projektgruppen werden fremdbeauftragt für eine definierte Aufgabe in einem begrenzten Zeitraum zusammengestellt. Sie sind sinnvoll bei konkret definierbaren Projekten. Teams entwickeln sich unter Gesichtspunkten der fachlichen Qualifikation und persönlichen Passung. Sie arbeiten über einen längeren Zeitraum und verschiedene Aufgaben hinweg zusammen.*
- *Gruppenarbeit hat verschiedene Vorteile wie Anregung, Kreativität, Angstabbau, Förderung von Kontaktfähigkeit, sozialem Verhalten, Verantwortung, Selbstbewußtsein und gegenseitigem Verstehen. Die Arbeit kann gerechter verteilt werden. Besonders bei Such- und Konstellationsproblemen und bei Problemen mit unklarer Ausgangssituation und unklaren Lösungswegen ist die Gruppe stark.*
- *Gruppenarbeit hat aber auch Nachteile. Bei starkem Zusammenhalt entsteht Konformitätsdruck, das Groupthink-*

Phänomen (alle denken gleich) und eine höhere Risikobereitschaft. Es besteht eine Tendenz zur Verantwortungsstreuung. Unterschiedliche Charaktere gehen sich gegenseitig auf die Nerven. Eine Gruppe kann u. U. weniger als die Summe der einzelnen Mitglieder leisten. Mangelnde Vergleichbarkeit und Trittbrettfahrer können ebenso wie Beziehungsstörungen Gruppen ineffizient machen.

- *Es muß eine sozial-intelligente Balance zwischen Gruppennutzen und individueller Freiheitsberaubung gefunden werden.*
- *Gruppen sind meist gut für Lernprozesse. Deshalb sollte im Sinne der „lernenden Organisation" Gruppenarbeit gezielt implementiert werden.*
- *Der Teambildungsprozeß läuft normalerweise in den vier Phasen Forming, Storming, Norming, Performing ab.*
- *Teams brauchen nach spätestens fünf Jahren eine Auffrischung.*
- *Bestimmte Teamrollen eignen sich für die Teambildung und in Grenzen für das Erlernen von Teamverhalten. Diese Rollen sind Querdenker, Wegbereiter, Perfektionist, Antreiber, Vorsitzender, Umsetzer, Teamarbeiter und Beobachter. Die Empfehlung lautet, diese Rollen zu trainieren und, wo dies nicht möglich ist, die Personalauswahl daran zu orientieren. Es ist beispielsweise schwer, gute Querdenker zu finden.*
- *Gruppenarbeit fördert synegoistisches Denken und Handeln.*

Beziehungsmanagement

Syn-Egoismus entsteht nicht im luftleeren Raum, sondern muß auch „gemanagt" werden.

Mit Beziehungsmanagement ist die aktive Gestaltung von Beziehungen zwischen Personen einschließlich der eigenen Person gemeint. Schon in der privaten Zweierbeziehung können wir diese Fähigkeit täglich unter Beweis stellen. Dazu gehören neben allgemein sozial-kompetentem Verhalten im besonderen:

a) *Die richtige Distanz halten.* Wir kennen distanzierte Personen, die einen scheuen, zurückhaltenden Eindruck vermitteln. Wenn wir eine Vorleistung erbracht haben, auf sie zugegangen sind und sie immer noch so distanziert sind, nennen wir sie häufig arrogant. Auf der anderen Seite gehen uns distanzlose Leute auf die Nerven, die uns zu nahe auf die „Pelle" rücken, sofort ihre intimsten Details schildern und – schlimmer noch – nach unseren fragen. Es ist schwer, die jeweils „richtige" Distanz zu finden, zu halten und situationsangepaßt zu verändern. Wir müssen uns einlassen und öffnen, erkunden, wie die Stimmung bei dem anderen aussieht, und uns an ihn „heranpirschen", wobei er noch das Gefühl haben muß, die Distanz selbst zu regulieren.

b) *Kontakte knüpfen* ist nicht nur für Vertriebsleute wichtig. In einer Eheberatung, die sich über ein Coaching ergab, war der Mann derjenige, der immer auf seine Frau zuging. Wir können dies zwar mit der Rollenverteilung begründen. Männer sind es gewohnt, Kontakte anbahnen zu müssen. Aber in Zeiten der Gleichberechtigung wären ähnliche Anteile der Kontaktaufnahme vielleicht sinnvoll. Eine andere Form des Kontakte-Knüpfens, die vielen Leuten schwerfällt, ist bei jeder Feier zu beobachten. Die meisten Parties dümpeln vor sich hin, weil sich Subgruppen von Leuten bilden, die sich ohnehin schon gut kennen. Die Gastgeber versäumen es, Fremde miteinander bekannt zu machen und ein Thema zu finden, das einen Anknüpfungspunkt bieten könnte. Die Kunst des Beziehungsmanagements besteht darin, Personen nach deren Interessen zusammenzuführen. Langfristig gesehen ist dies die Kunst, Beziehungsnetze aufzubauen. Seilschaften wirken zwar auf Leute, die nicht zum Zuge kommen, ungerecht. Sie haben aber den Vorteil, daß derjenige, der in der Fremde bestimmte Personen nachzieht, vertraute Partner um sich schart.

c) Ein weiteres Beziehungsproblem ist das *Gewinnen* und vor allem *Behalten von Freunden*. Es ist noch relativ leicht, sich mit einem gleichgeschlechtlichen Partner zu befreunden, wenn man sich sympathisch ist. Zwischen verschiedenen Geschlechtern kann eine Freundschaft schon problematischer werden. Freundschaft zwischen Paaren ist eine hohe Kunst. Entweder die Männer passen zusammen oder die Frauen. Wenn ein Mann und eine Frau des jeweils anderen Paares zusammenpassen, entsteht meist Eifersucht. Das Gestatten oder gar Fördern der Privat- und Intimsphäre des anderen gehört zum Beziehungsmanagement. Der Negativfall wäre das „Kletten". „Du kannst nicht behalten, was du nicht losläßt", lautet eine alte indische Weisheit.

d) Zum gelungenen Beziehungsmanagement gehört auch das Duzen oder Siezen – eine immer wiederkehrende Frage im täglichen Arbeitsprozeß. Es gibt ausgesprochene „Duz-Kulturen" z. B. an der Universität oder etwa in skandinavischen Firmen. Siezen und Duzen sind in unserer Sprache Möglichkeiten der Distanzregulierung, die wir nicht leichtfertig aufgeben sollten. Vor allem liegt hier eine Einbahnstraße vor. Wer einmal das Du angeboten hat, kann kaum mehr zum Sie zurückwechseln. Und was machen wir, wenn der andere sagt, er möchte weiter siezen?

Die Auswahl des richtigen Momentes ist entscheidend für die Regulierung des „richtigen" Distanzverhaltens. Dieses ist allerdings nichts Statisches, sondern ein fluktuierender Prozeß. Auch in der Zweierbeziehung sind wir uns unterschiedlich nah oder fern. Beim Krach beispielsweise ist es wichtig, die Spirale aus Frustration und Aggression zu unterbrechen. Viele Leute können nicht aufhören. Sie müssen immer weiter bohren, um den anderen „kleinzukriegen". Meistens sind sie auch nicht in der Lage, sich zu entschuldigen. Ein guter „Beziehungsmanager" kann dies, ohne sich einen Zacken aus der Krone zu brechen. Und er ist in der Lage, auf den anderen zuzugehen, ihn – wenn es paßt – in die Arme zu nehmen und zu sagen: „Komm, das Leben ist so kurz, dieser Ärger lohnt sich nicht." Meist ist der andere froh, so aus der Situation herauszukommen.

e) Im weniger privaten Bereich des Beziehungsmanagements geht es meist darum, die *Barrieren der Fremdheit* zu *überwinden*. Kaltakquise im Vertrieb ist ein Beispiel dafür. Den meisten Menschen fällt es schwer, fremde Personen anzurufen oder anzusprechen und ihnen ein Produkt oder eine Dienstleistung nahezubringen. Es ist schwer, über seinen Schatten zu springen und sich zu sagen: „Was kann mir schon passieren? Im schlimmsten Fall akzeptiert der andere diesen Kontakt nicht." Beim Knüpfen von Kontakten geht es oft gar nicht um uns selbst, wir sind nur die

Mittler. Zum Beziehungsmanagement gehört es, sich an den richtigen Stellen auch wieder herauszuziehen. Der umgekehrte Fall liegt in langfristigen Beziehungsnetzen vor, wie z.B. im Rotary- oder Lions-Club. Sie dienen ja nicht nur sozialen Zwecken, sondern auch der Pflege von Beziehungsnetzen, die als nützlich erachtet werden. Es ist wichtig, daß man am „kurzen Draht" Probleme bewältigen kann, solange sie noch klein sind. Vorschnelle Solidarisierungen und Schulterklopfen, obwohl man sich kaum kennt, zeugen nicht von geglücktem Beziehungsmanagement.

Merksätze für das praktische sozial-intelligente Verhalten im Sinne des Wirkens auf andere

- *Zum Beziehungsmanagement gehören insbesondere das richtige Distanzverhalten sowohl im verbalen als auch im nonverbalen Bereich, das Knüpfen von Kontakten bzw. ganzen Beziehungsnetzen und das Gewinnen und auch Behalten von Freunden. Konkrete Tips beziehen sich beispielsweise auf das Unterbrechen von Spiralen, das Auf-den-anderen-Zugehen trotz innerer Widerstände oder die Verknüpfung von Fremden auf einer Feier.*
- *Bezüglich täglicher Probleme des Duzens und Siezens bei der Arbeit oder der Kaltakquise können Personen trainiert werden.*

Führen

Gute Führung schafft Syn-Egoismen. Dies verlangt mehr als zu sagen, wo es langgeht. Motivation gehört ebenso dazu wie gute Kommunikation und Kooperation. Sozial-kompetente Kooperation und Führung kann man als Widerspruch betrachten oder als Verkennung der Realitäten. Letztlich bedeutet Führung immer eine Art von Manipulation und damit Entmündigung der Geführten. Entscheidend ist jedoch, ob dies zum Wohle des Gesamtsystems und ethisch vertretbar für den Geführten geschieht.

Der Wunsch nach Selbstorganisation, nach Gestaltungsfreiraum zur Optimierung der persönlichen Lebensqualität sowie eine stärkere Betonung „weicher" Faktoren wie sozialer Kompetenz, Teamorientierung, ganzheitliche Sichtweisen von Arbeit, Freizeit oder Kultur lassen autoritäre Strukturen immer weniger zu. Allerdings benötigen stark formalisierte Organisationen wie z. B. das Militär linienorientierte Strukturen, weil extrem schnell gehandelt werden muß. Jedes Verhalten wird für jeden denkbaren Fall vorgeschrieben. Allen ist klar, wer wem was zu sagen hat (Informationsfluß, Rangabzeichen etc.), wie man sich im Detail verhält (Kleidung, Umgangsformen, Zeiteinteilung etc.) und was unter welchen Umständen zu tun ist (Dienstvorschriften). Jeder Abstimmungsprozeß kostet im Ernstfall lebenswichtige Zeit. Die Ziele sind klar und stabil, die möglichen Ereignisse sind, so gut es eben geht, vorausgedacht. Die Effizienz und Schnelligkeit solch „autoritärer" Strukturen kostet auf der anderen Seite Flexibilität und Kreativität.

Die Vorteile eines autokratischen Systems bestehen also in folgendem:

- Klarheit, Einheitlichkeit, Transparenz und Überschaubarkeit
- Schnelligkeit
- Einfachheit der sozialen Beziehungen
- Vorhersagbarkeit und Berechenbarkeit
- weniger intelligente Personen sind gut einzubinden, da jedes Verhalten vorgeschrieben ist, sie müssen nur lesen und sich erinnern können
- Funktionstüchtigkeit auch unter schwierigen Bedingungen und bei hoher Beanspruchung
- relativ preiswert, da die Effizienz überprüfbar ist.

Bedingung ist aber, daß die Zustände, die das System annehmen kann, im Prinzip bekannt sind.

Die Nachteile eines autokratischen Systems sind:

- Mangel an Flexibilität
- an Kreativität

- an Innovationsfähigkeit
- und an individueller Freiheit.

Das andere Extrem im Vergleich zum Militär mag eine Werbefirma sein, deren „Kreativlinge" nicht nur „bunt" gekleidet, sondern auch chaotisch in ihren Organisationsprozessen sind. Freiheit und Gestaltungsspielraum sollen die erwünschten Kreations- und Innovationsprozesse fördern. Ziele sind hier weniger klar, schon gar nicht stabil, und die möglichen Ereignisse sind ziemlich unbekannt. Ungewöhnliche Ideen und Neues sind ja gerade das Ziel. Hierarchie und Verhaltensvorschriften sowie Zeitdruck wirken kontraproduktiv.

Vorteile eines demokratischen Systems sind demnach:

- Freiheit
- Flexibilität
- Kreativität und Innovation.

Nachteile eines demokratischen Systems sind:

- „Chaos"
- Langsamkeit; die vielen Abstimmungsprozesse brauchen Zeit
- hohe Kosten; auch verworfene Lösungen müssen bezahlt werden.

Die Vorteile des einen sind die Nachteile des anderen Systems und umgekehrt. In der Zukunft ist für zunehmend komplexere Probleme und damit unbekannte Systemzustände demokratisches Handeln notwendig, weil dadurch die Wahrscheinlichkeit „richtiger" Lösungen steigt. Zugleich brauchen wir aufgrund der raschen Zustandsveränderungen Schnelligkeit. Und die liefert ein demokratisches System nicht.

Die Lösung kann nur darin bestehen, immer da, wo die Systemzustände bekannt sind, autokratische „Korsettstangen einzuziehen" und da, wo kreative Lösungen gefragt sind, demokratisches Verhalten zu fördern. Führungskräfte müßten sozial-intelligent und situationsangemessen auf der Klaviatur von autokratisch bis demokratisch spielen. Und sie müssen sozial-verantwortlich die Prinzipien unserer Gesellschaftsordnung auch dann wahren, wenn es autokratischer zugeht. Das ist durchaus möglich, verlangt aber mehr als derzeit die meisten Führungskräfte zu leisten in der Lage sind. Es würde bedeuten, daß das Chamäleon Führungskraft immer dann, wenn die Systemzustände bekannt sind und Zeitdruck herrscht, autokratisch sagt, wo es langgehen soll. Die Mitarbeiter sollten der gezeigten natürlichen Autorität willig folgen. Bei unbekannten Zuständen des Systems hingegen sollte sich dieselbe Führungskraft gleichberechtigt in das Team einreihen und sich jegliches hierarchisches Gehabe abgewöhnen. Dieser Verwandlungsprozeß muß obendrein noch authentisch wirken, und die Mitarbeiter müssen darauf vertrauen, daß vom Vorgesetzten bei ungeliebten Lösungen nicht die autokratische „Keule" hervorgeholt wird.

Ein besonderes Problem besteht darin, daß autokratisches Verhalten damit gerechtfertigt wird, daß man unter Zeitdruck stehe. Hätten diese Führungskräfte aber rechtzeitig präventiv gehandelt, wären sie nicht in die Situation gekommen, die schnelles Handeln erfordert. Das jetzige – aus statischer Sicht allerdings erforderliche – autokratische Verhalten wird wieder einmal den äußeren Verhältnissen zugeschrieben.

Eine zentrale Schwierigkeit heutiger Führung und Kooperation besteht darin, daß wir innovatives Denken dringend brauchen. Der Widerspruch zwischen Zeitdruck und Kreativität kann aber nur durch entsprechende Balance-Prozesse bewältigt werden. Einerseits brauchen wir bestimmte Basisstrukturen und „Alarmpläne" mit eingeübtem Verhalten für den Ernstfall, andererseits sollte selbstorganisatorischen und kreativen Prozessen der erforderliche Spielraum gewährt werden. Denn in Zukunft entstehen für Unternehmen und Verwaltungen immer schneller immer mehr Risikofaktoren aufgrund einer sich selbst destabilisierenden wirtschaftlichen Umwelt, die nur durch mehr Flexibilität zu bewältigen sind.

Wenn wir aus Gründen der sozialen Verantwortlichkeit das demokratische Führungsverhalten verstärken wollen, ohne aber soziale Dummheiten zu begehen, dann bleibt nur, den Reifegrad der Mitarbeiter zu erhöhen. Und genau das ist die entscheidende Führungsaufgabe bei sozial-kompetentem Verhalten. Nach meinen Erfahrungen in der Beratung von Führungskräften überwiegt allerdings immer noch die autokratische Verhaltenskomponente.

Außerdem wird die Personalförderung selten konsequent durchgeführt. Den Führungskräften steht oft selbst das Wasser so bis zum Hals, daß sie kaum noch über Zeit und Kraft verfügen, in ihre Mitarbeiter zu investieren. Zudem hat sich nur in wenigen Köpfen die Wichtigkeit eines sozial kompetenten Verhaltens festgesetzt. Die Beeinflussung menschlichen Verhaltens, sogar des eigenen, in all seiner Komplexität, Dynamik, Diffusität und mangelnden Berechenbarkeit erscheint Führungskräften mühevoll. Wenn Störfälle auftreten, sucht man sich eben über einen Headhunter neue Leute.

Wenn wir die obigen Überlegungen zu einem Bild der idealen Kooperation verdichten, wird deutlich, daß Vor- und Nachteile von autokratischen und demokratischen Führungsprozeduren am besten ausbalanciert werden, wenn alle dem synegoistischen Verhaltensprinzip folgen.

Merksätze für das praktische sozial-intelligente Verhalten im Sinne des Wirkens auf andere

- *Führung ist nicht automatisch gut, wenn sie demokratisch ist. Sie muß immer mitarbeiterorientiert sein. Aus diesem Grund muß sie auch oft autokratische Anteile haben.*
- *Autokratische und demokratische Systeme haben Vor- und Nachteile. Autokratische sind schnell, transparent und können auch „Minderbegabte" vertragen. Sie brauchen aber bekannte Systemzustände und haben gerade für die Zukunft Nachteile wie Unfreiheit, mangelnde Kreativität und Flexibilität. Für demokratische Systeme gilt das Umgekehrte.*
- *Führungskräfte müssen Chamäleons sein, die auf der Klaviatur des autokratischen wie des demokratischen Führens virtuos zu spielen wissen.*

> - Die jeweilige Dosis ergibt sich aus den Kombinationen von Reifegrad der Mitarbeiter, Handlungsdruck und Bekanntheit der Systemzustände.
> - Die entscheidende, sozial-intelligente Aufgabe zur Ermöglichung des demokratischen Führungsverhaltens ist die Förderung der Mitarbeiter.

Motivieren

Andere zu motivieren ist ein Teil der sozialen Intelligenz. Motivation ist ein tägliches Phänomen in unserem Zusammenleben. Wir motivieren z. B. unser Kind, den ungeliebten Möhrenbrei zu essen. Motive sind – wie bei der Verhaltenszwiebel beschrieben – uns bewegende Eigenschaften, die in uns schlummern, aber in konkreten Situationen aktiviert werden müssen (Motivation). Im Idealfall sind unsere Kinder selbstmotiviert, vernünftig für die Schule zu lernen und Sport zu treiben. Aber häufig müssen wir „treiben", im Idealfall so, daß der „Getriebene" das Gefühl hat, er wäre selbst auf die Idee gekommen.

> Als zwei meiner Töchter miteinander balgten und sich kitzelten, schrie die fünfjährige plötzlich ungeduldig: „Du mußt mich kitzeln, wo ich kitzelig bin." Eine sozial-intelligente Bemerkung. Denn das ist der entscheidende Punkt der Motivation: Wir müssen lernen, diese Punkte bei unseren Mitmenschen zu finden. Ihre Motive haben sie in sich wie Persönlichkeitseigenschaften. Wir müssen sie herausfinden und dort die Reize setzen, um die Motive zur Motivation zu aktualisieren. Das kann Geld sein, es können aber auch Freiheit, Bildung, Anerkennung oder Chancen sein. Ein Kind, das Schokolade nicht mag, also kein „Schokoladenmotiv" hat, läßt sich nicht zu besseren Noten motivieren, indem wir ihm für den Fall des Erfolges Schokolade versprechen.

Es gibt zahlreiche Motivationsmodelle, von denen das von Hackman und Oldham (1976, 1980) wohl am meisten akzeptiert ist. Demnach sind für unsere Motivation vor allem drei Dinge entscheidend:

- der Sinn, den wir in einer Tätigkeit sehen,
- die Rückkopplung, die wir über unsere Tätigkeit bekommen, und
- der Handlungsspielraum für unsere Tätigkeit.

Je sinnloser uns eine Tätigkeit erscheint, desto demotivierter sind wir. Wir kennen die Sisyphusarbeit. Mangelnde Rückkopplungen führen auch zur Demotivation. Wenn ich für meine Tätigkeit nie ein Lob ernte, sehe ich keinen Unterschied mehr, ob ich etwas tue oder nicht. Viele sozial weniger intelligente Mitmenschen gehen wie selbstverständlich vom richtigen Verhalten der anderen aus. Wenn zum dritten unsere Handlungsspielräume eingeengt werden, werden wir „bockig". Wenn der Chef mir bis ins kleinste Detail alles vorschreibt, übernehme ich irgendwann keine Verantwortung mehr. Ich tue, was er sagt, und denke im stillen: „Er wird schon sehen, was er davon hat." Wenn diese drei Fehler, mangelnder Sinn, mangelnde Rückkopplung und enge Handlungsspielräume, vermieden werden, ersparen wir uns viele soziale Dummheiten im Hinblick auf die Motivation.

Sowohl für die Selbst- als auch für die Fremdmotivation ist im Zusammenhang mit synegoistischem Handeln und der Sozialkompetenz das Konzept der Handlungs- und Lageorientierung bedeutsam. Aus der Alltagserfahrung kennen wir unterschiedlich willensstarke Menschen. Wie kommt es, daß ich, der ich doch sonst alles angehe, einen bestimmten Anruf permanent aufschiebe und dann „vergesse"? Warum fällt mir, der ich doch sonst nicht auf den Mund gefallen bin, plötzlich nichts mehr ein? Besonders unter Streß in sozial prekären Situationen kann unsere Handlungsfähigkeit eingeschränkt sein. Wir starren wie das Kaninchen auf die Schlange – in diesem Falle auf die Lage, in der wir uns befinden –, ohne eine Idee zu haben, wie wir aus dieser Lage herauskommen. Theoretisch weiß ich, was zu tun wäre, aber irgendwie bin ich wie gelähmt.

Es gibt Menschen, die zu Handlungslähmungen neigen. Das Gegenteil sind handlungsorientierte Personen, die ihre Handlungskompetenzen auch bei Belastungen ausschöpfen können (vgl. Kuhl, 1998). Natürlich hängt dieses Verhalten auch von der

Situation ab. Lageorientierte Menschen können in einer entspannten, menschlich angenehmen Situation, z.B. im Team, ungeahnte schöpferische Kräfte entfalten. Es ist schwer zu sagen, inwieweit die Handlungs- und Lageorientierung angeboren oder erworben ist. In jedem Falle ist die Motivation von Mitarbeitern keinesfalls allein mit Geld oder Lob zu erreichen.

In der Motivationsforschung gibt es die unterschiedlichsten Motivklassifikationen, die ihre Berechtigung haben mögen. Für die soziale Intelligenz wichtig ist die Frage, ob sie physiologischen (d.h. evolutionär gewachsenen) Defiziten entspringen und in der Folge befriedigt werden können oder nicht. Diese Zusammenhänge wurden in der „Verhaltenszwiebel" beschrieben. Die Befriedigung der Motive vermeidet Arbeitsunzufriedenheit und senkt die Wahrscheinlichkeit von Krisen. Hungernde Menschen gehen irgendwann auf die Barrikaden. Die Förderung und subjektive Hoffnung auf die iterativen Motive kann Arbeitszufriedenheit schaffen, die aber immer einen Rest übriglassen soll, um Anreize zu weiterem Schaffen zu bieten (Ehrgeiz), sofern die physiologischen Bedürfnisse befriedigt sind.

Im positiven Fall der Motivation erfolgt ein Reifungsprozeß, in dem die eigenen begrenzten Kräfte reflektiert werden. Man macht nicht mehr alle Konkurrenzmöglichkeiten mit, bescheidet sich oder steigt aus – eine sozial-intelligente Entscheidung. Meist erfolgt dies nach dem Muster des Fuchses mit den sauren Trauben. Man möchte angeblich keine Stufe weiter und verweist auf den Streß, die Steuer, unangenehmen Persönlichkeiten, die derartige Posten innehaben und dergleichen. Wenn dieser Selbstbetrug gelingt, ist dies durchaus streßreduzierend. Die Personen, die innerhalb einer Organisation solchen Motivationskurven folgen, werden häufig untereinander unverträglich. Es können nicht alle Chef werden. Konkurrenz innerhalb des Systems schadet diesem. Viele Phänomene der organisationsinternen Kommunikation sind so zu erklären. Wissen wird beispielsweise nicht zum Nutzen der Organisation weitergegeben, sondern als privates Herrschaftswissen egoistisch genutzt.

Wenn verschiedene Personen mit stark ausgeprägter Motivation aufeinanderprallen, sind sozial weniger kompetentes Verhalten und Konflikte vorprogrammiert. Die Kunst der Motivation anderer als sozial-intelligente Verhaltensweise besteht also in etlichen Balance-Prozessen. Zum einen müssen wir wissen, was den Menschen generell bewegt. Dazu mag die beschriebene „Verhaltenszwiebel" eine Hilfe sein. Zum zweiten sollten wir uns klarmachen, daß unterschiedliche Menschen unterschiedlich motivierbar sind. Homöostatische Motive sollten auf jeden Fall befriedigt sein. Die iterativen Motive sind die eigentlichen Inhalte, wo wir die Mitarbeiter packen können, also bei ihrem Ehrgeiz, Selbstwertgefühl und ihrem Bedürfnis nach Anerkennung.

Eine Schwachstelle der meisten Führungskräfte ist ihre mangelnde Fähigkeit, Mitarbeiter zu begeistern. Es erscheint ihnen albern und peinlich, Visionen zu entwerfen, Bilder von der Zukunft zu malen. Oft frage ich Seminarteilnehmer: „Welche Vision haben Sie von sich?" Die meisten schauen fragend zurück. Sie haben einfach keine Visionen. Wer selbst keine Visionen hat, kann auch andere nicht zu Visionen verführen. Wer selbst nicht motiviert ist, motiviert auch keine anderen.

Entscheidend für den Syn-Egoismus ist natürlich die Frage, wie wir Menschen motivieren können, ihre Egoismen zu überwinden. Zunächst muß die Einsicht erreicht werden, daß sich langfristig synegoistisches Verhalten eher lohnt als egoistisches. Damit wird der Sinn verdeutlicht. Zum zweiten muß rückgekoppelt werden, was die Mitmenschen als egoistisch empfinden. Positives Verhalten muß bestärkt werden. Weiter sollten wir unseren „Syn-Egoismus-Partnern" Handlungsspielräume lassen, damit sie da ihre jeweilige individuelle Verantwortung nicht auf das Syn-Egoismus-Kollektiv abschieben. Schließlich sollten wir das erwünschte Verhalten vorleben nach dem Motto „Tue Gutes und rede darüber, aber sozial-kompetent".

<u>Merksätze für das praktische sozial-intelligente Verhalten im Sinne des Wirkens auf andere</u>

- *Du mußt andere dort „kitzeln, wo sie kitzelig sind".*
- *Motivation wird gefördert durch Sinn, Handlungsspielraum und Rückkopplung.*

- *Verschiedene Personen sind unterschiedlich motivierbar.*
- *Persönlichkeitsmerkmale wie Handlungs- und Lageorientierung sollten bei der Personalauswahl und im Umgang mit anderen Mitmenschen berücksichtigt werden.*
- *Homöostatische Motive sollten befriedigt werden. Darauf aufbauend kann über iterative Motive wirklich etwas bewegt werden. Sie sind aber zugleich konfliktträchtig.*
- *Begeistern, Visionieren und die Emotionen der anderen Bewegen sind entscheidende Fähigkeiten und zugleich die größten Mängel bei den meisten Führungskräften. Hier können Verhaltensmuster aus dem privaten Bereich übertragen werden. Dort sind die meisten von uns nämlich durchaus zu all diesen Verhaltensweisen in der Lage.*
- *Zu Syn-Egoismus kann und soll so motiviert werden, wie es für das sozial-intelligente Wirken auf andere vorgeschlagen wurde.*

Binden

Die Komplexität der Kontakte mit anderen Menschen führt paradoxerweise dazu, daß wir immer mehr Kontakte haben und uns zugleich immer stärker emotional entbinden. Das mag damit zusammenhängen, daß unsere Bindefähigkeit ihre Grenzen hat. Ich kann nicht alle Menschen gleich lieben, und auch der Kommunikation sind Grenzen gesetzt. In der Not versuchen wir schnell zu kommunizieren, beispielsweise durch E-Mail oder Fax. Aber hier ergeben sich auch Sozialkompetenz-Probleme. Wir können nicht durch Tonfall, Stimme und Gestik den Botschaften die Schärfe nehmen. Außerdem sind für die Bindung direkter Austausch und gemeinsames Leben wichtig. Eine amerikanische Studie hat gezeigt, daß Kinder, die mit ihren Eltern regelmäßig gemeinsame Mahlzeiten einnehmen, psychisch gesünder sind als Kinder, die sich allein am Kühlschrank ihr Butterbrot schmieren.

Unter die Rubrik *soziale Intelligenz* gehört die Fähigkeit, sich selbst an andere binden und andere an sich und sein soziales System binden zu können. Eltern binden sich an die Familie und versuchen ihrerseits diese zusammenzuhalten. Jeder Unternehmer versucht zumindest die guten Mitarbeiter an seine Firma zu binden. Bindung bedeutet Zusammenhalt, wir assoziieren mit Bindung Stabilität. Und wir müssen Zutrauen in eine Bindung haben. Bindungslosigkeit ist nicht gleich Freiheit, und umgekehrt kann zuviel Bindung zur Fessel und als sozial-dumm empfunden werden.

Wir binden uns an soziale Systeme, den Sportverein, vielleicht die Kirchengemeinde, die Schulklasse, alles, was uns veranlaßt, von „wir" zu sprechen. Identifizierung bedeutet, ich muß sagen können: „Ich bin Mitglied einer sozialen Gruppierung, ein Christ, ein Deutscher." Die Vermittlung von „corporate identity" als Wir-Gefühl gelingt nur bei hinreichend sozial-intelligentem und langfristig auch sozial-verantwortlichem Verhalten. Wir sind Mitglied mehrerer sozialer Systeme zugleich. Damit stellt sich die Frage, welche Bindung geht im Zweifel vor? Wo liegen die Bindungskonflikte, und wie können sie sozialverträglich bewältigt werden? Die Tochter verläßt das Elternhaus und geht eine partnerschaftliche Bindung ein. Das ist sicherlich ein sinnvolles „Sich-in-neue-Bindungen-Begeben". Hier spielt die Loyalität eine wesentliche Rolle. Wem gegenüber bin ich in welcher Reihenfolge loyal? Wann wird Loyalität zur Nibelungentreue oder zum Kadavergehorsam?

Eine Bindung ist um so stärker, je emotionaler sie ist. Liebe schafft die engste Bindung, vor allem die Liebe der Eltern zu ihrem Kind. Auch wenn Menschen Angst haben, stehen sie zusammen. Je rationaler und weniger emotional die Bindung ist, um so bereitwilliger wird sie aufgegeben. Im Bindungskontext zeigt sich sozial-intelligentes Handeln, wenn:

a) Sinn und Orientierung geboten werden, die im Einklang mit bedeutsamen anderen Personen und/oder Institutionen stehen;
b) uns der Eindruck vermittelt wird, wir gehörten zu jenen, zu denen wir gehören möchten und die gleichzeitig „in" sind (bewundert, beneidet etc.);
c) angstreduzierende Stabilität, Vorhersehbarkeit und Handlungssicherheit geboten werden;
d) Handlungsergebnisse als Erfolg rückgekoppelt werden;

e) die Bindung an ein soziales System unser individuelles Selbstwertgefühl steigert (Ich bin einer von denen, die ...);
f) die Bindung Komplexität reduziert („Ich kann zwar nicht alles beurteilen, aber ‚unsere Leute' machen das schon richtig");
g) emotionale Wärme und Geborgenheit bzw. soziale Unterstützung geboten werden (Freunde);
h) Vertrauen und Loyalität geboten werden;
i) angstfreie und echte Kommunikation vorherrscht.

Wer als Führungskraft einheitliche Emotionen schafft und gemeinsamen Sinn stiftet, der bindet die Menschen und integriert sie. Dies kann im negativen Fall bis zur Indoktrination gehen. Je höher eine Führungskraft in der Hierarchie steigt, um so wichtiger wird ihre sinnstiftende und integrative Funktion. Verschiedenste Menschen und Meinungen müssen gebündelt und an Aufgaben und Ziele gebunden werden. Welche Richtung falsch oder richtig ist, kann nur im Konsens vereinbart werden. Die richtige Richtung verfolgt man wiederum nur, wenn man bei aller Bindung und Integration genug Freiheit und Pluralität der Meinungen zuläßt. Denn nur durch sie können komplexe Probleme bewältigt werden.

Menschen lassen sich leichter durch Emotionen als durch rationale Planung zu etwas bewegen und binden. Insofern gehört die Fähigkeit zum Visionieren nicht nur zur sozialen Intelligenz, sondern auch zur Bindung. Visionen sind Wunsch- und Traumbilder des jeweils betrachteten Systems in einem Zeitvorlauf von ca. fünf bis zehn Jahren. Es sollten aber keine Illusionen, also Realitätsverkennungen, keine Utopien, aber auch keine Ziele sein. Bei Zielen planen wir rational, bei Illusionen spinnen wir, bei Utopien phantasieren wir, aber bei Visionen träumen wir im Rahmen des potentiell Möglichen. Visionen sollen andere begeistern, Bilder in ihren Köpfen erzeugen, binden, Einheit stiften, Optimismus erzeugen, Denkhorizonte erweitern. Sie sollen das Wir-Gefühl anregen und Sinn stiften. Die Bedenkenträger, die immer tausend Gründe finden, warum etwas nicht geht, sollen verführt werden zu der Frage: „Warum eigentlich nicht?"

Es ist nicht leicht, sozial-intelligent jemanden durch Visionen zu binden. Sprüche wie: „Bei uns steht der Mensch im Mittelpunkt" sind wenig konkret. Im übrigen gilt dieses Motto auch bei Kannibalen. Wir binden andere Menschen mit Hilfe der Sprache. Aber sie muß bunt, deutlich, verständlich, kurz und prägnant, logisch schlüssig und passend zu der jeweiligen Organisation sein. Sie muß verstanden werden und „hängenbleiben". Aber wir binden auch über Taten, durch die andere auf Zuverlässigkeit schließen und Vertrauen aufbauen. Entscheidend aber ist, daß wir Menschen über Emotionen binden. Zweckrationalität hält nur begrenzt zusammen. Gefühle wie Geborgenheit, Lebensfreude, Glück sorgen für eine Bindungsmotivation von innen heraus. Diese erreichen wir unter anderem durch gemeinsame positive Erlebnisse.

Merksätze für das praktische sozial-intelligente Verhalten im Sinne des Wirkens auf andere

- *Unsere Bindungsfähigkeit besteht zum einen darin, daß wir uns an soziale Systeme binden, und zum zweiten, daß wir andere an uns bzw. an uns wichtige soziale Systeme binden können.*
- *Dies gelingt durch ein sozial-kompetentes Verhalten generell und im besonderen durch die Schaffung von corporate identity, durch zeitliche Investition in andere Menschen. Der Satz „Ausgerechnet die wichtigsten Menschen in meinem Leben müssen vorliebnehmen mit der Zeit, die übrigbleibt" zeigt, wie schwierig Bindung ist. Menschen, die vorliebnehmen müssen, binden sich nicht allzu lange.*
- *Sinn stiften und gemeinsames Visionieren, Träumen und Planen binden.*
- *Taten, die auf Zuverlässigkeit schließen lassen, schaffen Vertrauen und in der Folge Bindung.*
- *Jenseits aller Zweckrationalität erfolgt die Bindung über Emotionen.*
- *Ohne eine hinreichende „Mindestbindung" ist kein Syn-Egoismus zu erwarten.*

Charme, Charisma

Für synegoistisches Verhalten sind Charme und Charisma nicht zwingend erforderlich. Aber sie erleichtern es natürlich.

Von allen Facetten der *Sozialkompetenz* sind Charme und Charisma wohl am schwersten konkret zu fassen. Wir haben zwar bestimmte Bilder im Kopf, den charmanten Franzosen, das Charisma von Gandhi oder die Faszination, die von bestimmten Schauspielern oder leider auch von manchen Diktatoren ausgeht.

Charme kommt aus dem Lateinischen von carmen (Lied) und bedeutet Anmut, Liebreiz, Zauber. Ein Charmeur ist ein liebenswürdiger Schmeichler. Insofern ist der Charme bei der sozialen Intelligenz richtig aufgehoben. Charme ist in Grenzen erlernbar. Eine charmante Person konzentriert sich voll auf ihr Gegenüber und vermittelt ihm den Eindruck, als sei er in diesem Moment der wichtigste Mensch der Welt. Sie redet wenig von sich selbst, macht Komplimente, bewundert, lächelt, ist witzig und sprüht vor Geist.

Charisma kommt, obwohl man einen gleichen Wortursprung vermutet, aus dem Griechischen und bedeutet „Gnadengabe", also eine übernatürliche Gabe, die den Charismatiker wie z.B. einen Propheten, Zauberer oder Kriegshelden gottbegnadet erscheinen läßt. Max Weber sah in der charismatischen Herrschaft neben der traditionellen und legalen eine Herrschaftsform, die sich durch eine besondere Auswahl des Herrschaftsstabes auszeichnet. In den charismatischen Führer werden Wünsche seiner Anhänger hineinprojiziert. Wenn allerdings auf Dauer die erwarteten Erfolge ausbleiben, verschwindet der Zauber, und die ursprünglich bedingungslose Liebe schlägt schnell in Haß um.

Charme und Charisma sind im Sinne der sozialen Intelligenz wünschenswert. Wir nennen diese Eigenschaften auch „gute Ausstrahlung". Es fragt sich jedoch, wann hat sie eine Person, und wie kann man sie erwerben oder verstärken? Zum Charme gehören Komplimente und Handlungen, die das Wohlgefallen des anderen erregen. So mancher entwickelt ungeahnte Charmeur-Qualitäten, wenn er der Mutter der Angebeteten gegenübertritt. Gekonnte Charmeure flirten mit ihr in einer Weise, daß die

Tochter ein wenig eifersüchtig wird. Hier wird mit Freundlichkeit, Schmeichelei und Komplimenten operiert.

Der Charismatiker muß kein Charmeur sein. Er bietet Sinn, feste Überzeugungen und erweckt den Eindruck von Kraft, Macht und Sicherheit. In allen Volksgruppen kommen Charismatiker vor, die die Bedürfnisse ihrer Völker oder Stämme befriedigen. Ihre Anhänger schreiben ihnen übernatürliche Kräfte zu. Ihre selektive Wahrnehmung sorgt dafür, daß die positiven Ereignisse wahrgenommen, die negativen ausgeblendet werden. So funktioniert die sich selbst erfüllende Prophezeiung des Charismatikers oft erstaunlich lange, der damit auch immer mehr Macht gewinnt.

Eine besondere Fähigkeit von Charismatikern scheint darin zu bestehen, andere überzeugen zu können. Überzeugen bedeutet, beim anderen eine Einsicht zu erzeugen – und dies möglichst angst- und zwangfrei. In Führungsseminaren verdeutlichen wir immer wieder, daß es nicht sonderlich wahrscheinlich ist, andere überzeugen zu können. Jeder hat seine Systemsicht, und sofern nicht nur Informationsdefizite behoben werden, bleibt er auch bei dieser Sicht. Wer gibt schon gerne zu, daß seine bisherigen Überlegungen falsch waren. Wenn Überzeugung nicht möglich ist, sollten sozial-intelligente Kompromisse gefunden werden. Ein Kompromiß verlangt allerdings Teilbarkeit. Wenn ein Verkäufer aus seiner Sicht völlig zu Recht einen höheren Preis verlangt, der Käufer aus seiner Sicht völlig zu Recht weniger zahlen will, treffen sich die beiden in der Mitte. Wenn die Dinge nicht teilbar sind, müssen faire Deals gefunden werden. Man tauscht die eine Dimension gegen die andere. Wenn dies auch nicht möglich ist, dann gilt Macht. Es ist sowohl sozial-intelligent als auch sozialverantwortlich, diese Kette aus Überzeugung, Kompromiß, fairem Deal und Macht in dieser Reihenfolge abzuarbeiten.

> Wenn beispielsweise ein Mitarbeiter zu spät kommt, sollte ihn sein Chef von der Notwendigkeit der Pünktlichkeit überzeugen. Nehmen wir jedoch an, daß die Frau des Mitarbeiters krank ist und er sein Kind in den Kindergarten bringen muß. In diesem Fall ist aus seiner Sicht zu Recht das Ziel „wohlversorgtes Kind" wichtiger, als pünktlich den Dienst anzutreten.

Der Chef müßte die Grenzen seiner Überzeugungsfähigkeit sehen und zum Kompromiß übergehen. Er könnte sagen: „Kommen Sie doch nicht eine halbe Stunde, sondern nur zehn Minuten zu spät." Der Mitarbeiter kann aber die Zeit nicht teilen. Der Bus fährt nur halbstündlich. In diesem Falle müßte ein fairer Deal gefunden werden, beispielsweise daß der Mitarbeiter zum Ausgleich eine unangenehme Arbeit übernimmt. Dies ist wichtig für das Verhältnis des Chefs zu den anderen Mitarbeitern. Sie warten darauf, daß negatives Verhalten Konsequenzen hat. Erst wenn diese drei Schritte nicht zu von beiden akzeptiertem Verhalten geführt haben, ist Macht einzusetzen. Sie sollte immer die Ultima ratio sein. Ich kenne etliche Führungskräfte, die gleich damit anfangen. Ein Charismatiker hat das meist nicht nötig. Er bewirkt durch seine Ausstrahlung, daß seine Anhänger das von ihm gewünschte Verhalten aus innerer Überzeugung an den Tag legen.

Wer Charisma hat, hat oft auch Autorität. Zumindest eine natürliche Autorität, die nicht qua Amt erworben ist, gewinnt ihren Wert erst durch die Anerkennung der anderen. Diese mag wiederum durch das Charisma einer Person, das die anderen bezaubert, begünstigt sein. Wer sich vom Charme und Charisma eines Mitmenschen einfangen läßt, unterliegt automatisch einer starken selektiven Wahrnehmung, in der er sich für die positiven Merkmale sensibilisiert und die negativen Dinge nicht wahrhaben will.

Merksätze für das praktische sozial-intelligente Verhalten im Sinne des Wirkens auf andere

- *Charme können wir in Grenzen lernen, Charisma kaum.*
- *Charisma verlangt Selbstsicherheit und Selbstüberzeugung.*
- *Andere Menschen werden durch Charme und Charisma zu nichts gezwungen, sondern in der Kette Überzeugung, Kompromiß, fairer Deal, Macht behandelt. Diese Kette, vor allem in dieser Reihenfolge ist ein Basiselement synegoistischen Handelns.*

Selbstsicherheit

Die Selbstsicherheit einer Person, vor allem eines Charismatikers, teilt sich anderen mit. Ein Charismatiker wirkt zumindest in dem Bereich, von dem er fest überzeugt ist und den er anderen vermitteln will, selbstsicher und unbeirrbar. Die Selbstsicherheit einer Person erfahren wir meist durch folgende Attribute: ruhig, kontrolliert, nicht leicht provozierbar, ausgeglichen, eher lässig als überkorrekt, wenig abhängig von Moden oder Trends und subjektiv gewiß, die Dinge nach eigenen Vorstellungen gestalten zu können. In dem gängigsten deutschen Persönlichkeitsfragebogen, dem Freiburger Persönlichkeitsinventar (Fahrenberg, Selg und Hampel, 1978), träfe dies am ehesten die Skala „Gelassenheit". Die sogenannte Selbstwirksamkeit, also der Eindruck, die sozialen Prozesse nach eigenen Vorstellungen gestalten und bei anderen die gewünschte Wirkung erzielen zu können, gehört auch in diesen Zusammenhang. Uns imponieren Personen, die sich nicht ausgeliefert fühlen und den Eindruck vermitteln, sie hätten die Dinge „im Griff" und unter Kontrolle.

Der Selbstsichere kann folgendermaßen beschrieben werden: Er schätzt Situationen hinsichtlich ihrer Anforderungen und seiner eigenen Bewältigungsfähigkeiten relativ realistisch ein. Dabei ist eine Grundhaltung im Sinne eines positiven Denkens wichtig: „Das werde ich schon irgendwie schaffen." Damit ist er relativ angstfrei und empfindet schwierige Situationen als angenehme Herausforderung. Beim Entwurf und der Auswahl verschiedener Handlungsalternativen ist er kreativ und entscheidet zügig und handlungsorientiert. Dadurch hat er häufig Erfolg, der wiederum seine Selbstsicherheit bestärkt: „Ich habe ja gewußt, daß ich das schaffe." Dies ermuntert seinen Erkundungsdrang, wodurch er sich wiederum neue Handlungsspielräume und Aufgaben eröffnet. Damit erweitert er sein Verhaltensrepertoire, was in der Folge seine Selbstsicherheit erhöht.

Diese Positivspirale ist ziemlich genau das Gegenteil der Abwärtsspirale des Depressiven. Dieser schätzt die Anforderungen von Situationen sehr hoch ein, seine eigenen Bewältigungsmöglichkeiten aber sehr gering. Es leuchtet ein, daß der Selbstsichere in seinem Verhaltensrepertoire automatisch viel mehr soziale Kontakte wahrnimmt. Er ist an allem interessiert, neugierig und probiert Dinge aus.

> <u>Merksätze für das praktische sozial-intelligente Verhalten
> im Sinne des Wirkens auf andere</u>
> - *Selbstsicherheit muß mühsam durch Verhaltenstraining und konsequente und konstruktive Kritik anderer aufgebaut werden.*
> - *Der Selbstsichere vermittelt das gegenteilige Bild des Depressiven. Er denkt über sich selbst positiv, stellt sich schwierigen Situationen und meistert sie. Er schätzt sein Umfeld und sich recht realistisch ein, entwickelt kreativ Handlungsalternativen, handelt gezielt, sicher und verstärkt mit dem Erfolg seine Selbstsicherheit. Sie können wir mit Hilfe des Selbstmanagements erwerben, auf das später eingegangen wird.*

Freundlichkeit und Empathie

Dem Depressiven fällt es schwer, freundlich zu sein, dem Selbstsicheren nicht. Vor allen Dingen kann letzterer eine ruhige, nicht aufgesetzte Freundlichkeit an den Tag legen, die authentisch wirkt. Freundlichkeit erzeugt Freundlichkeit, Freundlichkeit entwaffnet.

> Neulich wurde ich von einem anderen Autofahrer auf rüde Art geschnitten. Ich mußte scharf bremsen. Mit einer arrogant-lässigen Geste drückte er auf seinen Fensterheber, was meinen Adrenalin-Spiegel noch weiter steigen ließ. Ich erwartete eine schäbige Bemerkung. Aber zu meinem Erstaunen sagte er mit freundlich-bedauernder Miene: „Tut mir leid, ich habe einfach geschlafen." Mein Adrenalin war wie weggeblasen. Ich murmelte etwas wie: „Kann mir auch passieren" und fuhr weiter.

Freundlichkeit bedeutet nicht, ewig lächelnd herumzulaufen, sondern situationsangepaßt mit einem Lächeln freundlich auf andere Menschen zuzugehen. Freundlichkeit am Telefon – man muß das Lächeln durch die Leitung hindurch hören – oder an der Verkaufstheke sollte, auch wenn man nichts kauft, eine Selbstverständlichkeit sein. Freundlichkeit darf keine Maske sein, sondern muß „von innen" kommen und dem Gegenüber den Eindruck vermitteln, man habe Verständnis für ihn. In der Gesprächspsychotherapie spielt die Empathie eine wesentliche Rolle. Schon Rogers (1973), einer der Begründer dieser Therapie, nennt als Hauptkriterien dieses Konzeptes:

- Direkte Lenkung ist für die Veränderung psychoneurotischer Störungen ungünstig;
- besser sind die Zuwendung zu den Gefühlen des Klienten, ein einfühlendes (empathisches) Verständnis seiner psychischen Situation, eine unbedingte Akzeptanz und Wertschätzung seiner Person sowie
- eine Kongruenz im Verhalten des Psychotherapeuten gegenüber dem Klienten.

Diese drei Verhaltensweisen – Empathie, Wertschätzung und (Selbst-)Kongruenz – sollten alle Menschen beherrschen.

Merksätze für das praktische sozial-intelligente Verhalten im Sinne des Wirkens auf andere

- *Wir sollten die natürliche, nicht aufgesetzte Freundlichkeit des Selbstsicheren an den Tag legen.*
- *Dazu gehört positives Denken dergestalt, daß wir nicht immer das Schlimmste befürchten, sondern davon ausgehen, daß die anderen Menschen ähnliche Bedürfnisse und Ängste haben wie wir selbst.*
- *Im Zweifel kann ein Lächeln und freundliches Verhalten nicht schaden.*

Anerkennung

Wichtig für unsere Persönlichkeit ist die Anerkennung durch andere, vor allem durch solche, die uns etwas bedeuten. Durch die sogenannten „bedeutsamen anderen" beziehen wir unser Selbstwertgefühl. Unsere Werte konstruieren wir durch Vergleiche mit anderen. Je mehr wir anderen diesen Vergleich erleichtern und ihnen zu einer für sie positiven Bilanz verhelfen, um so sozial-intelligenter handeln wir. Sozial-dumm und unverantwortlich werden wir, wenn wir uns zu sehr von der Realität entfernen.

> Eine frühere Mitarbeiterin hatte einmal Kritik wegen einer mißglückten Seminarleitung einstecken müssen. Statt die eigenen Fehler zu reflektieren, fand sie tausend Gründe, weshalb sie nichts dafür konnte. Einer dieser Gründe war, daß sie meinte, als junge Frau hätte sie eben kaum eine Chance. Zudem wäre ihr Problem, daß sie deutlich jünger als dreißig Jahre (ihr tatsächliches Alter) aussähe. Aus unserer Sicht sah sie mindestens fünf bis acht Jahre älter aus. Was wäre in einem solchen Fall sozial-intelligent und -verantwortlich? „Mach dir keine Sorgen, ich kann dich beruhigen, du siehst viel älter aus als dreißig" wäre nicht passend gewesen. Aber ihre Ursachenzuschreibung gelten zu lassen war auch nicht richtig. Wir haben das Thema Alter taktvoll übergangen.

Die Pflege des Selbstwertgefühls unserer Mitmenschen, vor allem in Familie und Beruf, ist eine Facette der sozialen Intelligenz. Der Verkäufer schmeichelt dem Käufer auf einem schmalen Grat, von dem er abstürzen kann, wenn er zu dick aufträgt. Es ist allerdings immer wieder erstaunlich, wie gering diese Gefahr ist. Die meisten Menschen können gar nicht oft genug hören, wie gut, jung und schön sie sind.

Es gibt aber auch weniger kritische Einsätze von Anerkennung, z.B. bei Kindern und in der Arbeitswelt bei Mitarbeitern. Kinder loben wir aus gutem Grund. Würden wir das Gekrakel eines Dreijährigen als Gekrakel bezeichnen, würden wir sofort jede Kreativität im Keim ersticken. Nichts motiviert mehr als Lob.

Aus der Lernforschung wissen wir, daß positive Verstärkung die besten Lerneffekte zeitigt, wenn sie in unregelmäßigen Abständen kommt. Wir sollten also nicht bei jedem erwünschten Verhalten loben bzw. positiv verstärken, sondern in unregelmäßigen Abständen. Wenn der Vater bei jedem Wohlverhalten Süßes spendiert, entsteht in kürzester Zeit ein Anspruch daraus. Ein bißchen Spannung, ob nun Anerkennung kommt oder nicht, sollte bleiben.

Warum aber fällt uns Anerkennung bei Kindern so leicht, bei Erwachsenen aber schwer? Der Grund liegt in der Konkurrenzfähigkeit der Erwachsenen. Je eher eine andere Person mein Konkurrent sein kann, um so schwerer fällt es mir, ihre Fähigkeiten, Leistungen oder andere Dinge anzuerkennen. Dies liegt am Abstand von unserem eigenen Ego. Je näher ich den Wert des anderen am eigenen sehe, um so stärker ist mein Selbstwertgefühl gefährdet. Denn wir bewerten nicht nach absoluten Kriterien, sondern im Vergleich. Das ist auch der Grund für unsere Neigung, bei Personen, die alle anerkennen, ein wenig kratzen zu wollen. Damit wird die Distanz zum Selbstwert nicht zu hoch.

Wenn man bei diesen Bewertungsprozessen schlecht wegkommt, werden Vergleiche zum eigenen Verhalten herangezogen. Ein Bekannter schnitt des öfteren damit auf, wie gut er auf dem zweiten Bildungsweg neben der Arbeit sein Abitur abgeschlossen habe. Als wir den Notenschnitt von „vier plus" erfuhren und ein wenig verwundert waren, sagte er: „Im Vergleich zu dem, was ich dafür gearbeitet habe, ist das doch ein sehr gutes Ergebnis."

Zur sozialen Intelligenz gehört es also, zu erkennen, wo die Meßkriterien unseres Gegenübers liegen, und dazu anerkennende Worte und Gesten zu finden, die dessen Selbstwertgefühl erhöhen. Übertreibung ist um so gefährlicher, je intelligenter, selbstkritischer und in sich ruhender das Gegenüber ist. Ein kluger Mensch mit einem guten und gerechtfertigten Selbstwertgefühl reagiert u.U. allergisch, wenn man ihm zu viel „Honig ums Maul schmiert".

Was im Positiven die Anerkennung durch andere ist, entspricht im Negativen dem Takt. Der Begriff kommt aus dem Lateinischen von tactus, gleich Berührung, und bezeichnet in unserem Sprachgebrauch Zartgefühl, Empfinden für das Angemessene und für ein Verhalten, das nicht das Selbstwertgefühl des anderen verletzt. Taktlose Bemerkungen haben die unangenehme Eigenschaft, oft ins Schwarze zu treffen. Dadurch lösen sie oft Gelächter bei Dritten aus. Schmutzige Witze können genauso taktlos sein wie Bemerkungen über Defizite, mit denen das Gegenüber ohnehin schon kämpft. Typische wunde Punkte sind etwa die nachlassende Haarpracht der Männer, das zunehmende Gewicht oder Alter, die Haarfarbe, mäßige Intelligenz oder auch die Herkunft. Takt ist zweifelsohne eine Facette der sozialen Intelligenz, hat aber auch einige Komponenten der sozialen Verantwortung in dem Sinne, daß es ethisch unerwünscht ist, den anderen unnötig zu verletzen.

Sympathie und Antipathie

Sympathie kommt ursprünglich aus dem Griechischen und bedeutet Mitgefühl, also ein nachfühlendes Verstehen eines anderen, die Zustimmung und die Zuneigung zu dieser Person. Dieser Eindruck ist abzugrenzen von dem teilnehmenden Mitgefühl, etwa dem Mitleid oder der Mitfreude. Eine andere Bedeutung hat das Miteinanderfühlen, etwa in einem Trauerfall.

Bei sozialen Beziehungen im Sinne der Sympathie und Antipathie geht es um eine gefühlsmäßige Zu- oder Abwendung. Wir können erfassen, wer mit wem wieviel Kontakt hat, und daraus auf gegenseitige Attraktivität schließen. In der Politik, der Firma, bei der Wahl des Klassensprechers oder der Mitspieler in der Fußballmannschaft oder gar bei der Schulnotenvergabe, in vielen Bereichen können wir Sympathie-Beziehungen ablesen. Wir neigen dazu, jemanden als uns ähnlich einzuschätzen, wenn wir ihn sympathisch finden. Wenn wir über uns selbst positiv denken, uns selbst sympathisch sind, denken wir auch über andere positiver, als sie in „Wirklichkeit" sein mögen.

Andere finden uns sympathisch, wenn wir uns sozial-kompetent verhalten und bei unserem Gegenüber den Eindruck von Ähnlichkeit erzeugen. Beim Neurolinguistischen Programmieren (NLP) bewirkt man dies, indem das Verhalten des anderen knapp unter dessen Bewußtseinsschwelle kopiert wird. Äußerlich kann unser Outfit ebenfalls angeglichen werden. Nicht ohne Grund laufen Manager meist in Grau- oder Dunkelblau durch die Firmen. Ein freundlicher Gesichtsausdruck bewirkt Nachahmung. All diese Phänomene gelten auch umgekehrt. Antipathien können wir blitzschnell durch Frustrationen bewirken. Der Spruch „Gegensätze ziehen sich an" mag ja in der Liebe manchmal gelten. Aber im allgemeinen sorgt Fremdheit für Distanz.

> <u>Merksätze für das praktische sozial-intelligente Verhalten im Sinne des Wirkens auf andere</u>
>
> - Es ist möglich, über Maße, wie z.B. die Anzahl der Kontaktaufnahmen, soziale Wahlen, Beliebtheitsskalen etc., auf Sympathie zu schließen.
> - Ähnlichkeit erzeugt Sympathie. Wenn wir jemanden sympathisch finden, schätzen wir uns selbst ähnlich ein. Umgekehrt, wer uns ähnlich erscheint, wirkt auf uns sympathisch.
> - Fremdheit sorgt tendenziell für Mißtrauen und Antipathie.

Mit Sozialstreß umgehen

Sozialer Streß bezeichnet alle Phänomene der Fehlbeanspruchung, die aus dem sozialen Zusammensein erwachsen. Dies kann in der Familie ebenso wie im Beruf und bei Hobbies der Fall sein. Ein Schlagwort in dieser Richtung hat in den letzten Jahrzehnten Furore gemacht, das Mobbing. Mit diesem Phänomen gut umgehen zu können ist zweifellos eine Facette der sozialen Intelligenz. Je egoistischer sich die anderen verhalten, um so mehr Sozialstreß entwickelt sich bei uns.

Aus Sicht der Arbeits- und Organisationspsychologie entsteht Streß am Arbeitsplatz nicht nur durch Anforderungen seitens der Aufgaben, der Ablauforganisation und der Rahmenbedingungen, sondern vor allem durch die sozialen Beziehungen am Arbeitsplatz. Gut untersuchte Phänomene sind hier z.B. die soziale Unterstützung und die soziale Aktivierung. Erstere ist einer der stärksten Streßreduktionsfaktoren und ist beim Mobbing ins Gegenteil verkehrt. Wenn es mir schlechtgeht, und ich habe nette Kollegen, die mir helfen, mindert das meine Beanspruchung und die Gefahr von Krankheiten. Soziale Aktivierung bezieht sich auf die Zusammensetzung sozialer Gruppierungen, die Mobbing begünstigen können. Es macht einen Unterschied, ob nur Männer zusammenarbeiten oder Frauen hinzukommen und umgekehrt. Die sozialen Interaktionen und Beanspruchungen sehen anders aus, je nachdem ob der Chef dabei ist oder nicht.

Manche Männer kennen das Phänomen aus eigener Erfahrung. Wenn sie in schlechter Haltung, mit rotem Kopf beim Jogging einen Berg hochkeuchen und plötzlich eine Frau am Wegesrand steht, was tun sie? Sozial-intelligent stehenzubleiben und ein freundliches Schwätzchen zu halten fällt ihnen kaum ein. Im Gegenteil, sie raffen den letzten Rest Energie zusammen, legen einen Zahn zu und versuchen, kraftvoll und locker zu laufen.

Derartige Phänomene wie Gruppendruck und soziale Stigmatisierung fließen im *Mobbing* (von englisch „mob" zusammenrotten, über jeden herfallen) zusammen. Damit ist ein Prozeß der Stigmatisierung gemeint, den wir noch aus der Schule kennen. Dort wurden Mitschüler mit besonderen Äußerlichkeiten und Verhaltensweisen gehänselt und für alle möglichen Missetaten verantwortlich gemacht. Im Erwachsenenalter werden die Mobbing-Formen subtiler. Sie bestehen in Informationsmißbrauch, z.B. der Verbreitung von Gerüchten, der bewußten Zurückhaltung von Informationen oder auch der Weitergabe von Falschmeldungen. Ein solcher Psychoterror wird am Arbeitsplatz um so virulenter, je stärker die Arbeit auf die reibungslose Zusammenarbeit von Teams angewiesen ist.

Menschen sind verschieden und oft egoistisch, haben unterschiedliche Interessen, die sich meist gegenseitig ausschließen. Insofern ist psychischer Streß am Arbeitsplatz normal und alltäglich. Ärger mit Kollegen, dem Chef, Konkurrenz und Neid, vor allem bezogen auf Karrierechancen, unterschiedliche Sichtweisen, Meinungen und Arten der Problembewältigung führen laufend zu Konflikten. Konvergieren solche Prozesse aber auf eine bestimmte Person und reichen von Kränkung und

Schikane bis zur absichtlichen und kalkulierten seelischen Grausamkeit, können wir von Mobbing sprechen. Dieser Psychoterror am Arbeitsplatz ist ein unethisches und unsoziales Verhalten, das systematisch von einer oder mehreren Personen vorwiegend gegen ein Individuum gerichtet ist. Wenn das Opfer mit gleicher Münze heimzahlt, beruht das Mobbing auf Gegenseitigkeit.

Mobbing-Verhalten erstreckt sich meist über mehr als sechs Monate. Einzelkonflikte sind davon abzugrenzen. Typisch ist die zunehmende Ausgrenzung des Opfers durch ungerechte Behandlung bei gleichzeitiger Eingrenzung seiner Rechte.

In der Literatur werden meist vier Phasen unterschieden:

Phase 1: Das ursprüngliche, kritische Ereignis

Ein meist arbeitsbezogener Konflikt wird zum Stein des Anstoßes und damit Anlaß, nicht Grund, eines Psycho-Krieges gegen einen Kollegen. Oft ist Neid im Spiel.

Phase 2: Mobbing und Stigmatisierung

Tägliche Kommunikationsmuster sind darauf ausgerichtet, das Opfer z.B. durch ironische oder zynische Bemerkungen zu verletzen. Durch Handlungszwänge wird es schikaniert. Die Verletzungen richten sich gegen

- den guten Ruf des Opfers (Gerüchte, Verleumdungen u.a.),
- seine sozialen Umstände (z.B. isolierter Arbeitsplatz),
- eine normale, freundliche Kommunikation (Ignorieren des Opfers, dauernde Kritik u.a.),
- sein Selbstwertgefühl und seine Aufgabenkompetenz, z.B. in Form der Zuteilung „minderwertiger" Arbeitsaufgaben mit entsprechend geringem Verantwortungsbereich,
- friedliche Problemlösungen (meist Androhung von Gewalt).

Phase 3: Das Opfer wird krank, unsicher, verhält sich dadurch weniger effizient und gerät in eine Abwärtsspirale u.U. bis zum Selbstmord.

Phase 4: Irgendwann bekommt die Geschäftsleitung Wind von dem „Fall", er wird offiziell. Für das Opfer verschlimmert sich damit die Situation, weil nun die selektive Wahrnehmung von immer mehr Personen in eine Richtung läuft. Er hat ein „Kainsmal" und befindet sich in der hoffnungslosen Situation, seine individuelle Systemsicht gegenüber der mehrheitlichen und damit „wahren" Sicht der Kollegen verteidigen zu müssen.

Man darf allerdings nicht übersehen, daß die Opfer vielfach selbst nicht besonders sozial-kompetent agieren. Oft sind es Sonderlinge, komische Käuze, schwarze Schafe oder Querulanten. Das ist natürlich kein Grund für psychische Grausamkeit. Aber es entsteht Ärger, und damit kommt die Frustrations-Aggressions-Spirale in Gang. Wenn wir etwas nicht „normal" erklären können, reagieren wir ärgerlich und versuchen, kausale Zusammenhänge zu finden. Erklärungen bestehen dann oft in persönlichen Ursachenzuschreibungen wie „Pechvögel", „Unglücksraben" und „Tolpatsche", die wiederum Arbeitsunfälle in einem anderen Licht erscheinen lassen. Ihre Ursachen können durchaus in solchen Mobbing-Prozessen liegen.

Sozialstreß führt zu einem Verlust der Streß-Bewältigungs-Reserven. Wenn Versagen bereits erwartet wird, verhalten wir uns auch unsicherer. Als Resultat versagen wir wirklich, was wiederum unsere ursprüngliche Vorhersage bestätigt und damit verfestigt. Im Falle des Mobbings wird besonders deutlich, daß wir unser Ansehen, unser *soziales Selbst* aus der Anerkennung und Bestätigung durch andere schöpfen. Zu diesen bedeutsamen anderen gehören die Familie, Freunde, Bekannte, Vereins- und Clubkameraden und vor allem die Menschen, mit denen wir die meiste wache Zeit verbringen, die Arbeitskollegen, Mitarbeiter und Vorgesetzten.

Im übrigen muß Mobbing nicht nur von oben oder von Kollegen der gleichen Ebene kommen. Vielfach wird auch von unten gemobbt. Mitarbeiter verhalten sich zwar korrekt und höflich, aber unterkühlt. Sie streuen Gerüchte über das Privatleben des Chefs, beteiligen sich in Sitzungen nicht an Diskussionen und dergleichen. Die Mobbing-Mittel können äußerst subtil und schwer beweisbar sein.

Sexuelle Belästigung ist natürlich extremer Sozialstreß für die Belästigten, übrigens nicht immer nur Frauen. Der Mißbrauch mit der sexuellen Belästigung kann allerdings manchmal schlimmer sein als die Belästigung selbst.

Ein durch Strukturmaßnahmen zu lösendes Sozialstreßphänomen besteht im Dichte-Streß. Wer mit zu vielen Kollegen in einem engen Büro arbeiten muß, gerät mit einer hohen Wahrscheinlichkeit in Konflikte, die nicht immer ausgetragen werden, sondern oft langfristig gären und von innen her krank machen. Jeder kennt aus seiner persönlichen Erfahrung das Phänomen, daß er arbeiten kann wie ein Pferd, aber durch Ärger und Konflikte mit Chefs, Kollegen und Mitarbeitern schlechte Stimmung, eben Sozialstreß, am stärksten beansprucht wird. Die Balanceakte, die oft nötig sind, um sich den Rücken freizuhalten und für eine einigermaßen friedliche Stimmung zu sorgen, sind eine wesentliche Facette der sozialen Intelligenz im Sinne der Wirkung auf andere.

Merksätze für das praktische sozial-kompetente Verhalten im Sinne des Wirkens auf andere

- *Einer der stärksten sozialen Stressoren ist Mobbing. Mit ihm ist um so eher zu rechnen, je stärker die Konkurrenz um die Arbeitsplätze ist.*
- *Mobbing verläuft in vier Phasen: kritisches Ereignis, Stigmatisierung, Krankheit, ein „Fall" für die Geschäftsleitung mit anschließender Entlassung.*
- *Andere soziale Stressoren wie Dichte-Streß oder sexuelle Belästigung können durch organisatorische Maßnahmen gelindert werden.*
- *Je synegoistischer sich die Mitglieder eines sozialen Systems verhalten, um so weniger Sozialstreß entsteht.*

Humor

Sozialstreß kann schnell und wirksam durch Humor abgebaut werden. Wer beneidet nicht sozial-intelligente Menschen, die mit einer gewissen Lockerheit und Humor die schwierigsten und peinlichsten Situationen meistern. Die Frage ist, was ist Humor, und wann trägt er zum sozial-kompetenten Miteinander bei?

Der Begriff kommt aus dem Lateinischen „umor" für Flüssigkeit bzw. den „humores" für Körpersäfte (Galle, Schleim oder

Blut) und steht für eine heitere Gemütsbeschaffenheit und gute Laune. Ein wesentliches Moment des Humors besteht darin, Situationen oder Sachverhalte in ein unerwartetes Licht zu rükken. Er löst erstarrte Erwartungen auf und hilft die weniger erfreulichen Dinge des Lebens in ein anderes Licht zu rücken. Humor öffnet uns, läßt uns die Dinge aus der Sicht des anderen sehen und uns damit auch über uns selbst lachen. Im Humor sind Verstehen, Distanz, Sympathie, Mitempfinden und ein emotionales Loslassen vereint. Vernunfts- und Gefühlsaspekte sind gleichzeitig in ihm enthalten.

Humor ist deshalb für die Zusammenarbeit wichtig, weil er Distanz zu den lächerlichen, kleinen „Nickeligkeiten" schafft und vor allem Kreativität anregt. Angst und Entspannung gehen nie zusammen. Kreativität braucht Entspannung, und Humor nimmt Angst. Humor und Kreativität durchbrechen starre Denkrahmen. Humor wirkt durch Unter- und Übertreibungen, Wortverdrehungen, unerwartete Vertauschungen. Er ermöglicht eine feine soziale Distanzierung. Ein Lob mit Humor kann uns davor bewahren, ins Peinliche abzugleiten. Und ein Tadel mit Humor nimmt ihm die Schärfe.

Es gibt verschiedene Formen des Humors, die unterschiedlich sozial-intelligent und sozial-verantwortlich zugleich sind:

a) Humorige Kommentare, meist überraschende Bemerkungen lockern die ernste Stimmung auf.
b) Humorvoll aufbereitete Aufgaben wecken Interesse, motivieren und lassen uns spielerisch zum Ernst des Lebens übergehen.
c) Humorvolle Phantasien regen zum Visionieren und Denken des scheinbar Unmöglichen an.
d) Ansprechen an sich zensierter Gedanken führt zu größerer Offenheit.
e) Darstellung neuer Sichtweisen und Perspektiven mit Humor (Reframing) läßt die Sachverhalte in einem ganz anderen Licht erscheinen.
f) Das In-Frage-Stellen herkömmlicher Überzeugungen mit Humor (Deframing) befreit die Gedanken.

g) Witze, Anekdoten, humorgewürzte Geschichten wecken Interesse, lassen die Zuhörer nicht einschlafen und sorgen vor allem für eine bessere Erinnerung der Inhalte. Allerdings sind Witze zum Schaden anderer nicht humorvoll.
h) Ironie relativiert die Sachverhalte, und Selbstironie verdeutlicht, daß derjenige sich nicht unbedingt für das Maß aller Dinge hält. Groucho Marx soll gesagt haben, er würde in keinen Club eintreten, der ihn als Mitglied akzeptieren würde.
i) Sarkasmus kann zwar überhebliche Mitmenschen von ihrem hohen Sockel herunterholen, richtet aber meist mehr Schaden als Nutzen an.

Sozial-intelligente Menschen mit Humor können:

- sich in einem größeren Bezugsrahmen sehen und sich damit nicht so wichtig nehmen,
- sich flexibel auf andere Betrachtungsweisen einstellen,
- andere mit ihrem Optimismus und ihrer Heiterkeit anstecken,
- sich und andere mit einer gesunden Selbstironie betrachten,
- anderen mit Toleranz und ohne Überheblichkeit begegnen,
- ein lockeres, entspanntes Klima schaffen, in dem alle lieber arbeiten,
- mit Humor ein Ventil für Ängste, Frustrationen, Sorgen und Ärger schaffen.

Vor allem die integrative Funktion von Humor ist nicht zu unterschätzen. Mit ihm können wir Verhaltensnormen und Moral vermitteln, ohne „moralinsauer" zu wirken, und zugleich eine Atmosphäre schaffen, die die Menschen verbindet und freundlicher macht.

Merksätze für das praktische sozial-intelligente Verhalten im Sinne des Wirkens auf andere

- *Humor ist nicht nur gesund, sondern wirkt auch entspannend für die sozialen Beziehungen.*

> - *Humor lockert die Stimmung, entsprechend aufbereitete Aufgaben motivieren zur Lösung, zensierte Gedanken und verkrustete Themen können elegant diskutiert werden, und es ergeben sich neue Sichtweisen.*
> - *Vor allem Selbstironie kann potentiellen Kritikern den Wind aus den Segeln nehmen.*

Kommunizieren

Gutes Kommunizieren ist ein wesentlicher Teil sozialer Intelligenz und auch sozialer Verantwortung, ohne den synegoistisches Verhalten nicht gedeihen kann.

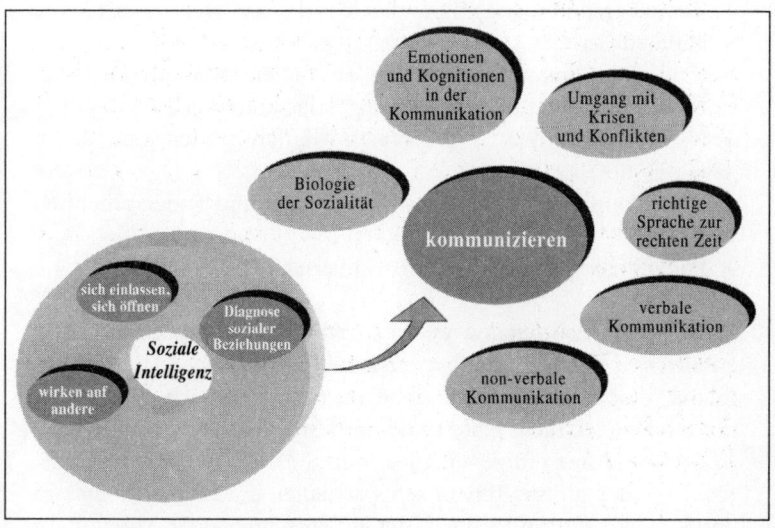

Abb. 13: Mindmap Kommunizieren

Was ist gutes Kommunizieren? Zunächst einige generelle Empfehlungen:

- Zuhören – wer selbst redet, erfährt nichts.
- Selbstdarstellung meiden.
- Nicht erst dem anderen sagen, was richtig ist, und dann nach seiner Meinung fragen.
- Konstruktiv kritisieren durch Aufzeigen besserer Alternativen.
- Nicht erst bewerten und anschließend begründen.
- Gleichwertigkeit und Umkehrbarkeit der Kommunikation beachten: „Du darfst auch, was ich darf."
- Bereitschaft zeigen, bei guten Gründen seine Meinung zu ändern.
- Kein Streit um „wahre" Bedeutungen. Konsens über Bedeutung reicht aus.
- Keine Begründungen von anderen verlangen, wenn selbst keine gegeben werden.
- Keine Manipulationstechniken anwenden, sondern Orientierung an Echtheit, Wertschätzung, Selbstkongruenz.
- Nicht immer nur angesprochen werden wollen und selbst nichts tun.
- Keine Doppelbindigkeit, also zweigleisig und widersprüchlich „senden".
- Sprachliche Unlogik (Rabulistik) vermeiden.

Daraus folgt, daß jemand wenig sozial-intelligent wirkt, der nicht zuhört, sich permanent selbst darstellt, anderen seine Meinung aufdrängt, destruktiv kritisiert, ohne Begründung wertet, seine Meinung prinzipiell nicht ändert und nur seine „Wahrheit" vermittelt.

Dies sind nur einige wichtige Punkte des guten Kommunizierens. Da der größte Teil unseres sozialen Zusammenlebens „in der Sprache" stattfindet, liegt hier ein entscheidender Anteil nicht nur der sozialen Intelligenz, sondern auch der *Sozialkompetenz insgesamt*.

Und es fragt sich, ob synegoistisches Verhalten dominanter in unserem phylogenetisch-biologischen Programm erhalten ist als Egoismus.

Biologie der Sozialität

Wir können unser Zusammenleben, unsere soziale Intelligenz und soziale Verantwortung, besser verstehen, wenn wir einige biologische Phänomene zur Kenntnis nehmen: Nach dem konstruktivistischen Konzept von Maturana (1992) lassen Menschen Wirkungen durch andere auf sich zu und haben gleichzeitig ihre individuellen, nicht übertragbaren Erlebnisse und Erfahrungen. Wir gehen automatisch davon aus, daß zwischen den Interessen des einzelnen und denen der sozialen Gemeinschaft Konflikte existieren. Der einzelne will zugleich Freiheit und den Schutz der Gemeinschaft. Dies verlangt Disziplin, die wiederum der Freiheit widerspricht. Maturana zeigt, daß wir diese Interessenunterschiede nicht als Konflikte betrachten müssen. Soziales und individuelles Leben erscheinen uns nur als widersprüchliche Bedingungen unserer Existenz. Die Unterordnung des Einzelnen in der Gemeinschaft wird in allen Ideologien festgeschrieben und wirkt sich auf die Vorstellung von Sozialkompetenz aus. In Japan wird z.B. das, was wir noch als individuell erwünscht ansehen, schon als Egoismus gebrandmarkt.

Maturana begründet diese Annahmen biologisch und stellt fünf Ausgangsbedingungen auf, die grundlegend für unser soziales Zusammenleben sind und die er als Fragen formuliert:

1. Was ist eine akzeptable Antwort?
Maturana nennt ein soziales System „... einen Mechanismus, der diese Systeme erzeugt und der in seinem Operieren all jene Phänomene hervorbringt, die wir täglich als den als soziale Systeme angesehenen Systemen zugehörig beobachten" (a.a.O., S. 288).

2. Was sind Lebewesen?
Menschen sind nach Maturana strukturell determinierte Systeme: „Alles, was in uns geschieht, ereignet sich in Form strukturell determinierter Veränderungen unserer jeweiligen Struktur, die Resultate unserer eigenen inneren strukturellen Dynamik sind oder die als strukturelle Veränderungen an unsere Interaktionen mit dem Me-

dium gekoppelt, von diesem jedoch nicht determiniert sind." An anderer Stelle heißt es: „Das Verhalten eines Organismus (kann) nur dann als adäquat gelten, wenn seine strukturellen Veränderungen kongruent mit den strukturellen Veränderungen des Mediums erfolgen" (a.a.O., S. 289). Diese Eigenschaften sind die von autopoietischen Systemen, also Systemen, die sich selbst erzeugen.

3. Wie gehen strukturelle Veränderungen vor sich?
Wir befinden uns in dauernder struktureller Veränderung. Unser Wandel ist gekoppelt an unser soziales Umfeld, das sich auch permanent verändert. Das Umfeld, mit dem wir interagieren, wird von uns in seinen Strukturveränderungen beeinflußt. Unsere Überlebensgeschichte vollzieht sich in der Kongruenz mit unserem Umfeld, bis wir eines Tages mangels dieser Kongruenz sterben. Die Interaktionen bestehen hauptsächlich in Kommunikation. Die Kongruenz erhöht sich mit der Sozialkompetenz der Menschen in ihren sozialen Systemen.

4. Die Erhaltung der Organisation
Wir leben, solange die Organisation, die uns als Lebewesen definiert, erhalten bleibt. Bei allen strukturellen Veränderungen behalten wir unsere Identität, solange die unsere Identität definierende Organisation erhalten bleibt. Wenn z.B. das Herz versagt (Struktur), „funktionieren" wir nicht mehr gemäß unserer Organisation.

5. Die Erhaltung der Angepaßtheit
Wir können uns selbst in unserem Umfeld nur halten, wenn wir mit ihm strukturell kongruent sind. Diese strukturelle Kongruenz zwischen Individuum und Medium nennt Maturana Angepaßtheit (a.a.O., S. 291). Ein Organismus erhält durch Angepaßtheit seine Organisation aufrecht. Das Umfeld selektiert die strukturellen Veränderungen eines Systems. Damit besteht auch Angepaßtheit in einem ständigen Prozeß kongruenter Veränderungen von System und Umfeld. Keines von beiden verändert sich allein, beide sind eine kongruente Einheit. Damit ist unsere heutige Struktur ein Ergebnis früherer mit unserem Umfeld kongruenter

struktureller Veränderungen, möglichst im synegoistischen Verhaltensfluß.

Wir Menschen bilden durch Kommunikation ein Netz von Interaktionen, in dem wir uns als Lebewesen verwirklichen. Unser von uns selbst mitgestaltetes soziales System bildet für uns einen Verhaltensrahmen, der ein Ergebnis vieler Interaktionen zwischen Menschen über eine bestimmte Zeit hinweg ist. Ohne Erhaltung des Lebens der Systemmitglieder funktioniert das soziale System nicht. Jedes soziale System unterscheidet sich von anderen durch die charakteristischen kommunikativen Verhaltensmerkmale der Interaktionsnetze. Unsere sozialen Systeme verändern sich laufend, weil Menschen sterben oder wegziehen und andere neu hinzukommen. Diese Auffrischung brauchen wir, um nicht fortlaufend im eigenen Saft zu schmoren.

Unsere Besonderheiten werden durch unsere Struktur bestimmt. Veränderungen werden auch durch unsere Eigenheiten modifiziert. Somit verändern sich unsere sozialen Systeme fortwährend. Sie sind unser Umfeld, in dem wir uns verwirklichen, indem wir Organisation und Angepaßtheit aufrechterhalten. Soziale Inkompetenz und Egoismus gliedern uns im Extremfall aus diesen sozialen Netzen aus und machen uns unfähig, zu überleben. Somit wird unser Umfeld zu einer Selektionsinstanz für unsere Veränderungen und damit für unsere Eigenschaften. Umgekehrt selektieren natürlich auch wir, die Mitglieder unseres sozialen Systems, durch unser Verhalten das soziale System.

Da wir Mitglieder mehrerer sozialer Systeme sind, müssen wir die in dem jeweiligen System als angemessen akzeptierten Verhaltensweisen an den Tag legen. Durch die Wechselwirkungen des Systems werden die jeweiligen systemäußeren Wechselwirkungen gefärbt und wir alle strukturell verändert. Unser Verhalten kann von Beobachtern als verbales oder nonverbales erkannt werden. Für uns Kommunizierende allerdings gibt es dieses „Verhaltensobjekt" nicht, wir leben in ihm und beobachten es nicht.

Ein soziales System kann nur bei wiederkehrenden Wechselwirkungen zwischen den Mitgliedern entstehen. Die Liebe ist eine besondere Form dieser Wechselwirkung. „Ohne Liebe gibt es keine menschliche Sozialisation, und jede Gesellschaft, in der die Liebe erlischt, zerfällt. Diese Bedingung streng biologischer Natur bestimmt in der Evolution der Hominiden deren Verlauf der menschlichen sozialen Drift, die zur Entwicklung der Sprache und im Zusammenhang damit in kooperativen und nicht in Wettbewerbsformen zum Ursprung der Ausprägung der typischen menschlichen Intelligenz wurde. Die Individualität des Menschen ist sozial, und weil sie menschlich-sozial ist, ist sie sprachlich. (...) Kurz, als Menschen existieren wir nur in einer sozialen, durch unser Sein in der Sprache definierten Welt, die das Medium darstellt, in dem wir uns als Lebewesen verwirklichen (Struktur) und in dem wir unsere Organisation und Angepaßtheit aufrechterhalten. Mit anderen Worten, unsere gesamte menschliche Realität ist sozial, und wir sind Individuen, Personen, nur weil wir soziale Wesen in der Sprache sind" (a.a.O., S. 297). Hier werden die soziale Intelligenz und die soziale Verantwortung als Existenzbasis für ein soziales System deutlich.

Wir können das Verhalten einer Gemeinschaft oder Gesellschaft nur verändern, wenn wir unser Verhalten ändern. Unsere Eigenschaften können sich aber nur in dem Maße ändern, in dem wir außerhalb des jeweiligen Systems interagieren. Dies können wir durch Reisen, durch das bewußte Aufsuchen anderer Gruppierungen oder auch durch sprachliche Reflexion, wodurch wir auch unsere Beobachterperspektive verändern.

---

*Merksätze für das praktische sozial-intelligente Verhalten
im Sinne des Kommunizierens*

- *Sozialkompetenz als angepaßtes Verhalten müssen wir selbst definieren.*
- *Wir können uns als Lebewesen nur im sozialen Kontext behaupten. Der Widerspruch zwischen Individuum und Gemeinschaft ist nur scheinbar. Die soziale Gemeinschaft definiert das Individuum und umgekehrt. Keines ist ohne das andere lebensfähig. Beide „leben", indem sie sich ununterbrochen austauschen.*

- *Durch Angepaßtheit halten wir unsere Organisation und damit unser Leben aufrecht.*
- *Durch das Kommunizieren bilden wir ein Interaktionsnetz, das unser Medium ist, in dem wir uns verwirklichen.*
- *Durch unser Verhalten selektieren wir uns selbst und unsere sozialen Systeme. Diese selektieren unsere Verhaltensweisen.*
- *Durch Sprache koordinieren wir Verhaltensweisen. Dadurch können uns Handlungen als Beobachtungsobjekte erscheinen. Damit wird Selbstreflexion überhaupt erst möglich, die uns einen Vergleich mit anderen erlaubt.*
- *Die menschliche Evolution kann nur in Kooperation, nicht in Konkurrenz erfolgen.*

Emotionen und Kognitionen im Kommunizieren

Kommunizieren ist mehr als Informationsaustausch, es ist Leben in der Gemeinschaft und durch die Gemeinschaft. Es ist ein Verhalten mit all seinen kognitiven, emotionalen Phänomenen und körperlichen Begleiterscheinungen. Meist verbinden wir mit Kommunikation das Bild eines Senders und eines Empfängers, zwischen denen Informationen hin- und herfließen. Häufig werden in diesem Zusammenhang Begriffe wie Nachrichten, Bedeutungen oder Worte genannt. Das ist nicht alles. Wenn ich einem Gegenüber etwas sagen will, konstruiere ich Gedanken in meinem Kopf und forme sie zu Luftströmen, die ich an den Stimmbändern vorbeiblase. Das Gegenüber nimmt die verursachten Schallwellen mit seinen Ohren auf. Diese übersetzen die Schallwellen in Impulse, die in seiner linken Gehirnhälfte ankommen. Sein Gehirn weiß nicht, was von außerhalb oder innerhalb seines Körpers kommt. Es errechnet vielmehr:

- aus der Tatsache, daß die Hirnimpulse in seiner linken Gehirnhälfte an einer bestimmten Stelle ankommen, daß es sich um Hören und nicht Fühlen handeln muß,
- aus der Amplitude der Impulse die Qualität der Töne
- und aus der Frequenz der Impulse die Intensität.

Dieser Vorgang wird in seinen Qualitäten gesteuert durch die Emotionen des Senders und des Empfängers. Nun sollten wir uns die kognitiven Vorgänge, also alle Wahrnehmungs-, Erkennens- und Denkvorgänge im Zusammenhang mit Gefühlsprozessen anschauen. Diese Zusammenhänge zwischen kognitiven und emotionalen Vorgängen sind für die soziale Intelligenz außerordentlich wichtig. Denn unsere Psyche besteht aus zwei untrennbaren, sich wechselseitig anregenden Funktionseinheiten. Die eine, die emotionale, liefert die Qualitäten, die andere, unser Kognitionssystem, verarbeitet die Quantitäten. Ciompi (1991, 1993) nennt dieses Denken im Gegensatz zu dem, was wir unter objektiver Wissenschaftslogik verstehen, „Affektlogik". Mit anderen Worten, unsere Logik ist gefühlsgesteuert.

Wir handeln in einem *affektiv-kognitiven* System, in Fühl-, Denk- und Handlungsprogrammen. Diese Fühl-, Denk- und Handlungsprogramme entwickeln wir in unserer Kindheit im sozialen Kontext. Mit der weiteren Entwicklung werden diese Programme komplexer und abstrakter und gestalten sich durch soziale Wechselwirkungen zu dem, was wir Psyche oder Persönlichkeit nennen. Gefühle wie Angst, Ärger, Liebe oder Haß sind meist kurz, während Stimmungen wie traurig, gelangweilt, fröhlich länger andauern können. Sie sind ausgesprochen stark mit physiologischen (z. B. Nervenreizungen) und biochemischen Vorgängen (z. B. Änderungen des Hormonspiegels) verwoben.

Der Anpfiff des Chefs fährt uns in die Glieder. Der Anruf der Geliebten verschlägt uns die Sprache, der Ärger über den Kollegen läßt uns fast „platzen" und treibt uns das Blut in den Kopf. Lust und Unlust bestimmen die Qualitäten unseres Erlebens. Hieran sind unsere Werte gebunden. Was empfinden wir als ungerecht, was läßt uns hassen, und was ist liebenswert? Unsere genetischen Programme lösen z. B. im Falle des Kindchen-Schemas beim Anblick von Babys, kleinen Hunden oder Katzen automatisch Zuneigung aus. Wir können gar nicht anders.

Kognitiv-intellektuelles Denken ist analytisch. Kognitionen sind Prozesse der Informationsaufnahme und -verarbeitung, die logisch sein und der Wirklichkeit entsprechen sollen. Der Basisprozeß des Kognizierens ist der Satz moderner Logiken „Mache den Unterschied". Es gibt einen afrikanischen Volksstamm, der für unsere Farben Grün und Blau einen Begriff hat und damit die beiden nicht unterscheidet. Die Eskimos haben mehr als elf Bezeichnungen für Schnee und unterscheiden diese damit weitaus feiner als wir.

Emotionen, Stimmungen erscheinen eher irrational, unlogisch und häufig wirklichkeitsfremd. Kognitionen und Emotionen bedingen sich aber immer wechselseitig, weshalb das eine ohne das andere nicht möglich ist. Wenn ich an den Ort meiner ersten Liebe fahren will, ist diese Entscheidung wahrscheinlich nicht zufällig. Auf der kognitiven Ebene plane ich die Reise nach Zeit- und Raumkriterien logisch, effizient und rational. Auf der emotionalen Ebene färben meine Erinnerungen, die Gerüche, die Laute und die Farben der Abendstimmung mein Denken. Und auf der körperlichen Ebene habe ich Schmetterlinge im Bauch, wenn ich mich dem Ort früherer Tage nähere und vielleicht sogar damit rechnen muß, der alten Liebe zu begegnen.

In diesen Fühl-, Denk- und Handlungsprogrammen spielen die sozialen Beziehungen, Antipathie und Sympathie, sich geliebt oder gehaßt fühlen ganz entscheidende Rollen. „Die Chemie muß stimmen", sagen wir und meinen damit alles, was wir auf der kognitiven Ebene nicht fassen können. Unsere Stimmungen anderen Menschen gegenüber können stabil sein und lange andauern. Unsere Überlegungen, das permanente Interpretieren und Überprüfen unserer Umwelt, wechseln hingegen in Sekunden. Die Muster aus solchen Erfahrungen werden zu Fühl-, Denk- und Handlungsprogrammen, die sich zu einer individuellen Art, der Welt gegenüberzutreten und sich mit ihr auseinanderzusetzen, formen.

In biologischen und konstruktivistischen Konzepten, wie dem von Maturana, werden die Fühl-, Denk-, Handlungsprogramme stark auf unsere genetische Ausstattung zurückgeführt. Auf ihnen beruhen demnach die Muster unserer mehr oder weniger sozialkompetenten Wechselwirkungen mit unserem Umfeld. Diese Muster haben wir uns mühsam erarbeitet, und wir glauben von ihnen, daß sie unter den jeweiligen Umständen die besten seien. Daher ändern wir sie nicht gerne und schon gar nicht schnell.

Wer nie zugehört hat, braucht äußerste Disziplin, dies zu lernen. Jemand, der zwar den Mund hält, aber vor nervöser Ungeduld zappelt, bis er etwas sagen darf, wirkt nicht sozial-intelligent. Wir können unsere soziale Intelligenz nicht rational und „cool" einsetzen, sondern sind immer durch unsere Emotionen und Stimmungen beeinflußt. Wie gut wir diese steuern können und „im Griff haben", ist eine Frage der emotionalen Intelligenz.

Selbst „neutral" anmutende Stimmungen wie Gelassenheit, Nüchternheit, Harmonie gehen mit entsprechenden körperlichen Begleiterscheinungen wie Entspannung, niedriger Herzfrequenz und niedrigem Blutdruck einher. Emotionsloses Kommunizieren ist unmöglich. Wer einmal angeblich emotionslose wissenschaftliche Diskussionen beobachtet hat, weiß, wie emotionsgeladen sie sein können. Ärger, Angst, sich zu blamieren, Freude und „sympathische oder unsympathische Schwingungen" lösen einander ab. Ebenso wie körperliche Betätigungen können auch Denkprozesse lustvoll erlebt werden.

Unsere Fühl-, Denk- und Handlungsprogramme haben zwar eine gewisse Stabilität, ändern sich dennoch unter dem Einfluß der aktuellen sozialen Interaktionen. Das vergangene Erleben wird gespeichert und in ähnlichen Situationen immer wieder neu geprüft und angewendet. Das ist soziales Lernen. Dies gelingt um so eindrucksvoller, je stärker die beteiligten Emotionen sind. Den massiven Streit mit unserem Chef vergessen wir nie.

Deshalb ist es wichtig, wesentliche Informationen mit Emotionen zu verbinden. Wer seinen Mitarbeitern zum Abschluß des Geschäftsjahres emotionslos Zahlen berichtet, muß sich über Langeweile und mangelnde Begeisterung nicht wundern. Wer es aber schafft, durch Ausstrahlung und Visionen zu begeistern, bewegt die Menschen und sorgt dafür, daß die von ihm vorgetragenen Inhalte nicht so schnell vergessen werden. Das ist auch der Grund, weshalb in der Werbung Verbindungen zwischen uninteressanten Informationen und emotionalen Inhalten hergestellt werden. Affekte wirken wie Schalter, die entscheiden, was gespeichert und was abgerufen wird. Der Verliebte speichert Aspekte der gleichen Umwelt anders als der Trauernde.

Solche Gefühls-, Denk- und Handlungsprogramme werden

durch Auslöser aus der Umgebung aktiviert, die nicht auf allen Ebenen (also sensomotorisch, biochemisch-zentralnervös, kognitiv, emotional) wirken müssen. Es genügt die Auslösung einer Komponente zum Einsatz des gesamten Gefühls-, Denk- und Handlungsprogramms. Das erklärt, warum gleiche Reize bei verschiedenen Personen unterschiedliche Reaktionen auslösen können.

Zur sozialen Intelligenz gehören die Erfassung des gesamten Gefühls-, Denk- und Handlungsprogramms des Gegenübers und der Einsatz der jeweils „richtigen" Reize. Wir kennen das von unseren Kindern. Bei ihnen wissen wir einigermaßen, wie sie „gestrickt" sind, was sie erlebt haben und welcher Reiz wahrscheinlich welche Gedanken, Gefühle und Handlungsmuster bei ihnen auslöst. Dies betrifft nicht nur die Phänomene, die von außen auf uns einwirken, sondern sogar unseren freien Willen. Der Satz: „Ich will Kinder haben und Karriere machen" kommt nicht aus dem luftleeren Raum, sondern gründet auf emotional gefärbten Vorstellungen von Dingen, von denen wir uns Lustgewinn und Lebensqualität erhoffen.

Auch Visionen sprechen die Emotionen unserer Mitmenschen an. Das junge Pärchen in seiner Kleinwohnung hat emotionsgeladene Visionen von der gemeinsamen Zukunft, etwa in Form des Häuschens im Grünen, die dazu führen, daß der Bausparvertrag abgeschlossen wird. Konsequenterweise werben Bausparkassen mit affektgeladenen Bildern.

Unser Wille und unser Glaube, die ebenfalls emotionsgeladen sind, versetzen deshalb Berge, weil sie unser Denken und Handeln kanalisieren und auf konkrete Ziele ausrichten. Wer nicht weiß, wohin er will, muß sich nicht wundern, wenn er falsch ankommt. Dummerweise können starke Affekte die Handlungsprogramme zunichte machen. Bei Mord im Affekt sind wir nicht mehr zurechnungsfähig. Die Emotionen haben die Kognitionen überwältigt. Hier stellt sich die Frage nach der Verantwortlichkeit. Ist ein Mord weniger schlimm, wenn jemand rot gesehen hat, als wenn er ihn kaltblütig geplant hat?

Wir erleben die diesem Verhalten zugrunde liegenden Prozesse auch in der täglichen Kommunikation. Wie oft ist uns „etwas herausgerutscht"? „Erst denken, dann reden!" wäre der gute Rat.

Was haben wir schon in Wut oder „gerechtem Zorn" gesagt, was uns später leid getan hat? Wie oft haben wir viel zu aggressiv kommuniziert? Und wie oft haben wir aus Scham Dinge verschwiegen, die gesagt hätten werden müssen. Wenn es „nur" um das kognitive Handlungssystem ginge, wäre Kommunikation einfacher. Es „menschelt" halt, und das macht alles so schwierig.

Merksätze für das praktische sozial-intelligente Verhalten im Sinne des Kommunizierens

- *Zwischen Sender und Empfänger werden Schall- und Lichtwellen übertragen. Alles andere sind Konstruktionsvorgänge in den Köpfen des Senders und Empfängers.*
- *Wir handeln und kommunizieren in einem affektiv-kognitiven System, in Fühl-, Denk- und Handlungsprogrammen, die von physiologischen Reaktionen begleitet werden.*
- *Emotionen und Kognitionen bedingen sich wechselseitig und sind zwei Seiten derselben Medaille.*
- *Affekte wirken wie Schalter, die entscheiden, was gespeichert und was abgerufen wird.*
- *Wir müssen versuchen, das Fühl-, Denk- und Handlungssystem des Gegenübers erfassen zu können, um optimal kommunizieren zu können, und erfahren es umgekehrt durch die Kommunikation.*
- *Der Wille versetzt Berge durch Emotionalität, die die Kognitionen selektiert und bündelt. Dies unterstreicht die Bedeutung des Beziehungsaspektes in der Kommunikation.*

Umgang mit Krisen und Konflikten

Wenn wir die Komplexität des Kommunizierens betrachten, ist es ein Wunder, daß es überhaupt funktioniert. Wir sollten daher täglich mit Nicht-Übereinstimmungen, Konflikten und Krisen rechnen. Konflikte sind normal, weil Menschen in unterschiedlichen sozialen Systemen verschiedene Interessen haben und damit aufeinanderprallen. Jeder hat seine Wünsche, Bedürfnisse, Vorlieben, Interessen und möchte sie auch durchsetzen.

Zur sozialen Intelligenz gehört, daß wir ständig diagnostizieren: Wo sind Konflikte zu befürchten, wo liegen die Gründe für bereits vorhandene Konflikte? In welcher Phase befindet sich der jeweilige Konflikt? Wird wirklich überzeugt oder doch überredet oder gar gedroht? Wer koaliert mit wem, und wo wird „gemauschelt", intrigiert, gelogen? Auf welche Weise, absichtsgeleitet oder chaotisch, erfolgt die Parteienbildung? Wer wird ungewollt in den Strudel mit hineingezogen? Welche Zwänge werden aufgebaut, und wer manipuliert wen mit welchen Mitteln? Meist sind in Egoismen die tieferen Gründe zu finden.

Zur sozialen Intelligenz gehört weiter, die Bedingungen zu analysieren, die Konflikte fördern. Meist sind dies Abhängigkeiten. Diese Prozesse zu erkennen verlangt eine hohe Fähigkeit zur sozialen Diagnose. Im Berufsalltag geht es häufig ums „Austricksen" und Manipulieren aus egoistischen Gründen. Das muß nicht aus Bösartigkeit geschehen, oft ist es „gut gemeint". Man setzt seine soziale Intelligenz instrumentell ein, um die Firma überleben zu lassen oder Arbeitsplätze zu retten. Problematisch wird die Angelegenheit, wenn man argumentiert: „Ich weiß es besser und muß die anderen noch dahin bringen."

Zur sozial-intelligenten Konfliktminderung ist ein ausgleichendes, vermittelndes, friedenstiftendes und synegoistisches Verhalten notwendig. Allerdings können wir es nicht allen recht machen. Bestimmte Verhaltensweisen sind erforderlich, um eine Organisation am Leben zu erhalten und zu fördern, etwa die „Verschlankung". Hier wird schnell gegen Interessen der betroffenen Personen verstoßen. Soziale Intelligenz bedeutet in solchen Fällen, Überzeugungsarbeit zu leisten, und die Fähigkeit zu trösten.

Bei dringlichen Veränderungsprozessen entwickeln sich schnell Konflikte durch Widerstände. Wir beobachten dies beispielsweise in der Politik, wenn „vernünftige" Vorschläge zwangsläufig Verzicht für einige Betroffene bedeuten. Wer als Politiker das „Vernünftige" verkündet, erhöht die Wahrscheinlichkeit, nicht gewählt zu werden. Insofern wäre es sozial-intelligenter, jeder Wählerlobby für den Fall der eigenen Wahl das Erwünschte in Aussicht zu stellen, einen Tag nach der Wahl diese Wahlversprechen abzuhaken und das „Vernünftige" zum Wohl des jeweiligen Systems zu tun. Anschließend gilt es, auf die Vergeßlichkeit der Wähler zu hoffen. Insofern könnte das, was kurzfristig egoistisch erscheint, sich langfristig durchaus als synegoistisch entpuppen. Schon die Fähigkeit, in den Medien auf der Klaviatur des persönlichen Marketings zu spielen, ist eine Facette der sozialen Intelligenz, die manche Politiker hervorragend beherrschen.

Es wird zwar immer wieder gefordert, daß Veränderungsmanagement und Prozeßorientierung mit Sozialkompetenz einhergehen. Leider wird dies aber relativ selten umgesetzt. Die Verbreitung von „Heilslehren" im Managementbereich ist insofern sozial-intelligent, als Menschen gern an einfache Muster und Rezepte glauben. Wir glauben, was wir glauben wollen, und denen, denen wir glauben wollen. Dabei spielt die soziale Intelligenz des Verkünders eine wesentlich größere Rolle als der Inhalt der Botschaft, deren Komplexität wir ohnehin oft nicht überblicken.

Die Bewältigung von Konflikten gelingt als Facette der sozialen Intelligenz im Rahmen des Kommunizierens um so eher,

- je sachlicher, „emotionskontrollierter" und unvoreingenommener der Konflikt bearbeitet wird;
- je besser die Konfliktparteien die Versuchung im Griff haben, ihr Ego durch Niederlagen des Kontrahenten stärken zu wollen. Zur sozial-intelligenten Konfliktbewältigung gehört die Förderung des Selbstwertgefühls des Gegenübers;
- je besser die Frustrations-Aggressions-Spirale und die emotionale Beteiligung der Kontrahenten abgefangen wird;
- je weniger Weltbilder, zentrale Werte und Ziele der Konfliktparteien betroffen sind. Mithin ist die wechselseitige Toleranz anderer Systemsichten für die Konfliktbewältigung wesentlich;
- je besser eine Ursachenanalyse erfolgt,
- und natürlich je synegoistischer sich die Kontrahenten verhalten.

Bei der ursachenorientierten Sichtweise vollziehen wir die Entstehung des Konfliktes nach. Aus welchen Gründen und mit welchen Systemsichten streiten sich die Parteien?

Bei der zielorientierten Sichtweise konzentrieren wir uns auf die Absichten und Erwartungen der gegnerischen Parteien. Was bezwecken sie mit ihrem Verhalten?

Bei der personorientierten Sichtweise stellen wir die Emotionen und Ziele der Gegner in den Vordergrund. Insofern gehört zur sozialen Intelligenz die kritische Reflexion der eigenen Einstellungen, Erwartungen und Emotionen.

Bei der umwelt- und sachorientierten Sichtweise werden äußere objektivierbare Merkmale in die Ursachenanalyse des Konfliktes besonders berücksichtigt.

Konflikte sind grundsätzlich etwas anderes als Krisen. Für einen Konflikt brauchen wir mindestens zwei Systeme, für eine Krise nicht. Jedes System kann in eine Krise geraten. Allerdings entstehen durch Konflikte eher Krisen und umgekehrt durch Krisen eher Konflikte. In Krisen kommunizieren wir anders als in ruhigen Situationen. Angst, Zeitdruck und Ärger erschweren die Kommunikation enorm.

Eine Krise ist eine Situation, in der bedeutende Ziele und Werte eines sozialen Systems oder gar seine Existenz unmittelbar bedroht sind. Krisen treten meist scheinbar plötzlich auf, haben jedoch eine lange Vorgeschichte. Ein Krisenprozeß kann sich innerhalb oder außerhalb des jeweils zu betrachtenden Systems entwickeln. Er endet entweder im Verschwinden der Bedrohung der lebenswichtigen Ziele oder im Existenzverlust des jeweiligen Systems. Von der Wortentstehung her bedeutet Krise Unsicherheit, Unterscheidung, Urteil, Entscheidung in einem Streit. Es entsteht eine bedenkliche Lage, eine Zuspitzung, ein Wendepunkt.

Der Begriff „Konflikt" hingegen kennzeichnet auf einer anderen logischen Ebene widerstreitende, oft egoistische Interessen zwischen Personen oder Personengruppen, die zu Auseinandersetzungen führen können. Konflikte können, müssen aber nicht zu Krisen führen. Krisen führen leider häufig zu Konflikten.

Unter „Störungen" verstehen wir Abweichungen von „normalerweise" erwarteten Systemzuständen, die wir korrigieren müssen, damit keine Krisen entstehen. Konflikte bewirken oft Störungen, die wiederum Krisen heraufbeschwören. Umgekehrt stören

Krisen fast immer die Funktionsfähigkeit eines Systems.

Gute Kommunikation im „Krisenmanagement" kennzeichnet den Umgang mit einer Krise im Sinne der Planung, Führung, Koordination, Kontrolle. Krisenmanagement betrifft die Abwehr einer die Existenz eines Systems gefährdenden Situation. Krisen sind immer unangenehme Situationen, in denen Chaos droht, eine Ordnung gestört wird und somit Übersicht, Ordnung, Orientierung und Vertrauen gefragt sind.

Psychologen sprechen von einer Krise, wenn sich in einer Zuspitzungssituation der weitere Verlauf entscheidend verändern kann. Besonders kritische Phasen sind die Pubertät oder das Klimakterium. Wer Kinder hat, weiß, wie sozial-inkompetent Pubertierende sein können und wieviel Geduld Eltern abverlangt wird. Meist ist die eigene Identitätsfindung gestört, frühere Werte werden hinterfragt, und das Selbstwertgefühl befindet sich auf einem Tiefpunkt.

In der Politik fürchten wir Krisen, da wir ihnen ausgeliefert sind und eigene Bewältigungsmöglichkeiten weitgehend wirkungslos sind. In den Sozialwissenschaften werden Krisen als Wandlungen von Systemen in Zustände definiert, in denen sich die Beziehungen zwischen den Elementen meist qualitativ verändern. Krisen werden somit meist als pathologische Erscheinungen gesehen, die Ineffizienz, Frustration und Ängste mit sich bringen. Damit wird automatisch ein „normaler" und „gesunder" Zustand, von dem man abweichen kann, mitgedacht. Die Perspektive von Heilungsmöglichkeiten wird selten gesehen.

Krisen entstehen erfahrungsgemäß durch Unverträglichkeiten innerhalb oder zwischen Systemen. Mitarbeiter können sich durch Zielkonflikte oder Unausgeglichenheit in Krisen wiederfinden. Sie können durch sozial weniger intelligentes Verhalten in Rollenkonflikte geraten, z. B. als Freund und als Kollege. Typisch sind Ehekrisen durch zu starkes berufliches Engagement. Dann entwickeln sich schnell schwer zu überwindende Kommunikationsprobleme zwischen Partnern, die bald Gegner sind.

Krisen werden oft angekündigt, ohne daß die Zeichen bemerkt werden. Beispiele sind die verminderte Aufmerksamkeit in einer Beziehung, oder der erste qualifizierte Mitarbeiter, der die Firma ohne erkennbaren Grund verläßt. Oft wird übersehen, daß in Krisen Handlungsalternativen vernichtet werden, weshalb es wichtig ist, die Zeichen zu erkennen und schnell zu handeln. Je weiter der Prozeß der Vernichtung fortschreitet, um so höher werden die Anforderungen an die Krisenbewältigung.

Die häufigsten Ursachen von Krisen sind:

- Interessen- und Bedürfniskonflikte oder ideologische Unterschiede,
- falsches, vor allem sozial-inkompetentes Verhalten,
- egoistisches Verhalten und mangelnde Bemühungen um Konsens,
- kurzfristiges und kurzsichtiges Denken und Handeln ohne Abwägung der Langzeit- und Nebenwirkungen,
- Unfähigkeit, im System, d.h. vernetzt, zu denken und zu handeln,
- Dummheit, Faulheit, Ignoranz, Wahrheitsansprüche.

Viele Krisenursachen liegen im sozialen Miteinander. Die meisten sozialen Krisen haben „vorprogrammierte" Ursachen durch eine Veränderung der Werte. Viele wichtige und später schwer zu ändernde Entscheidungen werden in der Jugend getroffen, vor allem bei der Berufs- und Partnerwahl. Die reifere Persönlichkeit hat nur begrenzte Korrekturmöglichkeiten, weil sie ihre Handlungsspielräume eingeengt hat. Ehen sind wegen der Kinder und aus ökonomischen Gründen nicht leicht zu lösen. Berufswechsel sind wegen der Lage am Arbeitsmarkt und der oft mangelnden Mobilität schwer umzusetzen. Das Bewußtsein um mangelnden Handlungsspielraum kann bereits zu Identitätskrisen führen.

In einer Krise kommt eine Reihe von Aspekten zusammen, die sozial-intelligentes Kommunizieren erschweren können:

- Zeitdruck und in der Folge Entscheidungs- und Handlungsdruck,

- Undurchschaubarkeiten durch das Zusammenwirken zahlreicher Elemente und Personen, die meist auch noch ihre Meinungen ändern,
- Konflikte durch widerstreitende Interessen,
- heterogene Personen in unterschiedlichen Rollen, die sich ohne Krise nie zusammenfinden würden,
- Vertrauensmangel der Beteiligten bezüglich der jeweiligen Organisation,
- in der Folge Streß, „getrübter Blick" und mangelnde Bereitschaft oder auch Fähigkeit, in Ruhe die Vogelperspektive einzunehmen,
- Chaos und damit verbunden ein vorherzusehender Verlust an Steuerbarkeit. Der anschließende Eindruck von Ausgeliefertsein, Ohnmacht, Hilflosigkeit fördert nicht die Problemlösefähigkeit.

Eine soziale Krise durchläuft normalerweise folgende Stadien:

1. Phase: Fehlentwicklung, die erkennbar wäre
Krisen sind mit einer gewissen Wahrscheinlichkeit vorhersagbar. Bei der höchsten Form der sozialen Inkompetenz, also bei Gewalt, wird dies besonders deutlich. Geltungsdrang, Frustration und Identitätsstörungen müssen wir rechtzeitig erkennen, um den Krisenfall präventiv zu vermeiden.

Wer Kinder in der Pubertät hat, weiß von der Autoritätskrise. Sie ist in einem gewissen Rahmen normal. Kinder müssen erkunden und eine eigene Identität aufbauen. Dazu müssen sie ihre Grenzen testen. Wenn diese Grenzen aber nicht gezeigt und eingehalten werden, liegt sozial dummes und unverantwortliches Verhalten der Eltern vor. Eine der größten sozialen Dummheiten besteht in der Inkonsequenz. Wenn solche Grenzen andererseits zu starr gehandhabt werden, entsteht als Gegenreaktion eher gewalttätiges Verhalten.

2. Phase: Kulmination und Zutreiben auf kritische Grenzen
Die Erfahrung mit potentiellen Herzinfarktkandidaten zeigt, daß sie sich meist Jahrzehnte falsch verhalten haben (vgl. Phase 1) und sich vier bis sechs Wochen vor Eintritt des Infarktes in ihrem

Wesen verändern. Sie sind wenig sozial-intelligent, reizbar, sensibel und dünnhäutig.

Bei Konflikten entsteht oft kurz vor Ausbruch von Gewalttätigkeiten eine Eigendynamik aus verletzten Gefühlen, Rachegelüsten und dem Wunsch nach „Gerechtigkeit". Frustration erzeugt Aggression und umgekehrt. Solche „Spiralen" können wir rechtzeitig unterbrechen, wenn wir uns sozial-intelligent verhalten. Vielfach können die Betroffenen und Beteiligten aus einer Kulminationsphase nicht mehr ohne Verluste aussteigen. So entsteht oft die Meinung: „Da müssen wir durch." Viele Mißstimmungen und Irritationen aus scheinbar nichtigem Anlaß können Zeichen für spätere Eruptionen sein. Deshalb ist es wichtig, kommunikativen Schaden rechtzeitig zu erkennen und Ungereimtheiten zu begradigen.

3. Phase: Erreichen der kritischen Grenze
Im kritischen Prozeß entsteht irgendwann eine Verhaltensdynamik, deren Ende mehr oder weniger zufällig ist. Bei emotionsgeladenen Konflikten entsteht z. B. schnell der Eindruck von Kontrollverlust, der wiederum Emotionen hochschaukelt. Wer sich hilflos und ausgeliefert fühlt, dem ist irgendwann alles egal, und er reagiert ohne Rücksicht auf Verluste.

4. Phase: Die aktuelle Krise
Meist bemerken wir die soziale Krise erst, wenn wir mittendrin sind. Wir haben beispielsweise schleichend unser Vertrauen verloren und stehen plötzlich vor dem großen „Bruch". Bei Vertrauenskrisen können wir kritische Grenzen kaum ausmachen. Bei einmaligen Fällen ist das kritische Ereignis noch festzumachen. In diesem Fall besteht oft noch die Möglichkeit, präventiv einzugreifen. In den meisten Fällen entwickeln sich Vertrauenskrisen aber irrational.

Für Firmen sind Vertrauenskrisen ein besonderes Problem, weil solche Ursachenzuschreibungen ein bestimmtes Image schaffen und damit das Kundenverhalten stark beeinflussen. Wenn die Autofirma F eine Rückholaktion wegen eines Achsenproblems durchführt, sehen sich alle in ihrem Vorurteil über die Firma bestätigt. Wenn die Firma M dasselbe tut, sagt jeder: „Die kümmern sich um ihre Kunden!" Ein positives Image ist außerordentlich wichtig, um Vertrauenskrisen vorzubeugen. Im Idealfall sind Käufer motiviert, sich „blind" auf den „guten Ruf" des Unternehmens zu verlassen und ohne Entscheidungsprozesse die Produkte oder Dienstleistungen in Anspruch zu nehmen.

5. *Phase: Schadensbegrenzung*
Angst vor Kontrollverlust und Chaos führen dazu, daß in Krisen oft zu lange stillgehalten wird. Man versucht immer wieder, zu beschwichtigen. Sozial intelligentes, entschlossenes und vor allem schnelles und konsequentes Handeln hätte möglicherweise die Eskalation mancher Krise zu einem Krieg vermeiden können.

6. *Phase: Ursachenzuschreibungen der (un)bewältigten Krise*
Auch in der Forschung wird die Satire durch die Realität überholt. Ein (Forschungs-)Projekt verläuft in sechs Phasen: Euphorie, Ernüchterung, Panik, Suche nach dem Schuldigen, Bestrafung des Unschuldigen, Belohnung desjenigen, der mit der ganzen Geschichte nichts zu tun hatte. Wenn eine Krise gemeistert ist, hat der Erfolg viele Väter. Der Mißerfolg ist ein Waisenkind. Durch solche Ursachenzuschreibungen lernen wir aus Krisen nichts.

Sozial-intelligentes Verhalten kann Krisen vermeiden. Dennoch sollte nicht übersehen werden, daß selbst in Krisen eine Chance steckt. Krisengestählte Persönlichkeiten sind eher zu explorativem und experimentierendem Verhalten bereit und im Risikomanagement geübt. Bezüglich der sozial-intelligenten Führung ist es wichtig, Sünden zu vermeiden, die beim Krisenmanagement eine Rolle spielen:

- Wir versuchen, psychologische Prozesse vorwiegend mit logischen Mitteln zu steuern. Die meisten gegenseitigen Beeinflussungen laufen jedoch psychologisch (nicht logisch), oft irrational, emotional, politisch und vielfach symbolisch ab.
- Wir unterliegen Realitätsverzerrungen. Führungskräfte schrei-

ben beispielsweise Erfolg sich selbst, Mißerfolg aber den Mitarbeitern zu.
- Wir delegieren zu oft Aufgaben und nicht die dazugehörige Verantwortung.
- Wir lassen zu wenig Selbstregulation und Selbstorganisation zu.
- Wir verschließen die Augen vor unangenehmen Dingen, die Krisen ankündigen, und glauben gern den Botschaftern guter Nachrichten. Gute Nachrichten wandern nach oben, schlechte nach unten.
- Wir sind zu sehr auf uns fixiert und schauen den Mitarbeitern zu wenig ins Gesicht, nehmen Emotionen nicht ernst.
- Wir beanspruchen uns und unsere Mitarbeiter falsch, zerschleißen uns an falschen Stellen und legen damit die Basis für spätere Krisen.
- Wir belohnen falsches Verhalten und bestrafen richtiges.
- Wir sind oft in der Führung zu unentschlossen und schielen zu sehr darauf, was andere denken könnten.
- Wir präzisieren Ziele nicht genügend.
- Wir motivieren unsere Mitarbeiter zu wenig, oft weil wir von uns auf andere schließen.
- Führungspersönlichkeiten müssen „in die Bütt", d.h. für erwünschtes Verhalten werben und emotional begeistern. Krisen entstehen oft aus Faulheit, Schlamperei oder schlechter Führung der Mitarbeiter.
- Oft sitzen wir die Probleme aus, statt zu führen, und wundern uns anschließend über Krisen.
- Wir vertrauen zu sehr auf unsere Menschenkenntnis und fördern so die falschen oder benachteiligen die richtigen. In unserer Kultur werden überzufällig häufig die Schnellschwätzer befördert, die ruhigen, nachdenklichen Personen aber vernachlässigt.
- Wir nutzen und erzeugen zuwenig Synergieeffekte. Adäquate Teamentwicklung mit heterogenen Persönlichkeiten führt zu Synergie. Schlechte Teamzusammenstellung führt zu Krisen.

Eine Hauptsünde konflikt- und krisenträchtiger Kommunikation liegt in der unzureichenden Sinnfindung und -gebung.

Der Zusammenhang zwischen Komplexität und Sinnfindung spielt für das sozial-intelligente Kommunizieren eine besondere Rolle. Die Komplexität unserer Welt können wir nicht rational bewältigen. Wir müssen sie auf eine begrenzte und überschaubare Anzahl von Alternativen reduzieren. Die Komplexität kann nicht zufällig und sinnleer reduziert werden, sondern der Prozeß der Komplexitätsreduktion ist seinerseits ein Sinnfindungs- und Sinngebungsprozeß. Jeder sieht das System, das er sehen will. Zusammenhänge in einem System stellen wir her durch einen Sinn, eine Beziehung zwischen uns und der Welt nach der Ordnung, an die wir glauben. Ein gläubiger Katholik reduziert die Komplexitäten dieser Welt anders als ein „Ungläubiger". Er sieht andere Zusammenhänge und Kausalitäten, er attribuiert anders. Persönliche Krisen entstehen häufig, wenn die Sinnhaftigkeit von der Realität gestört wird.

Je komplexer und intransparenter uns die Realität erscheint, um so stärker sind wir auf Sinnfindungs- bzw. Sinngebungsprozesse angewiesen. Sinn bestimmt die Zusammenhänge. Je mehr wir aber unsere eigenen subjektiven Komplexitätsreduktionsmuster erzeugen, um so höher ist die Gefahr der Entfernung von der Realität. Vermeintlich altbewährte Sinngebungsmuster führen vielfach zu Denkblockaden, die einen flexiblen Umgang mit komplexen Problemen unmöglich machen, was wiederum die Krisenwahrscheinlichkeit erhöht. Treten Krisen tatsächlich ein, sind wir wenig geneigt, sie als Zusammentreffen zufälliger Ereignisse zu sehen, sondern vermuten System, Planung oder eine höhere Fügung dahinter. Es fällt schwer und bürdet Verantwortung auf, uns einzugestehen: „Die Krise sind wir selbst."

Soziale Systeme leben im Hinblick auf die soziale Intelligenz um so krisenfreier miteinander,

- je autarker sie sind, d.h., das eine System beeinflußt das andere nicht;
- je gleichartiger die verschiedenen Wahrnehmungsmuster, Zielvorstellungen und Werthaltungen sind;

- je weniger ein System anderen Systemen seine Ordnung aufzwingen will;
- je toleranter die Systeme gegenüber Fremdartigkeit sind;
- je mehr sich verschiedene Systeme gegenseitig austarieren können, Fließgleichgewichte und Balancen herstellen können.

Sozial-intelligentes und -verantwortliches Handeln kann Krisen vermeiden oder wenn nötig helfen, sie zu bewältigen. Dies kann in folgenden Schritten geschehen:

1. Krisendiagnose
In der Diagnosephase sollte ein Ideal des gewünschten Verhaltens und Erlebens bestimmt werden. Diesem Ideal wird die Realität gegenübergestellt. Zwischen Ideal und Realität liegen immer Diskrepanzen, die zu hinterfragen sind. Dazu müssen wir unser Erkenntnissystem überprüfen. Wo liegen blinde Flecken? Interpretieren wir etwas als Krise, was ein wünschenswerter Veränderungs- oder Reifungsprozeß ist? „Pubertätskrisen" sind z.B. unabdingbare und konflikttächtige Prozesse, die häufig für die weitere Entwicklung wichtig sind.

Die Diagnose sollte sich auf erste Anzeichen und Fehlentwicklungen konzentrieren. Wann hört man sich gegenseitig in der Ehe nicht mehr zu? Welcher Mitarbeiter kündigt zuerst? Wann und unter welchen Umständen tritt der Bluthochdruck auf? Wann halten es Mitarbeiter nicht mehr für nötig, sich vom Arbeitsplatz abzumelden? Wann verschweigt das Kind etwas? Aufschaukelungsprozesse und Spiralen sollten besonders beachtet werden. Wann will man sich in der Partnerschaft nur noch verletzen? Die Unterbrechung solcher Spiralen als erste Intervention vermeidet die Kulminationsphase.

2. Krisenintervention
Wenn die Diagnose vorliegt, sollte eine Intervention bezüglich der schwerwiegendsten und dringlichsten Abweichungen zwischen Ideal und Realität erfolgen. In Krisensituationen ist Zeitverlust zu vermeiden. Deshalb sollten Idealziele nicht erst in der Krise, son-

dern in ruhigen Zeiten ausgearbeitet werden, damit für den Ernstfall Orientierung gegeben ist.

In der Krise selbst können wir keine Prävention leisten. Es muß repariert werden, und zwar schnell. Bei einem Rohrbruch ist es wenig sinnvoll, in erkenntnistheoretischen Betrachtungen zu verharren. Man sollte schnell die Wasserzufuhr drosseln. Bei der Intervention sollten, soweit dies in der Eile möglich ist, die Nebenwirkungen bedacht werden. Reines Reparaturverhalten führt oft zu „Verschlimmbesserungen", die einem System schaden können. Die schnelle Intervention soll vor allem Kontrollverlust vermeiden. Oft ist es sinnvoll, überhaupt etwas zu tun, um durch eine Art „Placebo-Effekt" bei anderen Menschen den Eindruck von Kontrolle und sinnvollem Handeln zu erzeugen.

Die kurzfristige Intervention hat Auswirkungen auf den Führungsstil. In Not- und Krisensituationen ist vielfach ein autoritärer Führungsstil das Mittel der Wahl, da Zeitdruck herrscht. Die Menschen brauchen Orientierung, Handlungsanleitungen und Perspektiven. Die dauerhafte Intervention verlangt Flexibilitätspotential. Da sich im Krisenverlauf die Situationen und Handlungsalternativen oft schnell verändern, wird vom Krisenmanagement Flexibilität gefordert, um schnell und facettenreich reagieren zu können.

Unter sozial-verantwortlichen Interventionsgesichtspunkten ist in Krisen Ehrlichkeit angezeigt. Der Vertrauensverlust in das politische Handeln kommt maßgeblich dadurch zustande, daß Fehler meist nicht eingestanden werden, sondern die Betroffenen wenn überhaupt nur das zugeben, was längst bewiesen und nicht mehr zu leugnen ist. Wenn sich dann noch Eindrücke des Aussitzens, des Lügens und Betrügens und vor allem der doppelbödigen Argumentation hinzugesellen, ist es mit der Akzeptanz vorbei.

Durch vertrauensbildende Maßnahmen muß einem Akzeptanzverfall entgegengewirkt werden. Krisengerede kann als sich selbst erfüllende Prophezeiung wirklich zu einer Krise führen. In der akuten Krise sollte folgendes geschehen:

- Schnelle Zusammenstellung eines Krisenstabes. Es sollten Personen zusammenarbeiten, die die nötigen Fähigkeiten (auch

Streßtoleranz) und Kompetenzen besitzen, um die Krise zu bewältigen. Niemand darf sich vor Verantwortung drücken. Persönliche Differenzen müssen zurückgestellt werden. Krisen dürfen nicht für eigene Interessen mißbraucht werden.
- Der Krisenstab sollte nach systemischen Prinzipien handeln, also z.B. Nebenwirkungen bedenken und eigene Lenkungsmöglichkeiten realistisch einschätzen.
- Führung in Krisen verlangt nach Autorität und Vertrauen in die Fähigkeiten anderer. Für demokratische Abstimmungsprozesse fehlt die Zeit. Solche berechtigten Führungsstilveränderungen müssen zuvor akzeptiert worden sein.
- Die Maßnahmen sollten durch folgende Verhaltensweisen in dieser Reihenfolge durchgesetzt werden: Überzeugen, d.h., die anderen schließen sich durch Einsicht den Vorschlägen an. Wenn dies nicht gelingt, sollten sinnvolle Kompromisse gesucht werden. Ist auch dies nicht möglich, sollten „faire Deals" gefunden werden. Erst wenn auch dies nicht gelingt, ist Machtdurchsetzung für die adäquate Krisenbewältigung erforderlich.

Oft wird ein externer Krisenmanager herangezogen, vielfach leider zu spät. Dieser muß sich ebenfalls in einer Diagnosephase ein Bild der Situation und der Zielvorstellungen seiner Auftraggeber verschaffen. Er hat genügend Distanz, um mögliche Lösungswege zu sehen, für die die internen Personen blind sind. Er kann relativ offen seine Meinung sagen, weil man ihm glaubt, daß er innerhalb des Unternehmens keine Machtposition erringen will. Seine Meinung kann identisch mit der einiger interner Manager sein. Aber die Wirkung ist eine völlig andere.

Der externe (sozial-kompetente) Berater hat mehrere Funktionen, und zwar die

- des Moderators, Innovators und Katalysators, der auf synegoistisches Verhalten drängt,
- desjenigen, der bei der Krisenbewältigung einen Wissensvorsprung besitzt und selbst von der Krise nicht betroffen ist,
- des Hofnarren, der manchem den Spiegel vorhält,

- des Coachs und Therapeuten für labile und krisengeschüttelte Persönlichkeiten,
- meist hat er auch eine Exkulpierungsfunktion. Oft finden sich die firmeninternen Personen besser zusammen, wenn sie Mißerfolg nach außen zuschreiben. Dafür bietet sich niemand besser an als der externe Berater.

3. *Prävention*
Zur Prävention gehört, in mittel- und langfristigen Zeiträumen zu denken und alles für möglich zu halten. Was schiefgehen kann, geht auch schief. Es fragt sich nur wann. Es müssen für verschiedene Alternativen Krisenpläne entwickelt werden, die bei den ersten Krisenanzeichen präsentiert werden können. Allein das Denken an eine mögliche Krise ist für die Mitarbeiter wichtig. Um Krisenpläne sinnvoll umsetzen zu können, sind bestimmte Informationssysteme erforderlich. Den Diagnosedaten müssen Alternativen zugeordnet werden. In Entscheidungsbäumen können verschiedenste alternative Handlungsfolgen abgebildet werden.

- Gute Pläne müssen durch gutes Führungsverhalten unterstützt werden. Panik und Übertreibungen muß durch folgende Maßnahmen begegnet werden:
- Unterrichtung der Mitarbeiter über die Krise, ihre Gründe und möglichen Auswirkungen,
- Verweis auf Strategien und mögliche Maßnahmen,
- direkt Betroffene zu Beteiligten machen,
- Erzeugung bzw. Förderung eines Bewußtseins bei den Mitarbeitern, daß sie zur Bewältigung der Krise in ihrem Rahmen beitragen können.
- Benennung von Zielen und Rückkopplung, wenn sie erreicht sind.
- Werben um Vertrauen und Ausstrahlen von realistischer Zuversicht.

> *Merksätze für das praktische sozial-intelligente Verhalten im Sinne des Kommunizierens*
>
> - *Konflikte, Krisen und Nicht-Übereinstimmungen sind normal.*
> - *Konflikte werden bewältigt durch Sachlichkeit und Emotionskontrolle, Beherrschung des Drangs, das eigene Ego durch Erniedrigung des anderen zu erhöhen, Unterbrechung von Frustrations-Aggressions-Spiralen durch Reflexion und Metakommunikation, geringstmögliche Verletzung von Weltbildern, Visionen und Zielen der Gegner und prägnante Konfliktursachenanalysen.*
> - *Konfliktursachen sind meist Egoismen, Fehlerwartungen, persönliche (Un)Fähigkeiten, Absichten und Ziele.*
> - *Krisen sind qualitativ anders als Konflikte. Sie gefährden die Existenz eines Systems, sind zeitlich begrenzt, beeinflußbar, spitzen sich zu und hätten durch Beachten von Anzeichen erkannt werden können.*
> - *Krisenstadien sind Fehlentwicklung, Kulmination, Überschreiten einer kritischen Grenze, aktuelle Krise, Schadensbegrenzung, Ursachenzuschreibung.*
> - *Etliche Führungsfehler führen zwangsläufig zu Krisen.*
> - *Wesentlich für die Krisenentstehung und -bewältigung ist der Zusammenhang zwischen Sinn und Komplexität. Wenn Krisen vermieden werden sollen, muß Sinn erzeugt werden.*
> - *Vorschläge zum Umgang mit Krisen werden in der Reihenfolge Diagnose, Intervention und Prävention unterbreitet.*

Richtige Sprache zur rechten Zeit, Höflichkeit

Ich bat einmal einen Kollegen, im Rahmen eines Kongresses einen Vortrag zu halten. Seine Begeisterung legte sich, als er erfuhr, daß sein Auftritt um 14.00 Uhr stattfinden sollte. Ich versuchte ihn (wie ich dachte sozial-kompetent) mit dem Argument zu locken, nur er könne die Kongreßteilnehmer im „Mittagsloch" wachhalten. Um seinen Wunsch nach einem

Termin am Vormittag zu begründen, erzählte er mir eine Geschichte, die ihn frustriert hatte. Bei einem früheren Vortrag nach der Mittagspause hatten ihn Zuhörer irritiert, die gähnten. Stimmodulation half nichts. Das Gähnen schien sogar anzustecken. Völlig schockiert war er, als einer der Teilnehmer nach mehrfachem Blick auf seine Armbanduhr diese vom Handgelenk nahm, an sein Ohr hielt und schüttelte. Hier zeigte sich ein sozial-unintelligentes Verhaltensmuster, das dem Verursacher wahrscheinlich nicht bewußt war. Hätte er das Ganze absichtlich veranstaltet, um den Vortragenden zu ärgern, läge soziale Intelligenz und Unverschämtheit vor, eine gefährliche Mischung.

Gerade in Konflikt- und Krisensituationen stehen wir unter Druck und neigen dazu, laut oder unhöflich zu werden und nicht mehr sachlogisch zu argumentieren. Wir vergreifen uns im Ton. Wenn wir auf diese Weise unsere Mitmenschen verprellt haben, nützen auch Argumente nicht mehr viel. Als erstes müssen wir unser Adrenalin „herunterfahren". Dies geschieht am besten durch „erst einmal bis zehn zählen". Isometrische Übungen helfen ebenfalls. Dazu spannt man soviel Muskeln wie möglich gleichzeitig an, am besten bis an den Rand des Krampfes. Dieser Zustand wird ca. drei Sekunden angehalten. Danach folgen einige Sekunden Entspannung. Wir lassen die Muskeln los und das Blut „sacken". Dieser Vorgang wird mehrere Male wiederholt. Anschließend sind wir besser in der Lage, besonnen zu argumentieren und die Regeln des guten Kommunizierens zu beachten.

Die Kunst der richtigen Sprache ist auch ohne Krise oder Konflikt nicht leicht zu beherrschen. Sie muß in die jeweilige soziale Situation passen. Wer im Rahmen eines wissenschaftlichen Vortrages einen schmutzigen Witz erzählt, peinigt seine Zuhörer. Abends, in fröhlicher Runde kann dieser Witz passen. Umgekehrt würden wir zu diesem Zeitpunkt für einen wissenschaftlichen Vortrag ausgepfiffen werden. Es ist wichtig, daß uns zur rechten Zeit das Richtige einfällt und wir das von anderen akzeptierte Sprachniveau wählen. Das kann bedeuten, daß wir mit verschiedenen Leuten in unterschiedlichen Situationen anders reden müssen. Dies betrifft auch Fragen der Höflichkeit und Direktheit. In manchen Kulturkreisen ist eine gewisse Direktheit und Unverblümtheit normal. Höflichkeiten werden eher als Verlogenheit deklariert. In anderen Kulturen wirkt dieselbe Direktheit wie ein Affront. Bei einem Vortrag beginnt der Redner mit: „Meine sehr verehrten Damen, sehr geehrte Herren ..." Eine solche Anrede würde in einer anderen Situation gestelzt wirken.

Höflichkeit erleichtert das Zusammenleben, obwohl wir wissen, daß wir sie nicht allzu ernst nehmen dürfen. Besonders schwierig wird das sozial-intelligente Kommunizieren in fremden Kulturen. Bei einigen arabischen Völkern beispielsweise können Europäer in Schwierigkeiten kommen. Wenn der Besucher z. B. zu Arabern in das Privathaus eingeladen wird, könnte er als höflicher Mensch einen Kunstgegenstand bewundern. Araber fühlen sich in diesem Moment sofort verpflichtet, diesen dem Besucher zu schenken. Das hatte der nicht gewollt, er wollte nur höflich sein. Der Araber insistiert aber, er möge das Geschenk annehmen. Der Europäer denkt sich: „Ich kann ihn nicht beleidigen und das Geschenk zurückweisen" und nimmt es an. Nun ist der Araber fassungslos, denn für ihn bedeutet Höflichkeit, ein angebotenes Geschenk zurückzuweisen.

Höflichkeitsregeln sind leicht zu lernen. Ihre Einhaltung wird von vielen Menschen als wichtig erachtet. Dahinter steht die Neigung, von der Höflichkeit auf andere Facetten der Persönlichkeit zu generalisieren: „Wer nicht vernünftig grüßen kann, ist auch sonst ein Flegel."

Merksätze für das praktische sozial-intelligente Verhalten im Sinne des Kommunizierens

- *Im Falle der Erregung sollten wir zuerst Adrenalin abbauen, um sachlich argumentieren zu können.*
- *Wir müssen die „richtige" Sprache in der richtigen Situation wählen. Dies bezieht sich auf das Sprachniveau (z. B. Alltags- oder Wissenschaftssprache), den Komplexitätsgrad, die Ausprägung der Mundart, die Ernsthaftigkeit und den Grad der Vertraulichkeit.*

- *Höflichkeit sollte in einer Balance zwischen Wahrung der Form und Ehrlichkeit verwirklicht werden.*
- *Transkulturelles Management kann erlernt werden, um außer der Sprache das in der jeweiligen Kultur gebräuchliche Sozialverhalten zu verstehen und die schlimmsten Fehler zu vermeiden.*

Verbale Kommunikation

Kommunikative Akte können als Entwicklung einer gemeinsamen Orientierung gegenüber Personen oder Objekten gesehen werden. Menschen neigen dazu, sich bei ihrer Orientierung mit anderen Personen und Objekten auseinanderzusetzen. Die Orientierung gegenüber Objekten wird Einstellung genannt, die Orientierung an dem Kommunikationspartner Attraktion. Je weniger ein Objekt aufgrund eigener Erfahrung einzuschätzen ist (z.B. die Arbeit in einer Firma von einem Studenten), um so eher orientieren wir uns an der Meinung anderer. Der Student befragt z.B. einen Mitarbeiter dieser Firma. Diese Übernahme der Erfahrung anderer führt zu Erfahrungskoppelungen und Konstruktionen seiner Meinung über das Objekt Arbeit. Wichtig sind in Newcombs' (1953, vgl. auch Crott, 1979) A-B-X-System folgende Phänomene:

- Die Einstellung von A (Student) gegenüber X (Arbeit)
- Die Attraktion von A (Student) gegenüber B (Mitarbeiter), z.B. dessen Akzeptanz als kompetent
- Die Einstellung von B (Mitarbeiter) gegenüber X (Arbeit)
- und die Attraktion von B (Mitarbeiter) gegenüber A (Student).
- Wenn A und B über X kommunizieren, entwickelt sich eine Koorientierung in der Weise, daß die jeweiligen Einstellungen für den anderen relevant werden. Diese Orientierungen heißen symmetrisch, wenn sie in die gleiche Richtung laufen und ähnlich stark sind. Symmetrische Orientierung fördert Sicherheit und Selbstvertrauen der Kommunikanden. Diskrepanzen werden als unangenehm empfunden, es entsteht die sogenannte kognitive Dissonanz (Festinger, 1957). Zur Erhöhung der kognitiven Konsonanz, also der Stimmigkeit, entsteht eine Tendenz

in Richtung Symmetrie durch Kommunikation. Deren Ausprägung hängt ab von:
- den Attraktionen von A und B,
- der subjektiven Diskrepanz zwischen den Orientierungen der Kommunikationspartner,
- der subjektiven Wichtigkeit des Objektes (Arbeit) für die Kommunikanden,
- der subjektiven Wichtigkeit des Objektes für die Beziehung zwischen A und B
- und der subjektiven Sicherheit über die eigene Einstellung.

Beispiele aus der Kommunikationspraxis finden sich in Hülle und Fülle, etwa die Telefongespräche der betrogenen Ehefrau mit der Freundin, die den Sachverhalt (Objekt) „eigentlich" gar nicht beurteilen kann.

Je attraktiver wir uns gegenseitig finden, um so eher wollen wir Konsens und kommunizieren entsprechend. Je weniger wir uns leiden mögen, um so eher fördern wir Dissens und kommunizieren konfliktträchtig. Je eher wir Konsens finden, um so sympathischer werden wir uns und kommunizieren entsprechend. Je besser wir miteinander kommunizieren, um so eher finden wir Konsens und ziehen uns gegenseitig an.

Attraktivität hat viele Facetten. In dem Fall der allumfassenden Liebe kommunizieren wir auf allen Sinnesebenen. Wir riechen, hören, sehen, fühlen, schmecken. Wir tauschen uns intensiv, lange und ausgiebig aus. Kein Wunder, daß wir uns „blind verstehen". Diesem positiven Pol eines „Kommunikationsintensivitätskontinuums" steht der negative Pol gegenüber, den wir als „nicht einmal ignorieren" bezeichnen könnten. Ignorieren wäre bereits eine zu starke Kommunikationsaktivität. Nun müssen wir noch die Zeitdimension berücksichtigen. Höchsten Konsens in allen Bereichen halten wir meist nicht lange aus. Bei „zu" großer Nähe und zu viel Konsens brauchen wir Abstand, um unsere Identität zu erhalten und wieder selbständig zu denken. Nach genügendem Abstand wächst wieder Sehnsucht. Wenn Menschen nur eng „zusammenglucken", werden sie einander irgendwann so ähnlich, daß ihre Identitäten nur schwer auseinanderzuhalten sind.

Sie kennen einander genau, wissen, was der andere denkt, und können im voraus sagen, was der andere tun wird. Menschliche Nähe, Konsens und Harmonie sind schön und tragen im übrigen zu unserer Gesundheit bei. Aber sie bergen auch Risiken der Sozialkompetenz. Denn wir müssen langfristig Konsens und Dissens ausbalancieren. Oft ist es klug und verantwortungsvoll, kurzfristig Dissens zu riskieren, um einen langfristigen Konsens zu begünstigen.

Solche Aspekte sind nicht nur bei schwerwiegenden Entscheidungen wie etwa der Berufswahl wichtig. Sie verfolgen uns im täglichen Leben. Wenn uns ein bestimmtes Verhalten beim Partner stört, koppeln wir nicht zurück, weil er empfindlich ist und wir uns nur Ärger einhandeln. Das Problem ist, daß der Partner dann denkt, sein Verhalten wäre richtig. Wer nicht zurückkoppelt, beraubt den anderen seiner Chance der Verhaltenskorrektur. Nur durch geduldiges und konstruktives Rückkoppeln des falschen Verhaltens unter Benennung der richtigen Alternative helfen wir unseren Mitmenschen. Kritik ist unser Freund. Sie hilft uns, besser zu werden. Wir sollten dankbar sein, wenn sich unser Gegenüber traut, unangenehme Dinge zu sagen. Ärzte leben mit dem Problem mangelnder Rückkopplung. Ein Patient, der mit seinem Arzt unzufrieden ist, kommt nicht wieder und geht zu einem anderen. Was denkt der Arzt? Er glaubt, sein Patient sei gesund.

Das Thema Kommunikation ist so vielschichtig, daß wir uns für den Bereich der sozialen Intelligenz mit einem Überblick zufriedengeben sollten. Maderthaner (1986, S. 489 ff., vgl. auch B. Kastner, 1996, S. 255) nennt in einer Übersicht folgende Eigenarten menschlichen Verhaltens, die die verbale Kommunikation beeinflussen und verändern:

a) Im Bereich der kognitiv-informationalen Kommunikationseinflüsse

- Aufmerksamkeit, selektive Wahrnehmung, Personwahrnehmung und Kontrastinformationen verändern unsere Aufnahme von Kommunikationsinhalten.
- Kurze, oberflächliche Kontakte führen zu Vorurteilen gegenüber Kollegen, Stellenbewerbern oder Untergebenen (auch gegen-

über Ausländern, Angehörigen anderer Schichten und Kulturgruppen).
- Wir verwenden Vereinfachungen (z. B. Schwarzweißmalerei) eher Personen gegenüber, die nicht zu unseren Bezugsgruppen gehören.
- Unsere Ursachenzuschreibungen verändern die Kommunikation. Wir erkennen z. B. eine Aussage eher als objektiv an, wenn sich Personen im Konsens äußern (Sachattribution). Können wir eine Äußerung nicht mit einem Thema oder einer Person in Einklang bringen, schreiben wir sie den Bedingungen zu (Umstandsattribution).
- Unsere Übereinstimmung der Kommunikationsinhalte mit den eigenen Wahrnehmensschemata spielt eine wesentliche Rolle bei deren Verarbeitung.

b) *Emotional-motivationale Kommunikationseinflüsse*
- Wir „korrigieren" mangelnde Übereinstimmung bei Wahrnehmungs- und Denkinhalten durch Uminterpretation, z. B. deuten wir unerfreuliche Informationen bei Leuten, die wir mögen, eher als liebenswerte Schwächen.
- Bewertungen unserer Person, z. B. durch Vorgesetzte, interpretieren wir rational und emotional. Ein Lob kann beispielsweise als Bestätigung richtigen Handelns, als Hinweis auf Abhängigkeit oder auch als Sympathiebeweis interpretiert werden.
- Ähnlichkeiten im Verhalten anderer erwecken Sympathie.
- Feedback verändert unsere Kommunikationsprozesse nicht nur quantitativ (z. B. Kommunikationsdauer), sondern auch qualitativ (Atmosphäre) und inhaltlich. Negative Rückkopplungen hemmen unsere weitere Kommunikationsbereitschaft bzw. schaffen Gegenreaktionen (Trotz: „jetzt erst recht").
- Ähnliches gilt für Manipulationsversuche. Sie bewirken Widerspruch, Selbstbehauptungsaktivitäten und damit oft das Gegenteil des Gewünschten.

c) *Spezielle Bedingungen und Auswirkungen von Kommunikation*
- Wir lassen uns in unserer Kommunikation stark von Eigen-

schaften, Rolle und Status des anderen beeinflussen. Beispielsweise löst weibliches Ausdrucksverhalten meist weniger Mißverständnisse aus als männliches. Deshalb werden Inkonsistenzen wie z. B. Sarkasmus bei Frauen negativer erlebt. Frauen nehmen das Ausdrucksverhalten im allgemeinen besser wahr als Männer. Personen mit hohem Status sprechen häufiger, unterbrechen andere häufiger und werden von anderen häufiger imitiert. Führungskräfte neigen dazu, ihren Einfluß zu überschätzen und Erfolg sich, Mißerfolg anderen zuzuschreiben.

- Unsere Kooperationsbereitschaft wächst mit Überzeugungsprozessen. Argumente beeinflussen uns am wirkungsvollsten, wenn sie von mehreren Personen zu verschiedenen Zeitpunkten vorgebracht werden. Humor fördert unsere Aufnahmebereitschaft. Ein guter Verkäufer sollte humorvoll argumentieren. Kooperationsbereitschaft und Zufriedenheit in einer Organisation wachsen mit Offenheit, Hilfeleistung und emotionaler Resonanz und dem damit verbundenen Eindruck von Verteilungsgerechtigkeit. Je stabiler unsere sozialen Beziehungen sind, um so eher können wir Ungerechtigkeit tolerieren.
- Der Grad der Privatheit unserer Gesprächsthemen wirkt sich stark auf die Kommunikation aus. Beispielsweise wird bei sehr privaten Gesprächen das gleiche Geschlecht bevorzugt. Metakommunikation verändert die Art der Kommunikation. Männer brauchen zumeist einen Freund, Frauen eine Freundin, um ihren Kummer loszuwerden.
- Unsere kommunikative Offenheit wächst mit der Art der sozialen Beziehung. Die Entwicklung privater Beziehungen im Unternehmen ist mit einer geringeren Fluktuation und weniger Arbeitskonflikten verbunden. Umgekehrt können private Arbeitsbeziehungen die Cliquenbildung fördern.
- Unsere Kommunikation, ob verbal, nonverbal, Schrift- oder Telekommunikation, wirkt sich unterschiedlich aus. In der Sprechkommunikation wird gerade im öffentlichen Bereich dem Hochdeutschen mehr Glaubwürdigkeit und Prestige zugeschrieben. Bei privaten Kontakten werten wir Mundart als Zeichen der Vertrautheit. Stimmhöhe, Lautstärke, Klangfarbe und

Modulation spielen eine wichtige Rolle. Personen mit hoher Stimmlage werden z. B. als nervös und unsicher eingeschätzt.
- Personen, die häufig zustimmen, werden meist positiver beurteilt als kritische Kommunikationspartner.
- Schriftkommunikation empfinden wir oft als nachteilig, weil dem Empfänger keine Informationen über die Stimmungslage vorliegen. Insbesondere die neuen Kommunikationsmethoden über E-Mail und Fax, die zudem als Dokument festgehalten werden können, führen zu einer zu schnellen Reaktion. Wir bekommen ein Fax oder eine E-Mail, reagieren schnell, allerdings auf der Basis unserer Emotion. Dadurch gelingt die Formulierung oft nicht ausgewogen sozial-kompetent.
- Nachrichten, die uns unangenehm sind, übermitteln wir lieber über das Telefon, weil wir den anderen nicht anschauen müssen. Das ist auch der seltene Fall, wo Anrufbeantworter willkommen sind. Bildschirmkonferenzen sind zwar effizient, wirken aber künstlicher und steriler als die direkte Kommunikation.
- Kommunikation hängt stark von den Strukturen ab. Z. B. lösen zentralisierte Strukturen einfache Probleme schneller und fehlerfreier als dezentralisierte. Bei komplexen Problemen ist es umgekehrt. In zentralisierten Kommunikationsstrukturen ist die Zufriedenheit der Mitarbeiter meist geringer (z. B. Militär, Polizei). In der vertikalen Kommunikation ist nach oben mit um so größeren Verfälschungen zu rechnen, je stärker die Informationen Einflüsse auf unsere Karriere erwarten lassen. Der Informationsgrad von Mitarbeitern nimmt mit ihrer Statushöhe zu. Gleichzeitig wächst auch ihr Wunsch nach Informationen.

Wir können die zahlreichen Befunde zur verbalen Kommunikation hier nicht ausführen, sollten aber ein zentrales Problem der Kommunikation nicht vergessen: das Bedeutungsproblem. Es wird in vielen Modellen kaum beachtet, weil es so selbstverständlich erscheint. Kommunikation ist jedoch kaum sinnvoll zu untersuchen, wenn zu dem zentralen Problem der Bedeutung nicht Stellung genommen wird. Wenn wir fragen, was bezeichnet das Wort Stuhl, dann können wir mit Aristoteles antworten: „Das

Wort Stuhl bezeichnet den Gegenstand mit vier Beinen, einer Rücken- und zwei Armlehnen." Wir können uns aber auch Platons Meinung anschließen, das Wort bezeichne nicht den Gegenstand selbst, sondern die Vorstellung von einem Gegenstand, also das Prinzip Stuhl. Bei konkreten Dingen, die wir anfassen können, mag das noch einleuchten. Aber wie sieht es mit der Bedeutung von abstrakten Begriffen aus? Was bedeuten Frustrationstoleranz, Führungsprinzipien, Sozialkompetenz oder auch Liebe und Haß? Wir müssen solche Begriffe mit Begriffen erklären. Kinder fragen: „Was ist eigentlich Liebe?" – „Liebe ist Zuneigung!" lautet eine Antwort. „Was ist Zuneigung?" – „Zuneigung ist, wenn man sich gern hat!" – „Was ist ‚gern haben'?" Nun wird der Kreis geschlossen: „Gern haben ist Liebe!" Irgendwann beginnen wir zu operationalisieren: „Liebe ist, wenn man sich gegenseitig den Rücken abtrocknet." Oder vielleicht haben wir aus der Literatur etwas parat: „Liebe ist, dem anderen verzeihen können." Wir landen also unweigerlich dabei, Wörter mit Wörtern zu erklären. Auch Definitionen von Kommunikation, die die Bedeutung einbeziehen, ersetzen nur einen Begriff durch einen anderen.

Sprachphilosophen haben sich seit Jahrtausenden Gedanken darüber gemacht, wie die Beziehungen zwischen Bezeichnung und Bezeichnetem aussehen. Leibniz wollte eine allgemeingültige präzise Sprache, eine lingua universalis, um Bedeutungsobjektivität zu erreichen. Auch die mathematisch-logische Sprache von Frege, dem wir die Mengenlehre verdanken, ist in dieser Hinsicht gescheitert. Immer wieder mußte die Sprachkritik auf eine Metasprache zurückgreifen und steckte damit im Dilemma. „Die Beschreibung einer Sprache L hat die Form einer Metasprache L' von L. Als solche ist sie jedoch ihrerseits auf eine Metasprache L'' angewiesen. In letzter Instanz kann dies aber wiederum nur eine „natürliche" Sprache sein, die also – um Objekt wissenschaftlicher Analyse werden zu können – gerade als unanalysierbar vorausgesetzt werden muß" (Stetter, 1979, S. 50). Bei einem der bedeutendsten Philosophen unseres Jahrhunderts, Ludwig Wittgenstein, finden wir das Bild vom Schuhkarton. Wenn zwei Personen einander gegenüberstehen, jeder einen Schuhkarton unter dem Arm hat, und beide behaupten, sie hätten einen Maikäfer in diesem Karton, kann keiner in den Karton des anderen schauen. Gegenseitige Wahrheitsprüfungen sind unmöglich. Man kann sich nur gegenseitig glauben, daß man „dasselbe" meint. Wir kommen aus dem Zirkelschluß nicht heraus.

Das Problem der Bedeutung der Bedeutung hat Wittgenstein (1990) gelöst, indem er Bedeutung als Gebrauch definierte. Sprechen bzw. kommunizieren wird demnach als Tätigkeit bzw. als Lebensform verstanden. Somit muß „jeder Redezweck ... in einem umfassenden Handlungszusammenhang verstanden werden" (Stetter, 1979, S. 55). Zu den Faktoren, die einen Bedeutungsrahmen schaffen, gehören eine funktionierende Sprachgemeinschaft, Gemeinsamkeit der Lebensformen und der Reaktionsweisen. Zu den sprachlichen Voraussetzungen, die für die Gemeinschaft verbindlich sind, gehört die Fähigkeit, Sprache zwischen Menschen zu gebrauchen, und die Bereitschaft zur Verständigung.

Die Bedeutung von Sprache ist also immer nur im Handlungskontext verstehbar. Nach Wittgenstein können durch Übereinstimmung zwischen Gesprächspartnern Bedeutungsgleichheiten bestimmt werden. Bedeutung kann also durch eine Analyse des realen Sprachgebrauchs im Kontext menschlichen Handelns beschrieben werden, wobei die Verwendung von Wörtern durch Sprachspiele beschreibbar wird. Wenn wir die sprachphilosophischen Implikationen weiterverfolgen, wird deutlich:

- daß es sinnlos ist, von wahren Bedeutungen auszugehen,
- daß Übereinstimmungen zwischen verschiedenen Menschen eher unwahrscheinlich, Nicht-Übereinstimmungen von Bedeutungen hingegen eher wahrscheinlich sind,
- daß mit zunehmender Ähnlichkeit von Handlungskontexten im Rahmen einer einheitlichen Lebensform und Kommunikationskultur die Wahrscheinlichkeit von gleichem Gebrauch und damit von Verständnis wächst,
- daß das einzig bezüglich des Bedeutungsproblems Sinnvolle nur darin bestehen kann, Gebräuche im täglichen Lebenskontext zu beobachten und sich ansonsten auf bestimmte Gebrauchsformen zu einigen.

Im Bereich der Kommunikation als Unterfacette der sozialen Intelligenz kommen viele menschliche Erlebens- und Verhaltensweisen zusammen, die sich im täglichen Gebrauch, sprich der Bedeutung, äußern. Im folgenden wollen wir ein modernes Kommunikationsmodell (B. Kastner, 1999) im Hinblick auf sozial-intelligentes Verhalten untersuchen. Dieses Modell bezieht Aspekte mit ein, die seit den dreißiger Jahren existieren und von diversen Autoren verfeinert wurden. Die Modelle von Neuberger (1991) und Schulz v. Thun (1989) gehen von vier Aspekten der Kommunikation aus:

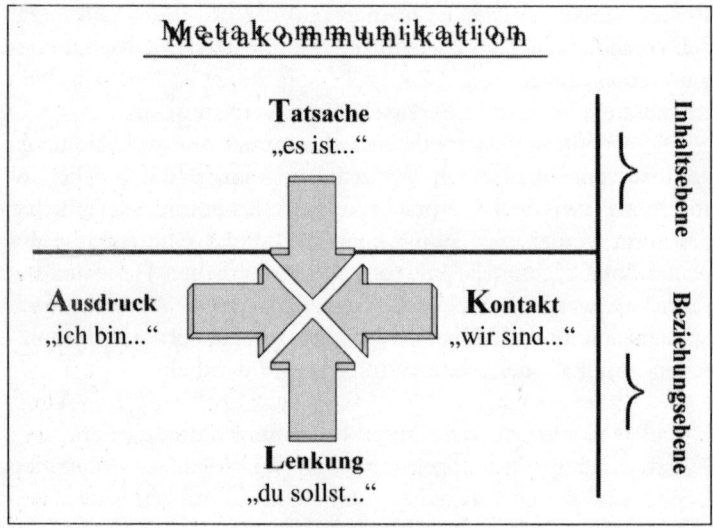

Abb. 14: Talk-Modell

- Der Sach- oder Inhaltsaspekt einer Nachricht dient der möglichst sachlichen Informationsübermittlung („Es ist …");
- der Selbstoffenbarungs- oder Ausdrucksaspekt zeigt, wie der Sender sich sieht und was er von seiner Persönlichkeit zeigt („Ich bin …");

- der Appell- bzw. Lenkungsaspekt steht für die Beeinflussung des Empfängers nach Meinung des Senders („Du sollst ...");
- der Beziehungs- bzw. Kontaktaspekt vermittelt dem Sender Eindrücke, wie der Empfänger die Beziehung sieht („Wir wollen ...").

In der Kommunikation werden immer Mischungen aus diesen vier Aspekten verwirklicht. Die Bedeutungen der Aussagen können subjektiv unterschiedlich erfahren werden. Die Bedeutungen der verbalen Kommunikation sind ohne Einbeziehung des Handlungskontextes nicht hinreichend verstehbar. Die Bedeutung von Ironie beispielsweise: „Du bist ja heute wieder gut gelaunt" kann hinsichtlich ihres Sachgehaltes („Du bist schlecht gelaunt"), der Selbstoffenbarung („Ich distanziere mich davon"), des Beziehungs- oder Kontaktaspektes („Wir harmonieren derzeit nicht") und des Appell- oder Lenkungsaspektes („Nun reiß dich mal zusammen") nur im Erleben der Situation adäquat erfaßt werden.

Diese vier Aspekte des „es ist ..." (Tatsache), „ich bin ..." (Ausdruck), „du sollst ..." (Lenkung) und „wir wollen ..." (Kontakt) spielen in jeder Kommunikation zusammen und sind durch das Merkwort „talk" zu behalten. Diese Kommunikationsdimensionen stellen Kontinua dar, die nicht unbedingt maximiert, sondern optimiert bzw. ausbalanciert werden sollten (B. Kastner, 1999).

Die Tatsachendimension reicht vom Miß- oder Unverständnis bis zur Übereinstimmung. Die Ausdrucksdimension reicht von Selbstverleugnung und dem „das eigene Licht unter den Scheffel stellen" bis zur Selbstdarstellung. Optimal wäre ein mittlerer Bereich, in dem man eigene Befindlichkeiten mitteilt, aber sich weder hinter „Man-Formulierungen" versteckt noch zuviel Imagepflege betreibt. Die Lenkungsdimension reicht von zuwenig Lenkung und „laisser-faire" bis zur Manipulation oder zum Befehlen. Hier wäre auch eine Balance in der Mitte wünschenswert (Diskutieren und Anregen). Die Kontaktdimension schließlich reicht von zu wenig Kontakt und Ausgrenzung bis zur Nähe. In der Mitte finden sich ein angenehmes Wir-Gefühl und der Eindruck, im selben Boot zu sitzen.

Bis zu diesem Punkt besteht sozial-intelligentes Kommunizieren darin, sich dieser Aspekte bewußt zu sein und sich klarzumachen, daß der logische Tatsachenaspekt nicht einmal ein Viertel der Kommunikation ausmacht. Selbst wenn wir ohne Ausdrucks-, Lenkungs- und Kontaktaspekt kommunizieren könnten, würden wir die Tatsachen allein vergessen oder anders einordnen. Das wichtigste an der Kommunikation ist der Beziehungsaspekt, unter den der Ausdruck, die Lenkung und der Kontakt zu subsumieren sind.

Sozial-intelligente Menschen versuchen sachliche Übereinstimmung zu erzielen (Tatsachen-Aspekt), äußern sich angenehm ohne Selbstdarstellung oder Selbstverleugnung (Ausdrucks-Aspekt), regen ihr Gegenüber durch Beachtung, aber ohne Manipulation an (Lenkungsaspekt) und erzeugen einen menschlich angenehmen Kontakt, ohne anderen zu nahe „auf die Pelle" zu rücken.

Bis hierhin ist sozial-intelligentes Kommunizieren noch verständlich. Schwieriger wird es, wenn wir die verschiedenen Prozesse in den Köpfen von Sender und Empfänger verfolgen. Zwischen Sender und Empfänger werden ja nur Schall- und Lichtwellen übertragen. Alles andere sind Konstruktionsvorgänge in den Köpfen der Kommunikanden (siehe B. Kastner, 1996 und 1999).

- Der Sender hat eine bestimmte Absicht, eine Intention (IS für Intention-Sender). Er möchte möglicherweise eine Tatsache übermitteln (T). Oder er will darstellen, wie toll er ist (A). Es könnte auch sein, daß der Sender sein Gegenüber manipulieren will, ein Kunde soll etwas kaufen, was er gar nicht braucht (L). Vielleicht will er auch „nur" Kontakt (K).
- Was immer der Sender beabsichtigt, es muß nicht so wirken, wie er es will. Unabhängige Beurteiler können übereinstimmend einen bestimmten Eindruck haben (RS für reale Sendung). Z.B. wirkt der Sender so, als gebe er eine Tatsache weiter (T), wolle sich selbst darstellen (A), wolle manipulieren (L) oder sei auf Kontakt aus (K).
- Der Empfänger hat bestimmte Absichten, wie er wahrnehmen will (IE für Intention-Empfänger). Unabhängig davon, was der

Sender will und tut, hat der Empfänger Vorurteile über den Sender und eine emotionale Einstellung zu ihm. Es kann sein, daß er Tatsachen annehmen will (T), aber auch, daß er den Sender für einen Selbstdarsteller hält und deshalb eine Ausdruckssendung erwartet (A). Möglicherweise erwartet der Empfänger, daß der Sender ihn manipulieren will (L). Vielleicht ist die soziale Situation aber auch so, daß er vermutet, der Sender will nur Kontakt (K), und es ist relativ egal, was an sachlicher Information „rüberkommt".

- Der Empfänger kann entgegen seiner Absicht „in Wirklichkeit" anders empfangen (RE für realen Empfang). Eigentlich wollte er Tatsachen (T) empfangen, letztlich kam die Sendung aber als Selbstdarstellung an (A). Oder der Empfänger beabsichtigte, auf L zu empfangen, gewinnt aber den Eindruck, es ginge dem Sender um Kontakt (K).

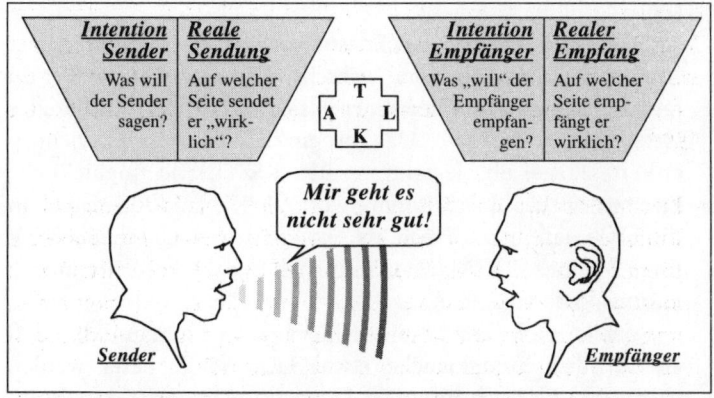

Abb. 15: Sender-Empfänger-Pfade (entnommen aus B. Kastner, 1996)

Wenn wir alle Kombinationen von IS, RS, IE und RE berücksichtigen, ergeben sich 4 x 4 x 4 x 4 = 256 Kommunikationspfade. Sozial-kompetent wäre auf den ersten Blick nur einer, nämlich T-T-T-T. Der Sender will eine Tatsache senden, es kommt aus ihm auch als Tatsache heraus. Der Empfänger möchte auf T empfangen und tut es auch. Das klingt plausibel, aber in der Kommunikationswirklichkeit ist dieser Pfad T-T-T-T selten. Einige Beispiele sollen dies verdeutlichen.

Ein Paar hat Ehekrach im Auto, eisiges Schweigen. Sie hält die Stimmung nicht mehr aus und will etwas sagen, damit die beiden wieder miteinander reden (IS/K). Dummerweise fällt ihr nichts Besseres ein als „Die Ampel ist grün". Da sie auf Frieden aus ist, kommt dieser Satz ruhig und sachlich „rüber", was unabhängige Beobachter bestätigen würden (RS/T). Der Ehemann wird aus seinem Schweigen gerissen. Er versteht die Kommunikationsabsicht seiner Gattin als Selbstdarstellung. Sie will bestimmt zeigen, wie toll sie ist (IE/A). Der Satz „die Ampel ist grün" eignet sich schlecht für die Selbstdarstellung seiner Frau. Aber einen Lenkungsaspekt kann er daraus machen: „Jetzt kommandiert sie mich auch noch rum. Ich soll schneller fahren" (RE/L).

Seine Reaktion ist klar. Er ist frustriert. Frustration erzeugt Aggression. Er möchte sich wehren (IS/L) und sagt: „Willst du fahren?" Möglicherweise sagt er das so ruhig, daß unabhängige Urteiler sagen würden: „Das war eine nüchterne, tatsachenorientierte Frage, ob sie fahren will" (RS/T). Die unglückliche Ehefrau hofft auf ein Kontaktwort (IE/K), empfindet aber in dieser Situation die Frage als Frechheit und Überheblichkeit ihres Mannes (RE/A). Man kann sich die weiteren Kommunikationspfade vorstellen.

Soziale Intelligenz bestünde hier bei der Ehefrau darin, daß sie für ihre Kontaktsuche etwas Unverfänglicheres wählen würde als die Fahrweise. Der Ehemann wäre sozial-intelligenter, wenn er das Kontaktbedürfnis seiner Frau erkennen würde. Er wäre sozial-verantwortlicher, wenn er seinerseits mit friedfertigem Kontakt reagieren würde.

Eine andere Beispielsituation sah so aus:
IS	RS	IE	RE
T	A	L	K

Der Chef einer Firma wollte auf einer Betriebsversammlung eine Tatsache verkünden (IS/T), und zwar daß er bei einer anderen Firma Aufsichtsrat geworden sei. Wortwahl, Tonfall und Miene sorgten dafür, daß jeder Beobachter zu dem Schluß kommen mußte, der Chef stelle sich selbst dar (RS/A). Die Mitarbeiter als Empfänger vermuteten, sie sollten gegängelt werden (IE/L). Sie waren daher erleichtert, daß sie keine Kommandos bekamen, und werteten die Mitteilung als Imageförderung für die Firma: „Wir sind so gut, daß unser Chef Aufsichtsrat woanders wird" (RE/K). In diesem Falle ist die Kommunikation gut ausgegangen, wenngleich der Chef an seiner Art der Kommunikation feilen müßte. Er müßte authentischer werden.

Wir wollen hier nicht alle 256 Kommunikations-Pfade verfolgen. Aber es wird deutlich, daß die Wahrscheinlichkeit von Übereinstimmung im Sinne von T-T-T-T unwahrscheinlich ist. Nur durch Wiederholungen tasten wir uns an Übereinstimmungen heran nach dem Motto „Hättest du das doch gleich gesagt". In Wirklichkeit ist die Angelegenheit noch komplexer, weil der Sender selten in der Reinform T sendet oder der Empfänger in einer Reinform wahrnimmt. Wir senden und empfangen normalerweise in Mischformen von T, A, L und K. Zudem kann es sein, daß wir auf T senden wollen, dies auch tun, auf T empfangen wollen und dies auch tun, aber das gesendete T auf der T-Dimension mißverstehen. Wir haben einfach schlecht gehört oder die Nachricht falsch „verdrahtet".

Solche mehr oder weniger sozial-intelligenten Kommunikationspfade sind täglich zu beobachten: Neulich sah ich eine Frau, die das Baby ihres Neffen bewunderte, am Bauch kitzelte und immer wieder ausrief: „Ja, wo ist denn das Kind, wo isses denn?" Der Neffe war genervt und sagte: „Na, wo soll das Kind sein, siehst du doch, im Kinderwagen." In solchen Kurzkommunikationen können wir gut die Konstruktionsvorgänge der Beteiligten verfolgen. Die Großtante wollte nur zu dem Baby Kontakt aufnehmen, sie hätte auch brummen können. Der Neffe war so unreif, die Frage: „Wo isses denn?" für bare Münze zu nehmen. Er hat noch einiges an sozial-intelligenter Kommunikation zu lernen.

> Neulich beobachtete ich zwei Kollegen einer Behörde beim Gespräch. A hatte auf meine Frage, wie es ihm gehe, geantwortet: „Nicht so gut, ich habe zwei neue Bypässe und trete auf dem Ergometer-Fahrrad nur 70 Watt" (IS/T). Dabei hatte er einen Gesichtsausdruck, so daß Beobachter zu dem Eindruck von Suche nach Kontakt und Trost gekommen wären (RS/K). Einer der Umstehenden, Kollege B, aber wollte Selbstdarstellung (IE/A) empfangen und nahm die Sendung als Lenkung (RE/L) wahr. Er antwortete auf der Selbstdarstellungsebene: „Rate mal, wieviel ich trete?" und antwortete „160 Watt". Man sah seinem Gesichtsausdruck an, daß er Bewunderung ernten wollte. Statt dessen entstand betretenes Schweigen, weil jeder die soziale Inkompetenz des Kollegen spürte. Die Bemerkung war sozial dumm, weil sie nicht paßte. Und sie war sozial-unverantwortlich, weil sie den Kollegen A in seinem Selbstwertgefühl herunterzog.

Ein Vorteil des oben beschriebenen Kommunikationsmodells besteht darin, daß man identifizieren kann, wo soziale Dummheiten und Unverantwortlichkeiten lokalisiert sind und in der Konsequenz Einsicht erzeugen und entsprechend trainieren kann. Wenn jemand seine Kommunikation sozial-kompetent verbessern will, wird eine weitere Komponente des Modells wichtig.

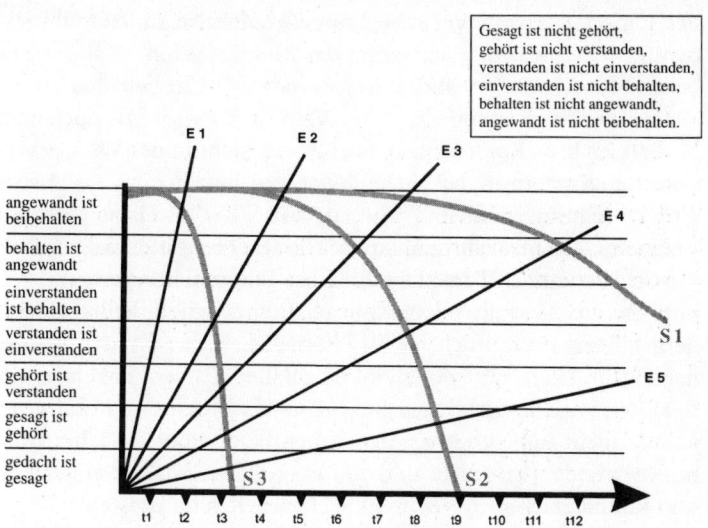

Abb. 16: Lorenz-Kette (entnommen aus B. Kastner, 1996)

In dieser Abbildung sind auf der Abszisse die Zeitpunkte der Rückkopplungen abgetragen. Wir kennen das Phänomen, daß wir unseren Kindern immer wieder das richtige Verhalten rückkoppeln müssen: „Zieh die Schuhe aus ..." Das erwünschte Verhalten tritt keineswegs sofort (t1) oder nach dreimaliger Rückkopplung (t3) ein, so daß der Gradient der Umsetzungsschnelligkeit des empfangenden Kindes steil ist (z. B. E1). Dann müßten die Eltern nicht viel Geduld aufbringen (z. B. S3). Sozial-kompetente Eltern wissen aber, daß sie unendliche Geduld aufbringen und hoffen müssen, daß die Abstände zwischen den Rückfällen in das falsche Verhalten größer werden und irgendwann das richtige Verhalten in Fleisch und Blut übergegangen ist. Gesagt ist nicht gehört, gehört ist nicht verstanden und verstanden ist nicht einverstanden. Selbst wenn ich eine Tatsache sende und selbst wenn der Empfänger T empfangen will, muß er noch nicht verstehen und einverstanden sein. Einverstanden ist nicht behalten und behalten ist nicht angewandt. Hier geht es um die schwierige Phase des Umsetzens vom Verstehen und Behalten in die Handlungsrealität. Wie oft haben wir schon das Richtige getan, es aber nicht beibehalten. Es ist versandet. Angewandt ist nicht beibehalten.

Die größte Schwierigkeit im Vermitteln sozial-kompetenten Verhaltens bzw. Kommunizierens besteht nicht in der Wissensvermittlung, sondern in der nachhaltigen Realisierung des erwünschten Verhaltens. Insofern gehören zur sozial-intelligenten und verantwortlichen Kommunikation Durchsetzungsfähigkeit („Zieh die Schuhe aus ...") und ein gewisses Durchhaltevermögen. Wir müssen mit Geduld unsere Botschaften wiederholen. Bei Kindern haben wir es noch leicht. Eltern lieben ihre Kinder, Kinder lieben ihre Eltern und wollen ihnen gefallen. Zudem haben sie ein flexibles, anpassungsfähiges Gehirn. Chefs lieben ihre Mitarbeiter jedoch nicht unbedingt. Zudem haben beide über die Jahrzehnte hinweg rigide, verfestigte und routinierte Denkmuster entwickelt und können sich nicht mehr so leicht wie Kinder umstellen.

> *Merksätze für das praktische sozial-intelligente Verhalten im Sinne des Kommunizierens*
>
> - *Durch Kommunikation übernehmen wir Meinungen, Einstellungen und Erfahrungen anderer.*
> - *Attraktivität, Konsens und Kommunikation bestärken sich gegenseitig.*
> - *Zuhören und konstruktiv rückkoppeln sind das A und O der sozial-kompetenten Kommunikation.*
> - *Verbale und nonverbale Kommunikation wird durch praktisch alle kognitiven und emotionalen Prozesse stark beeinflußt.*
> - *Bedeutung ist immer im Handlungskontext verstehbar.*
> - *Die Nicht-Übereinstimmung ist das Wahrscheinlichere. Gegenseitiges Verstehen ist nur durch permanentes Öffnen, Rückkoppeln und aufeinander Eingehen möglich.*
> - *Verbale Kommunikation erfolgt in Mixturen aus Sach-, Selbstoffenbarungs-, Lenkungs- und Kontaktaspekten.*
> - *Das, was der Sender „wirklich" sendet, entspricht nicht unbedingt seiner Absicht. Das, was der Empfänger wirk-*

> lich versteht, entspricht auch nicht unbedingt seiner Absicht.
> - Synegoistisches Kommunizieren verlangt möglichst redliche, nicht-manipulative Absichten des Senders, sein Bemühen um authentischen Ausdruck, vorurteilsfreie Offenheit des Senders und Bemühen um einen authentischen Empfang (aktives Zuhören und Rückfragen).

Nonverbale Kommunikation

Wir können nicht nicht kommunizieren. Diese Weisheit hat sich mittlerweile herumgesprochen. Sie hat besondere Bedeutung für die nonverbale Kommunikation, also Gestik und Mimik. Wir nicken uns zu, signalisieren mit Blicken oder leichten Kopfwendungen. Schon die Art, wie wir einen Raum betreten, signalisiert unser Selbstverständnis. Manche Leute betreten keinen Raum, sondern sie treten auf. Charisma drückt sich auch so aus.

Unsere Körpersprache in Form von Körperhaltung, Mimik, Gestik, Blickkontakt ist ausgesprochen wichtig für den Beziehungsaspekt. Die Intensität und Dauer des Augenkontaktes kann viel ausdrücken. Wer dem anderen nicht in die Augen schauen kann, hat meist etwas zu verbergen oder ist schuldbewußt. Wir fangen durch Blicke den Kontakt des anderen ein oder wenden uns ab und signalisieren Desinteresse.

Als Kinder haben wir geübt, wer dem anderen länger in die Augen starren kann, ohne mit der Wimper zu zucken. Wer den Blick senkt, unterwirft sich. Wir kennen glückliche, zärtliche, hochmütige, traurige, nachdenkliche, treue und lustige Blicke. Unsere Mimik drückt zahlreiche Emotionen aus: Glück, Freude, Trauer, Angst, Ärger, Überraschung, Ekel, Interesse. Obwohl die Gestik und auch die Stimme meist verräterischer sind als das Gesicht, wurde der Mimik in der Forschung mehr Aufmerksamkeit gewidmet.

Schon Darwin verwies darauf, daß wir echtes von unechtem Lächeln dadurch unterscheiden können, daß bei letzterem die Augen nicht mitlachen, weil der zuständige Augenmuskel zwar durch die „süßen Gefühle der Seele", nicht aber durch Schadenfreude oder betrügerische Absichten aktiviert werden könne. In der Ethologie geht man davon aus, daß mittels Mimik Kommunikationen erfolgten, die der Arterhaltung dienten. Derartige soziale Auslöser sind Frühwarnsysteme und sollten bei anderen das entsprechende Sozialverhalten provozieren. Beispielsweise würde ein böses Gesicht Ärger ankündigen. Neuere ethologische Konzepte sehen die Mimik etwas nüchterner. Dawkins (1978) sieht Lebewesen als „Gen-Maschinen", die überleben wollen und sich natürlich selektieren. Mimischer Ausdruck wäre dazu da, die anderen Sozialpartner zum eigenen Vorteil zu manipulieren. Signalsysteme wie die Mimik sind energiesparender als direktes physikalisches Einwirken. Wenn wir unser Kind mahnend anschauen, hoffen wir physischen Einsatz sparen zu können, kündigen aber damit an, daß wir notfalls auch physisch nachhelfen würden.

Wir können davon ausgehen, daß unsere Mimik soziale Signale aussendet und damit hilft, unsere sozialen Verhältnisse zu organisieren. Die Mimik entsteht durch Emotionen, wobei Umfeldmerkmale wie z. B. die Stellung in der Gesellschaft oder situative Zwänge – „reiß dich zusammen, und mach ein freundliches Gesicht" – eine wesentliche Rolle spielen. Mimik sollte nützlich eingesetzt werden, d. h. wenn sie die gewünschte Wirkung verspricht. Allerdings bedingt die Kopplung der Mimik an Emotionen eine begrenzte Verstellbarkeit. Wenn Abweichungen zwischen Emotion und Mimik entstehen, wirkt letztere unecht. Wir wissen, daß gute Schauspieler sich emotional so sehr in ihre Rolle hineinsteigern, daß ihre Mimik die „Wirklichkeit" einer Persönlichkeit ausdrücken kann.

Interessanterweise zeigen wir auch Gesichtsausdrücke, wenn wir allein sind. Wir müssen uns täglich überlegen, was wir mit welcher Mimik „aus uns herauslassen". Soll ich dem Mitarbeiter durch meinen Gesichtsausdruck zu erkennen geben, daß ich seine Arbeit ineffizient finde, oder soll ich, um ihn zu motivieren, eine freundlich-lobende Miene aufsetzen?

Der Unterschied zwischen willens- und gefühlsgesteuerter Mimik wird bei Patienten mit Schäden im motorischen Anteil des Hirns deutlich. Sie haben eine halbseitige Gesichtslähmung.

Wenn man sie bittet zu lächeln, ziehen sie den Mundwinkel der gesunden Gesichtshälfte hoch. Wenn wir sie mit einem Witz emotional erwischen, heben sie beide Mundwinkel.

Verbale Kommunikation erfolgt meist bewußter und zielgerichteter als unser nonverbaler Ausdruck. Weil dieser unserer bewußten Kontrolle stärker entzogen ist, drücken wir nonverbal mehr Ungewolltes aus. Wenn uns der Bissen im Halse steckenbleibt, wir einen roten Kopf bekommen, nützen alle verbalen Erklärungsversuche wenig. Daher wirkt es nicht gut, wenn jemand bei einem Vortrag mit der Stimme „wackelt" und so seine Aufregung zum Ausdruck kommt. Wenig sozial-intelligent ist es auch, in einer solchen Situation verbal auszudrücken: „Ich bin furchtbar aufgeregt."

Die Stimmqualität ist ein ausdrucksstarkes nonverbales Medium. Stimmlage, also die Tonhöhe, Stimmvolumen, d.h. Lautstärke und Stimmfülle, sowie unser Timbre, die Klangfarbe signalisieren Stimmungsschwankungen (vgl. Scherer, 1988). Eine hohe, kalte, dünne, zittrige und zaghafte Stimme erweckt nicht den Eindruck von Vertrauen und Geborgenheit. Frauen achten bei Männern deutlich stärker auf die Stimme als umgekehrt.

Wir können die Stimme recht gut trainieren und sie gezielt einsetzen. Wenn wir z.B. leise sprechen, zwingen wir andere zum gezielten Zuhören. Daß wir deutlich, im richtigen Tempo, rhythmisch und angenehm moduliert sprechen sollten, ist selbstverständlich. Über die Sprechqualität wird dem Zuhörer der Eindruck von (Un)Sicherheit im Thema vermittelt. Nicht zu vernachlässigen ist die Vokalisation, also alle Lautäußerungen, die keinen sachlichen Inhalt vermitteln, aber über Emotionen Auskunft geben. Das Schluchzen, die Ohs und Ahs, Stöhnen, Hmmm oder Husten und Gähnen können die jeweilige Beteiligung ausdrücken. Eine Unsitte sind Lückenfüllungen durch Ähs und Ehms. Lachen oder kurze Hahs zeigen oft Ungewolltes – ebenso wie die Art des Lachens. Hahaha folgt zumeist einem normalen Witz. Ein offenes O in Ho-Ho-Ho zeugt von einem schmutzigen Witz, wohingegen ein langgezogenes und am Schluß in der Tonhöhe steigendes Hoh-Hooohhh andeutet, daß der Empfänger mit dem Inhalt des Senders nicht einverstanden ist.

Lachen ist ein ausdrucksstarkes Phänomen, das von freundlicher Zustimmung oder gar Verliebtheit ebenso zeugen kann wie von Verachtung oder Verhöhnung. Wir kennen die Nickeligkeit, wenn in einer Sitzung oder einem Vortrag aus dem Publikum das Stakkato des TzTzTz kommt.

Durch Gestik unterstützen wir die verbale Kommunikation, unseren mimischen und den Stimmausdruck. Insbesondere das bejahende Kopf-Nicken oder verneinende Kopf-Drehen koppelt unserem Gegenüber zurück. Unsere Hände symbolisieren, betonen, illustrieren, und auch die Körperhaltung verdeutlicht Einstellungen, Emotionen und Annäherung oder Distanzwahrung.

Interessant ist die von Watzlawick, Beavin und Jackson (1974) betonte Doppeldeutigkeit nonverbaler Kommunikation. Wir weinen vor Glück oder Schmerz, unser Lächeln kann als geringschätzig oder humorvoll ausgelegt werden. Verstehen können wir nonverbale Kommunikation wie auch die verbale nur im jeweiligen sozialen Kontext. Wenn beide übereinstimmen, unterstützen sie sich gegenseitig in ihrer Bedeutung.

Durch die sogenannte Objektsprache, also Frisur, Bart, Kleidung, Uniform, Schmuck, drücken wir Befindlichkeiten aus (z.B. Trauerkleidung), wollen aber auch bestimmte Eindrücke schaffen. Dazu gehören Accessoires wie Zigaretten- oder Automarke, Aktenkoffer oder Uhr.

Argyle (1979) beschreibt die Raumsprache mit vier verschiedenen Distanzzonen. Die Intimdistanz betrifft eine Nähe, die mit allen Sinnen erfahrbar ist. Die persönliche Distanz betrifft in der näheren Zone die Möglichkeit, den anderen noch halten zu können (bis 80 cm) und die fernere Zone, wo dies nicht mehr möglich ist (0,8 bis 1,3 m). In der näheren Zone der sozialen Distanz (1,3 bis 2,3 m) werden Geschäfte getätigt. In der ferneren Zone (bis 4 m) wird viel über Blickkontakte kommuniziert. Sie wird oft als Distanzierung empfunden. Danach beginnt die öffentliche Distanz, in der wir formeller sprechen und „fremdeln".

Wir kennen das Phänomen, daß uns jemand „zu sehr auf die Pelle rückt". Distanzen und Distanzlosigkeiten werden kulturell sehr unterschiedlich empfunden. Im Zweifel ist die größere Distanz für Nordeuropäer der sicherere und sozial-intelligentere

Weg. Wir unterscheiden bei den Distanzen auch zwischen persönlicher Sphäre und Territorium. Letzteres ist mein Haus oder mein Büro, in dem sich ein Fremder nicht so bewegen darf wie ich und das ich zu respektieren bitte. Der Satz „Fühlen Sie sich ganz wie zu Hause" ist, wenn er ernst gemeint ist, eine Einladung zu mehr Nähe. Signalsprachen werden gerade im Managementbereich oft übertrieben. Die Raumsprache bietet etliche Deutungsmöglichkeiten. Wer beispielsweise in der Tür des Büros stehenbleibt, signalisiert Fremdheit und Respekt vor dem Territorium des anderen. Wer sich neben oder hinter ihn an den Schreibtisch stellt, dringt tief in dessen Territorium ein und signalisiert Gleichheit oder einen höheren Status.

Wenn verbale und nonverbale Kommunikation auseinanderdriften, entsteht beim Empfänger kognitive Dissonanz. Beispielsweise redet ein Chef vom Aufstieg seines Mitarbeiters und beschreibt dabei mit der Hand eine Spirale nach unten.

Merksätze für das praktische sozial-intelligente Verhalten im Sinne des Kommunizierens

- *Durch Mimik unterstützen wir die verbale Kommunikation. Sie fungiert als sozialer Auslöser, um soziales Verhalten der anderen zu organisieren.*
- *Mit dem Gesicht, also der Mimik, lügen wir am besten, siehe z. B. das Pokergesicht.*
- *Unsere Körpersprache ist weniger verstellbar, vor allem bei Überraschungen.*
- *Wir können unsere Stimme hinsichtlich Volumen, Höhe, Fülle und Timbre durch Training verbessern.*
- *Zudem ist es möglich, mit der Stimme systematisch zu operieren, z. B. durch leises Sprechen die anderen zum Zuhören zu bewegen.*
- *Lautäußerungen Ohs, Tztztz oder Ähs und Ehms sollten wir vermeiden.*
- *Durch Gestik wie Kopfnicken oder Armbewegungen können wir rückkoppeln und eindringlicher auf unser Gegenüber einwirken.*

- *Unsere Objektsprache wie Kleidung und Schmuck sollten wir ständig hinterfragen. Oft senden wir damit unerwünschte Signale.*
- *Eine hinreichende Übereinstimmung zwischen verbalem und nonverbalem Verhalten wirkt echt und überzeugend. Brüche schaffen bei anderen kognitive Dissonanz und unterhöhlen die Glaubwürdigkeit.*

Wie leben wir sozial-verantwortlich?

Soziale (Selbst-)Verantwortung als Tugend

„Du bist verantwortlich für das, was du dir vertraut gemacht hast", sagt der kleine Prinz bei Antoine de Saint-Exupéry. Verantwortung hat also mit Vertrauen zu tun. Beide sind zwei Seiten derselben Medaille.

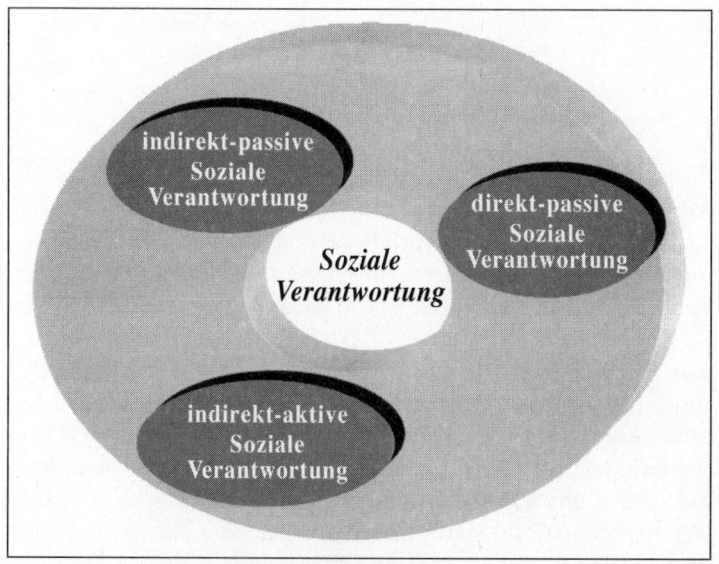

Abb. 17: Mindmap Sozialkompetenz mit sozialer Verantwortung

Indirekt-passive soziale Verantwortung

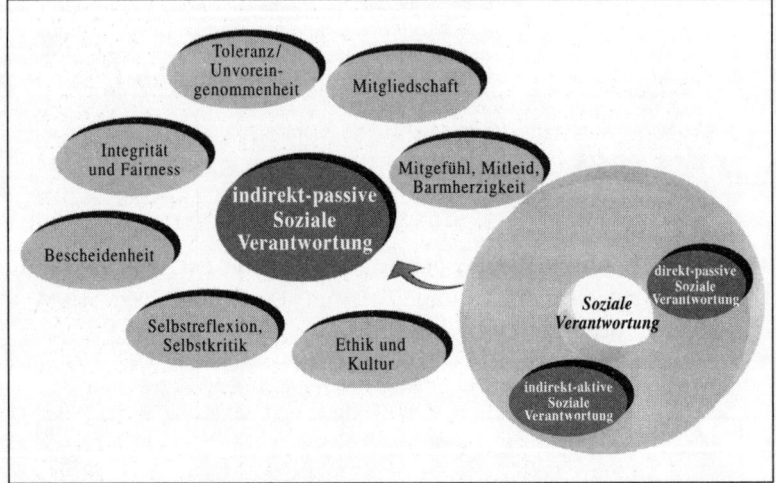

Abb. 18: Indirekt-passive soziale Verantwortung

Verantwortung bedeutet nicht nur das Einstehen für ein Handeln (das wäre direkt-aktive soziale Verantwortung). Sie beinhaltet auch das Einstehen für Nicht-gehandelt-Haben, wo wir hätten handeln müssen. Das wäre indirekt-aktive Verantwortung. Verantwortung bedeutet auch die Art des Sich-in-der-Welt-Bewegens, also eine indirekt-passive Verantwortung, die uns nicht unbedingt bewußt wird. Beispielsweise leben wir ökologisch auf Kosten unserer Enkel, die heute noch keine Lobby haben. Wir handeln so, wie wir durch Ethik und Kultur geprägt wurden. Beide erscheinen uns selbstverständlich. Der erste Schritt des bewußten Verantwortens sollte darin bestehen, unser zumeist wenig hinterfragtes Wertesystem (Ethik) und die Art des täglichen Umgangs (Kultur) zu reflektieren.

Ethik und Kultur

Durch Ethik wissen wir *etwas*, durch Kultur wissen wir, *wie* wir „eigentlich" handeln müßten. In Ethik und Kultur sind wir „hineingewachsen", wir haben sie uns vertraut gemacht und durch sie unsere Gravuren erhalten. Zwischen beiden Phänomenen besteht ein Unterschied, der auch in den kulturvergleichenden Wissenschaften nicht immer beachtet wird.

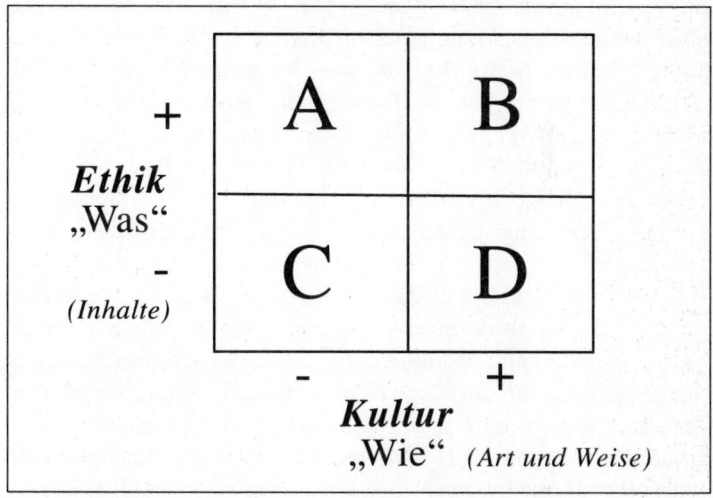

Abb. 19: Ethik und Kultur im Hinblick auf soziale Verantwortlichkeit

Ethik bezieht sich immer auf den Inhalt, das Was. Was halten wir für richtig, falsch, erwünscht, unerwünscht, anständig, unanständig? Es gibt zahlreiche Ethiken auf der Welt. Das Problem besteht in ihrer Systemverträglichkeit. Syn-Egoismus ist zwar in erster Linie ein Vernunftsprinzip. Aber die Bereitschaft zum Verzicht auf Egoismus ist ein ethisches Phänomen.

Kultur bedeutet das Wie. Wie gehen wir miteinander um? Tragen wir eine Krawatte, wie reden wir uns an, welche Sitten haben wir, wie gehen wir mit Messer und Gabel um?

Für die Sozialkompetenz wichtig ist die Organisationskultur. Darunter ist das Betriebsklima zu verstehen, das Milieu, die Regeln und Normen, die vorherrschen, und die Art, wie „man" sich in dieser Organisation verhält. Ein Diener bei der Begrüßung oder der Hofknicks sind Kulturphänomene. Sie haben jedoch nichts mit Werten wie Ehrlichkeit, Menschlichkeit oder Freiheit zu tun. Dies sind ethische Phänomene. Insofern müßten wir eine Organisationsethik von einer Organisationskultur unterscheiden.

Corporate Identity ist ein Modebegriff, den die meisten Jungmanager benutzen. Sie beinhaltet im Kern ein Identifizierungsphänomen. Immer wenn wir von „wir" reden und sagen können: „Ich bin ein Deutscher, ein Dortmunder, ein Katholik", identifizieren wir uns. Wer „Ich bin ein Borusse" antwortet, bringt seine Vorliebe für Fußball zum Ausdruck. Wer auf die Frage: „Als was fühlst du dich, wozu gehörst du?" antwortet: „Ich bin in erster Linie Europäer", zeigt damit einen sehr viel größeren Identifikationsrahmen.

Corporate Identity soll das jeweilige soziale System von anderen abheben, damit es unverwechselbar wird und möglichst einen Vorteil gegenüber der Konkurrenz bietet. Diese Einmaligkeit kann die Mitarbeiter in ein Korsett pressen, das sozial-kompetentes Verhalten nicht gerade fördert. Als sichtbares Merkmal von Corporate Identity gilt das Corporate Design, das sich u. a. in gleichartigen Logos ausdrückt. Neben der Einzigartigkeit sollen Corporate Identity und Design auch die Bedingungen der Homogenität (alles paßt zusammen) und Beständigkeit erfüllen, so daß die Organisation als geschlossenes Ganzes erscheint und innen von außen abgrenzt. Die Identifikation drückt sich in dem „Wie" des Verhaltens aus, wie die Mitarbeiter sich kleiden, sich anreden, wie sie feiern und wie sie ihre Traditionen pflegen. Dazu zwei Beispiele:

> An einem Streßbewältigungsseminar nahmen die Mitarbeiter einer Bausparkasse teil. Abends war Waldlauf angesagt. Die Hälfte der Kollegen lief mit energischem Blick und herausgewölbter Brust in modischen Trainingsanzügen auf. Die ande-

ren kamen mit hochgezogenen Schultern und Baumwollanzügen mit Firmenlogo und fühlten sich bemüßigt, ironische Bemerkungen über ihren Aufzug zu machen.

Anders spielte sich die Situation mit Mitgliedern einer internationalen Firma ab, die Erfolg durch die Produktion von Handys hat. Das Logo prangte auf allen Kaffeetassen, Handtüchern und natürlich auch auf den modernen Sportanzügen. Dort war es selbstverständlich, daß alle damit bekleidet waren.

Kunst ist ein kulturelles Phänomen, kein ethisches. Das Verbot von Kunst ist ein ethisches Problem, kein kulturelles. Im Zweifel gilt „Ethik vor Kultur". Feld A in Abb. 18 betrifft Personen, die anständig sind, aber z.B. keine Tischmanieren haben und sozialinkompetent sind. Hier wäre ein ungebildeter, ehrlicher Mensch, der nicht mit Messer und Gabel umgehen kann, ebenso anzusiedeln wie ein Nobelpreisträger, der in Gesellschaft keine drei Sätze herausbekommt.

In Feld B ist beides positiv ausgeprägt, in Feld C beides negativ.

In Feld D wären Personen zu lokalisieren, die Schlechtes im Sinn haben, aber sozial-intelligent sind und mit besten Manieren, Kultur und der Fähigkeit, andere zu manipulieren, ausgestattet sind. Insofern können sich bei Sozialkompetenz an der „falschen" Stelle viel heftigere Konflikte ergeben als bei wenig Sozialkompetenz, aber positiver ethischer Grundhaltung.

Fall D wäre im Zweifel problematischer als Fall A.

Oft unterliegen wir dem Irrtum, ein kultivierter Mensch müsse auch anständig sein. Gefährdet sind wir aber nicht durch die sozial Dummen, „unkulturellen" und unethischen, sozial-unverantwortlichen (Feld C), sondern durch die unethischen, sozial-unverantwortlichen, aber sozial-intelligenten und egoistischen Personen mit Kultur (Feld A). Die kulturell unbedarften, sozial wenig intelligenten, aber ethisch hochstehenden und sozial-verantwortlichen Personen (Feld D) können noch dazulernen. Anständigkeit ist kaum erlernbar, Kultur und sozial-intelligenter Umgang durchaus.

Es ist beispielsweise kommunikativ unethisch, vom Gegenüber Begründungen zu verlangen und selbst keine zu geben oder rabulistisch zu argumentieren. Alle Manipulationstechniken der Kommunikation gehören hierhin, und das Neurolinguistische Programmieren muß sich diesbezüglich hinterfragen lassen. Wie oft lernt man z.B. im Vertrieb Tricks, um Kunden „besser über den Tisch zu ziehen". Das ist eine Frage des Anstands, also der Ethik. Zuhören lernen kann man durchaus.

Die Phänomene der Ethik und Kultur spannen sich im täglichen Leben von der Selbstverantwortung bis zur Gesamtverantwortung im makropolitischen Raum. Durch moderne Kommunikations- und Reisetechnologien wachsen wir schneller und stärker zusammen und verändern unsere Ethik und Kultur. Dabei werden Konkurrenten und Kooperationen internationaler. Daher brauchen wir z.B. transkulturelles Management. Immer weniger Menschen mit immer höherer Qualifikation erwirtschaften das Bruttosozialprodukt mit immer mehr technischen Systemen. Immer mehr Menschen werden arbeitslos und müssen von den Arbeitenden alimentiert werden. Ein Land wie Deutschland, das nur über geistige Ressourcen verfügt, täte gut daran, diese zu fordern und zu fördern und die Innovationswiderstände im Bildungssystem abzubauen. Der Zeitraum von der Erkenntnis wichtiger Lehr- und Lerninhalte bis zu dessen Angebot ist zu lang. Dies können wir uns insbesondere bei einigen Schlüsselqualifikationen wie der Sozialkompetenz nicht leisten.

In Zukunft reicht es immer weniger, in der Lehre oder im Studium berufsspezifisches Wissen zu erwerben und sich anschließend für 30 Jahre in die Nische des Berufs zurückzuziehen. Wir müssen unbedingt für eine allgemeine Grundbildung und eine Lernkultur für Schlüsselqualifikationen wie Sozialkompetenz sorgen. Demnächst ist es nicht mehr ungewöhnlich, daß ein Arbeitnehmer im Laufe seines Arbeitslebens in bis zu sechs Berufen tätig sein bzw. seinen Beruf sechsmal neu erlernt haben wird. Unsere Gesellschaft wird morgen so aussehen, wie wir heute unsere Kinder bilden und erziehen, welch Ethik und welche Kultur wir ihnen beibringen. Diese Bildung sollte ethische Grundvoraussetzungen erfüllen und für alle da sein. Allerdings bedeutet Chancengleichheit nicht Leistungsgleichheit. Weiter muß die Allgemeinbildung alle wesentlichen menschlichen Fähigkeiten, Einstellungen und Interessen erfassen, d.h. kognitive und emotionale Möglichkeiten wie Sozialkompetenz, handwerklich-technische Produktivität, Sozialität und die Fähigkeit zu Entscheidungsprozessen.

Zur Sozialkompetenz und vor allem ihrer Verantwortungshälfte gehört die Fähigkeit, verschiedene Menschen zu integrieren, in ihrem Erleben und Verhalten an ethische Inhalte zu binden. Wir erleben immer wieder, daß im Rahmen der Unternehmensethik eine eklatante Differenz zwischen Absichtserklärung und umgesetztem Verhalten besteht.

Soziale Verantwortung fängt schon damit an, daß wir unsere Ethik und Kultur hinterfragen und an andere Menschen denken, denen es nicht so gut geht. Dieses Nachdenken kann dazu führen, daß wir zu schätzen wissen, daß wir vergleichsweise komfortabel leben und uns sozial-verantwortliches Handeln relativ leichtgemacht wird.

Ehe ich für andere soziale Verantwortung übernehmen kann, muß ich in der Lage sein, mein eigenes Handeln zu verantworten. Ehe ich für eigenes Handeln einstehe, muß ich eigenes und nicht fremdbestimmtes Handeln wollen. Hier liegt ein wesentlicher Punkt. Viele Menschen wollen nicht selbst entscheiden, wie sie handeln. Für sie ist es bequemer, jemand sagt ihnen, was zu tun ist. Sie müssen weniger nachdenken, sind nicht zwischen verschiedenen Handlungsalternativen hin und her gerissen, und wenn es schiefgeht, können sie anderen die Schuld geben. Dieses falsche Verhalten lohnt sich, solange gewisse Bedürfnisse befriedigt werden. Es ist eine kindliche, um nicht zu sagen kindische, Haltung, die uns nicht weiterbringt.

Es ist nicht abzuschätzen, wieviel volkswirtschaftlicher Nutzen durch mangelnde Übernahme von Verantwortung verlorengeht. Die Verantwortungskette fängt früher an, als sich die meisten Menschen klarmachen. Dazu gehört:
- sich Handlungsalternativen auszudenken und zu befolgen;
- zwischen verschiedenen Handlungsalternativen wählen wollen und dies auch tun;

- für die Folgen dieses Tuns oder auch des fälschlicherweise Nicht-Tuns einstehen, z.B. bezahlen;
- die Verantwortung für andere, die keine Selbstverantwortung übernehmen können, z.B. Kinder und Kranke, übernehmen wollen und dies auch tun;
- die Konsequenz dieser sozialen Verantwortung auf sich nehmen.

Ein häufiges Phänomen mangelnder Selbst- und sozialer Verantwortung ist die Sachzwangargumentation. In Seminaren frage ich häufig: „Was ist ein Sachzwang, und nennen Sie Beispiele." Diese werden prompt geliefert in Form von arbeiten müssen, Geld verdienen müssen oder tun müssen, was der Chef sagt. Dies trifft nicht den Punkt. Es gibt nur wenig „Sachen, die uns zwingen". Wir müssen sterben, essen, trinken, zur Toilette gehen. Aber da hört der Sachzwang schon auf. Wir können bei Rot über die Ampel gehen oder den Nachbarn umbringen. Wir müssen Vorteile, Nachteile, Risiken und natürlich unsere Verantwortung abwägen. Das wäre der kognitive Akt, das Wissen. Und wir sollten eine Abscheu gegen solche Untaten haben. Das wäre der emotionale Qualitätsaspekt. Nicht ohne Grund heißt es, wir sollten nach bestem Wissen und Gewissen urteilen und handeln.

Wir schaffen uns in den meisten Fällen selbst das Problem, zu „müssen", indem wir Entscheidungen treffen, die unsere Handlungsspielräume einengen. Mit Sachzwängen haben die Belastungen des Alltags nichts zu tun, sondern mit Eigenverantwortung. Wir leben in dem Paradox, daß wir uns viel auf unsere Willensfreiheit zugute halten, aber laufend mit Sachzwängen argumentieren: „Ich muß". Kein Mensch muß müssen. Wenn ich Kinder bekomme und für diese Verantwortung übernehme, kann ich mich schlecht der Verantwortung entziehen. Aber auch das ist kein Zwang, sondern soziale Verantwortung, die ich irgendwann einmal freiwillig übernommen habe.

Erst wenn die oben beschriebene Verantwortungskette gelebt wird, können Phänomene wie Leistungsmotivation und Siegeswille entstehen und Visionen umgesetzt werden. Sprenger (1995) verweist darauf, daß durch strukturelle Maßnahmen, wie Reengineering, teilautonome Arbeitsgruppen und Bezahlungssysteme, 20 Prozent des Mitarbeiterpotentials zu mobilisieren sind. Der Rest ist Einstellung, der feste Wille und der Entschluß: „Das mache ich jetzt" sowie die Bereitschaft, für Konsequenzen auch einzustehen.

<u>Merksätze für das praktische sozial-verantwortliche Handeln im Sinne der indirekt-passiven Verantwortung</u>

- *Ethik und Kultur unterscheiden sich fundamental. Erstere bestimmt das „Was", also welches Verhalten wir für gut oder schlecht halten. Kultur steht für das „Wie", also die Art und Weise der Pflege dieses Verhaltens. Unser sozialunverantwortlicher Denkfehler besteht oft darin, daß wir von Kultur auf einen ethischen Wert schließen.*
- *Für die Schlüsselqualifikationen der Zukunft müssen wir zuvor ethische Basisqualitäten definieren.*
- *Schon Kinder sollten Facetten der Sozialkompetenz erlernen, wie z.B. konstruktive Kritik üben, Empathie oder Verantwortungsübernahme.*
- *Zudem sollten alle lernen, an andere zu denken, denen es schlechter geht.*
- *Etliche Zukunftsprobleme sind nur von sozial-verantwortlichen Menschen zu lösen wie z.B. Arbeitslosigkeit, das Abschieben von Älteren, die Folgen von Reengineering-Maßnahmen, Migration.*
- *Die Verantwortung für eigenes Handeln erfolgt über das Ausdenken von Handlungsalternativen bis zum Einstehen für die Folgen.*
- *Sachzwangargumentationen sind oft faule Ausreden, um sich vor Selbstverantwortung zu drücken.*

Selbstreflexion und Selbstkritik

Unsere Handlungssteuerung erfolgt im bewußten Bereich u.a. durch Selbstreflexion. Lernen und Problemlösen erfolgen über die vier Schritte Beobachtung, Reflexion, Abstraktion und Erprobung.

Diese vier Schritte verbinden wir prozeßhaft durch die vier Tätigkeiten Suchen, Selektieren, Bewerten, Umsetzen.

Wir definieren ein Ideal, beobachten die Realität und stellen die Abweichung zwischen beiden fest (Beobachtung). Wir suchen nach Gründen für die Abweichung und sammeln Informationen (wer, was, warum, wieviel, wann). Wir denken darüber und uns selbst nach (Reflexion). Wir konzentrieren uns auf einen wichtigen Wirklichkeitsausschnitt, d.h., wir selektieren ihn und bilden einen Zusammenhang (Abstraktion). Wir bewerten dieses Modell im Vergleich zu Alternativmodellen. Wie machen andere das? Nun handeln wir, d.h. setzen unser Modell in konkretes Tun um (Erprobung), und hoffen, daß das Modell stimmt. Nun fängt der Zyklus wieder von vorn an. Ohne die Fähigkeit, über unser soziales Handeln zu reflektieren und bessere Modelle zu entwikkeln, haben wir keine Chance zur Optimierung unserer Sozialkompetenz.

Einer meiner Coachingfälle, der Geschäftsführer einer Software-Firma, erzählte mir von einer Selbstreflexion. „Ich habe das Gefühl, gespalten zu sein. Mein Geschäfts-Ich ist ein eiskalter Rechner, der blitzschnell kalkuliert und für den Menschen wie Maschinen oder auch Schachfiguren in einem logischen Spiel sind. Natürlich spielt dieses Geschäfts-Ich u.a. Sozialkompetenz. Es setzt sie eiskalt als Instrument ein, um Geld zu verdienen. Es ist ruhig, freundlich, fordert Kritik, gibt konstruktive Kritik. Es kann das Verhalten anderer Menschen sehr gut vorhersagen. Es predigt Mitarbeiterorientierung, Selbstverantwortung und den üblichen ‚Schmus'. Gleichzeitig berechnet es, welche Personen im Sinne des Share-holder-values wie schnell entsorgt werden können. Sofort werden solche Erfolge in die eigene Tantieme und die Möglichkeit, auf den Geschäftsführerposten einer größeren Firma zu wechseln, umgerechnet. Mein Geschäfts-Ich sagt mir, es sei ein Schwein, aber seine Umgebung sei eben ein Dschungel. Damit kommt es gut klar.

Mein Privat-Ich bekommt, wenn es denn zwischendurch dummerweise hochkommt, Anfälle von Rührseligkeit. Es gibt viel zu hohe Trinkgelder oder Spenden, weint bei kitschigen

> Filmen und erschauert ohne erkennbaren Grund bei völlig banalen Verrichtungen. Mein Privat-Ich ist nicht im geringsten sozial-kompetent. Es kann das Verhalten meiner Mitmenschen kaum vorhersagen. Es ärgert sich über Banalitäten, wittert dauernd Unrat, ist launisch, zickig, eifersüchtig und hat – wenn es ganz schlimm kommt – Endzeitstimmungen. Einmal habe ich mich ertappt, wie ich das Haus eines von mir entlassenen Mitarbeiters mit dem Fernglas beobachtet habe, ohne den Grund dafür zu kennen. Ich bin heilfroh, wenn ich in mein Geschäfts-Ich zurückgesprungen bin, geradezu als therapeutischer Akt. Umgekehrt gruselt mich der Gedanke, mein Privat-Ich könnte so behandelt werden, wie mein Geschäfts-Ich die anderen behandelt. Ich kenne den kategorischen Imperativ, aber er nützt mir nichts."

Wir müssen auf uns selbst reflektieren, weil wir nicht darauf vertrauen können, daß andere uns sagen, wenn ihnen etwas nicht gefällt. Ich erlebe oft, daß Mitarbeiter von einem Seminar zurückkommen und begeistert berichten, wie erfolgreich sie waren. Teilnehmer A, B und C hätten ihnen gesagt, wie gut ihnen das Seminar gefallen hätte. Wer so etwas von seinen Mitarbeitern hört, freut sich und spricht Lob aus. Es dauert aber nicht lange, und es ergibt sich im Gespräch mit dem Chef der Seminarteilnehmer, daß dieses oder jenes doch nicht so toll war. Nun befinde ich mich in der Situation, dem Mitarbeiter zu verdeutlichen, daß an seinem Seminar noch einiges zu verbessern sei. Auch bei sozialkompetenten Mitarbeitern wird der Botschafter gelegentlich mit der Botschaft verwechselt. Oft folgt das Argument: „Wieso, du hast mich doch für mein Seminar gelobt, und jetzt kritisierst du."

Das Selektionsproblem besteht darin, daß Teilnehmer, denen ein Seminar gefallen hat, dies meist auch aussprechen. Man bekommt ein Lächeln, und der Seminarleiter fühlt sich bemüßigt, den Teilnehmer zu loben: „Sie waren ein angenehmes Publikum und haben aktiv mitgearbeitet." Da wir glauben, was wir glauben möchten, nehmen wir positive Rückkopplungen von drei Teilnehmern als repräsentative Stichprobe wahr. Die Teilnehmer, die das Seminar kritisch sahen, äußern dies aber nicht gegenüber dem Leiter, sondern beschweren sich bei Kollegen „hinten herum". Der Chef hört davon und teilt es wiederum mir mit. Ich rede vorsichtig mit dem Mitarbeiter: „Erzähl doch mal, wie war denn das?", und so schließt sich der Kreis der negativen Kritik. Wer da nicht aufpaßt, hat schnell einen Mitarbeiter verstimmt.

Selbstkritik muß möglichst unabhängig von anderen erfolgen und ist ohne Selbstreflexion unmöglich. Selbstreflexion unterliegt wiederum der eigenen selektiven Wahrnehmung. Wer hat nicht schon ein Foto von sich mit dem Argument zerrissen: „Da bin ich schlecht getroffen." Dieser Satz bedeutet: „In Wirklichkeit sehe ich besser aus." Das Problem ist nur, wir sehen „wirklich" so aus wie auf dem Foto. Wir vernichten lieber den Realitätsbeweis, als die Realität zur Kenntnis zu nehmen. Das ist nicht verwunderlich. Denn wir haben uns ja immer nur in der Vergangenheit, also jünger, gesehen und daraus ein Bild erstellt.

Neulich lernte ich einen Geschäftsführer kennen, den ich zehn Jahre älter als mich schätzte. Im Laufe der Unterhaltung erwähnte er, Leute in unserem Alter hätten schließlich diese und jene Probleme. Ich war beleidigt, wieso dieser Mensch von „unserem Alter" redete. Später stellte sich heraus, daß er drei Jahre jünger als ich war. Möglicherweise hat er das gleiche gedacht wie ich. Selbst bei gutem Willen zur Selbstreflexion spielt uns unsere Selbstwahrnehmung oft üble Streiche.

Ähnlich sieht es mit der Selbstkritik aus. Sie ist ein wesentlicher Teil der Selbstverantwortung. Dummerweise lohnt sich das falsche Verhalten. Wer sein Verhalten schönfärbt, hat den Vorteil der Streßreduktion. Es gibt Lebenskünstler, die external attribuieren, d.h. die selbstkritischen Dinge nach außen zuschreiben. Immer waren die anderen, die Umstände oder einfach Pech schuld, aber keinesfalls sie selbst. In solchen Attributionsmustern liegt erhebliches Erkenntnispotential. Wir können daran erkennen, wie sozial-verantwortlich jemand denkt.

Bescheidenheit

„Bescheidenheit ist eine Zier, doch weiter kommt man ohne ihr" – an diesem Spruch ist etwas dran. Einerseits ist Bescheidenheit für die *soziale Verantwortung* unabdingbar, weil sie ein Zurückstellen der eigenen Person und eine stärkere Beachtung der anderen bedeutet, also etwas typisch Soziales ist. Andererseits nehmen wir uns durch „falsche" Bescheidenheit etliche Chancen. Wir sollten selbstbewußt unsere Fähigkeiten präsentieren, aber zur rechten Zeit am rechten Ort. Eine gerechte Notengebung ist sozial-verantwortlich. Das Noten-Verschenken aus angeblich sozialen Gründen ist hingegen sozial-unverantwortlich. Wenn bei Noten die Differenzierungsmerkmale fehlen, weiß man nicht, ob man jemanden einstellt, der wirklich viel gelernt hat, oder jemanden, der seinen „Erfolg" geschenkt bekommen hat.

Als Konsequenz wird bei Bewerbungen die Note kaum beachtet, sondern man orientiert sich an der Universität und an den Kollegen, bei denen derjenige studiert hat. Das bedeutet, daß sozial-unverantwortlich auch Bewerber aus dem Rennen geworfen werden, die an einer schlechten Universität studiert haben, aber sehr gut sind. Sie hätten früher auf den Marktwert ihres Examens achten müssen.

Oft kann man sich des Eindrucks nicht erwehren, daß diejenigen, deren Note am wenigsten gerechtfertigt ist, am meisten damit angeben. Angabe ist das Gegenteil von Bescheidenheit und sozial-unverantwortlich. Von weniger sozial-intelligenten Menschen wird sie oft als Selbstbewußtsein fehlinterpretiert. Bescheidenheit beginnt mit Selbstreflexion, und zwar der, daß wir uns nicht so wichtig nehmen. Fast jeder ist ersetzbar.

Merksätze für das praktische sozial-verantwortliche Handeln im Sinne der indirekt-passiven Verantwortung

- *Bescheidenheit schützt vor sozial-unverantwortlichem Handeln und wird von anderen als sozial-kompetent empfunden.*
- *Unter dem Deckmantel des Sozialen wird ein großer Anteil sozial-unverantwortlicher Handlungsweisen vollzogen.*
- *Wer sich selbst nicht so wichtig nimmt, geht sozial-verantwortlicher mit anderen um.*

Integrität und Fairneß

Integer kommt aus dem Lateinischen und bedeutet unverletzt, charakterlich unverdorben, unversehrt. Integrität meint daher die körperliche oder moralische Unverletztheit und Vollständigkeit. Fair bedeutet ehrlich, anständig, unparteiisch und damit etwas Ähnliches wie integer, aber auf mindestens zwei Personen bezogen. Soziale Verantwortung beinhaltet eine Mischkomponente aus beiden, eine Art sozialer Integrität oder sozialer Gesundheit Die Negativversionen lassen sich leichter nachvollziehen. Gandhi beschrieb vor etwa fünfzig Jahren die sieben sozialen Krankheiten dieser Welt folgendermaßen:

- dem Wissen fehlt Charakter
- der Wissenschaft fehlt Menschlichkeit
- dem Wohlstand fehlt Arbeit
- dem Geschäft fehlt Moral
- der Politik fehlen Prinzipien
- dem Vergnügen fehlt das Gewissen
- der Verehrung fehlt die Selbstaufopferung.

Daß die individualistischen Werte die sozialen immer stärker dominieren, scheint zuzutreffen. In Zeiten von Globalisierung, share-holder-value und der Dominanz des Geldes über Ziele wie Gesundheit oder Ökologie gelten Genuß und Selbstverwirklichung mehr als Hilfsbereitschaft, Kompromißfähigkeit, Interessenausgleich, Rücksicht und Toleranz.

Was machen wir beispielsweise mit Mitarbeitern, die keine „gute Kinderstube" mitbekommen haben. Was machen wir mit Politikern, die nicht „sauber" sind und von denen wir keinen Gebrauchtwagen kaufen würden? Was machen wir mit Führungskräften, die gerade durch ihre unsozialen Verhaltensweisen nach oben gekommen sind? Sie haben am konsequentesten die anderen weggetreten, am wirkungsvollsten andere diffamiert, bestochen und Seilschaften verwoben.

In unserer Universität gibt es große Glastüren, die über einen Schalter elektrisch geöffnet werden können. Diese sinnvolle

Einrichtung dient Rollstuhlfahrern, schwachen Personen und solchen Zeitgenossen, die mit einem Bücherstapel unter dem linken Arm und einer überschwappenden Kaffeetasse in der rechten Hand die Tür öffnen müssen. Ein sozial-kompetenter Mitmensch, der gerade eine Hand frei hat und das Problem des Beladenen erkennt, wäre auch nicht schlecht.

Mit wachsendem Unbehagen beobachte ich allerdings einige 1,90 m große, leicht übergewichtige 30jährige Studenten, die bedürftigen Personen keinesfalls die Tür aufhalten, sondern für sich selbst die Schalter betätigen. Nun könnte man das technischen Fortschritt nennen und einen Zusammenhang mit Sozialkompetenz weit von sich weisen. Aber dieselben Studenten haben keine Hemmungen, mit umweltverpestenden Autos – ein Kat ist zu teuer – zu Demonstrationen zu fahren. Dort protestieren sie gegen diesen Sch…Staat, der zu wenig BAföG zahlt und gegen die Verpestung der Umwelt. Man demonstriert schließlich für mehr Soziales im Staat. Abends schwärmen sie von amerikanischen Universitäten, vergessen aber gern, daß sie die dortigen Studiengebühren nicht bezahlen könnten. Glücklicherweise sind solche Studenten in der Minderheit.

Bei Integrität und Fairneß im Sinne einer sozialen Gesundheit hört m. E. die Lern- und Veränderungsfähigkeit auf. Hier können wir nur noch über Selektion arbeiten. Wir müssen aufpassen, daß die Anständigen nicht durch die Organisation verdorben werden. Denn Individuen werden wesentlich stärker durch die Organisationen im Schlechten angesteckt als umgekehrt die Organisationen durch Individuen im Guten verändert werden können.

Wenn mir bei der Auswahl eines Mitarbeiters die Kriterien ausgehen, stelle ich mir folgenden Fall vor. Ich frage mich, wie würde diese Person in einer gefährlichen Situation handeln? Würde sie am Berg in einer kritischen Situation das Seil kappen, um sich selbst zu retten und dich abstürzen lassen? Oder würde sie bis zur Bewußtlosigkeit das Seil halten? Das „Bauchgefühl" dabei ist oft eine Entscheidungshilfe.

Ein Ressortleiter hat mir einmal folgende Geschichte aus eigenem Erleben erzählt. Frisch verliebt hatte ihn seine damalige Braut und heutige Frau gefragt: „Was würdest du tun, wenn ich am Seil hinge und du könntest dich durch einen Schnitt retten?" Er antwortete damals im Glauben an die Ehrlichkeit als höchstem Wert: „Ich weiß es nicht!" Diese Antwort hat ihm seine Braut nie verziehen, aber immer darüber geschwiegen. Bei der silbernen Hochzeit rückte sie mit ihrem Kummer heraus. Mittlerweile sieht er die Dinge anders und würde sozialintelligent antworten: „Selbstverständlich würde ich das Seil halten." Es gibt Antworten im Leben, bei denen man keinen Bruchteil einer Sekunde zögern darf.

Der Begriff Integrität betont das Individuum. In dem gebräuchlicheren Begriff Fairneß kommt das Gemeinsame, das Soziale stärker zum Tragen. Im Fußball sehen wir unfaires Verhalten sofort. Bei Geschäften wollen wir fair sein und damit eine langfristige Kundenbeziehung pflegen, die für beide Vorteile bringt. Ein nicht zu vernachlässigendes Problem der sozialen Verantwortung besteht dann, wenn sich zwei Parteien zueinander fair verhalten, eine typische „Win-win-Situation" herstellen, dies aber auf Kosten eines Dritten tun. So wurde z. B. in etlichen Städten beim Bau öffentlicher Gebäude mancher Handel zwischen Auftraggeber und Auftragnehmer „fair" getätigt, aber andere Konkurrenten waren ausgebootet und Beamte im Bauamt bestochen worden. Bei der Fairneß ist zu beachten, wer möglicherweise noch beteiligt ist und, ohne es zu wissen, Nachteile hat.

Merksätze für das praktische sozial-verantwortliche Handeln im Sinne der indirekt-passiven Verantwortung

- *Integrität und Fairneß lernen wir in der Kinderstube. Beide sollten ein Kriterium bei der Personalauswahl sein.*
- *Individualistische Werte dominieren derzeit über die Sozialen.*

- Wenn uns rationale Kriterien bei der Auswahl anderer Menschen ausgehen, sollten wir versuchen, die „Bergfrage" zu beantworten.
- Häufig einigen sich die jeweiligen Lobbies zu Lasten Dritter, die nicht mit am Tisch sitzen.

Toleranz und Unvoreingenommenheit

Toleranz kommt von lateinisch tolerare = vertragen und bedeutet die Duldsamkeit gegenüber abweichenden Überzeugungen. Wer bescheiden ist und nicht die Wahrheit für sich gepachtet hat, toleriert andere Meinungen. Dabei kann ich durchaus die eigene Überzeugung für richtig halten. Wenn eine Moslem-Frau das Kopftuch für ein wesentliches Symbol ihrer Geisteshaltung und ihres Glaubens hält, greife ich als sozial-verantwortlicher und toleranter Mensch dieses Verhalten nicht an. Toleranz heißt nicht, daß jeder machen kann, was er will. Toleranz hört da auf, wo Menschenrechte oder die innerhalb eines Staates geltenden Gesetze verletzt werden.

> Es gibt eine Geschichte, die Karl Popper erzählte: Ein junger Mann war wegen Körperverletzung angeklagt. Er suchte die Schuld nicht bei sich, sondern bei seinem Kontrahenten und argumentierte: „Ich brauche Freiheit, bin sehr dynamisch und in meinen Bewegungen energisch. Was kann ich dafür, wenn der Kläger so dumm ist, in meine Fäuste zu laufen?" Darauf antwortete der Richter: „Junger Mann, Ihre Freiheit hört da auf, wo die Nase Ihres Gegenübers anfängt."

Im individuellen, täglichen Bereich sind die Implikationen von Toleranz recht einsichtig. Dennoch sorgen sie für täglichen Konfliktstoff. Wer die Zahnpastatube nicht von hinten aufrollt oder immer wieder vergißt, die Kleiderschranktür zu schließen, kann die Toleranz seiner Mitmenschen überstrapazieren. Ein schwieriges Problem der Selbst- und sozialen Verantwortung in kleinen sozialen Systemen besteht darin, daß wir oft Toleranz bei anderen einfordern, die wir selbst nicht zu üben bereit sind. Besonders heikel ist dies im Bereich der Treue. Es gibt Menschen, die gern Affären haben, beim gleichen Verhalten ihres Partners aber auf die Barrikaden gehen würden.

Toleranz können wir nur ausüben, wenn wir unvoreingenommen anderen Menschen und ihren Meinungen gegenübertreten. Dazu gehört die Einstellung, daß alle Menschen gleichberechtigt sind, wie verschieden sie auch sein mögen. Wer sich selbst für etwas Besseres hält, verfällt leicht in Arroganz. Ich weiß alles besser, also muß ich die anderen möglichst geschickt dahingehend motivieren, daß sie das tun, was ich für richtig halte. Diese Arroganz bei Führungskräften bemerken Mitarbeiter oft genug. Das fördert nicht unbedingt ihre Motivation und die Bereitschaft, Verantwortung zu übernehmen.

<u>Merksätze für das praktische sozial-verantwortliche Handeln im Sinne der indirekt-passiven Verantwortung</u>

- *Toleranz bedeutet nicht, daß jeder machen kann, was er will.*
- *Deine Freiheit endet da, wo die Freiheit des anderen anfängt.*
- *Zu große Toleranz kann das System zerstören.*
- *Formale Toleranz gewährt definierte Freiheiten.*
- *Relative Toleranz bedeutet Solidarität mit Benachteiligten.*
- *Inhaltliche Toleranz geht davon aus, daß alle Menschen gleich sind und dasselbe wollen.*
- *Unvoreingenommenheit ist die Voraussetzung von Toleranz oder begünstigt sie zumindest.*

Mitgliedschaft

Indirekt-passive soziale Verantwortung tragen wir auch durch Mitgliedschaft. Wer sich zu einem sozialen System bekennt, ist damit mitverantwortlich für das, was im Namen dieses sozialen Systems getan wird. Wir sollten uns genau überlegen, bei welchem Verein wir Mitglied werden und was unser Name auf der jeweiligen Liste bedeutet. Es gibt viele sozial-intelligente, aber wenig verantwortliche Menschen, die A mit dem Argument anlocken, B sei auch dabei, und B mit dem Argument, A gehöre ebenfalls dazu. Als Mitglied eines Freundeskreises ergibt sich wiederum die Frage der Balance von Teilhabe und Teilnahme.

Ein ehemaliger „Freund" von mir besuchte uns oft in Bayern, wo wir unser Häuschen mit viel Eigenarbeit bauten. Dies war aus finanziellen Gründen einfach erforderlich. Ein solches Häuschen im Pfaffenwinkel hat den Vorteil, daß man in einer der schönsten Gegenden der Welt lebt. Damit ist allerdings auch der Nachteil verbunden, daß sich hier eine ideale Zwischenstation für alle südwärts reisenden Menschen bietet. Wer sein Haus in einem schönen Winkel Bayerns hat, hat auch viele „Freunde".

Diese können kostenlos übernachten, werden gut beköstigt und freuen sich, die Freunde, also uns, wiederzusehen. Als wir nun die Zwischenstationen auf der jeweiligen Hin- und Rückreise diverser Freunde und Verwandter ausrechneten, stellten wir fest, daß wir von einer leider unentgeltlichen Pension nicht mehr fern waren. Dieser bewußte Freund war nun ein hoch sozial-verantwortlicher Mitmensch. Er hatte sich durch einen Umzug nach Berlin vor der Bundeswehr gedrückt, auf jeden Fall sozial-intelligent. Über BAföG ließ er sich zum Zahnarzt ausbilden und schließlich in München nieder. Nach jeweils vier anstrengenden, aber gut honorierten Bohrtagen in der Woche zog es ihn in die schöne Alpenlandschaft hinaus, wobei unser Standort die ideale Pausenstation war. Wenn ich also samstags unter Zeitdruck vor mich hinmauerte, tauchte er auf und erwartete, daß er nicht nur ein bevorzugtes Sonnenplätzchen einnehmen konnte, sondern daß er mit mir bei Rotwein und leckerem Essen ein wenig philosophieren konnte. Schließlich schöpfte die Bohrerei seine kognitive Kapazität nicht voll aus. Meine Motivation war ziemlich entgegengesetzt. Ich war froh, von der wöchentlichen geistigen Arbeit lustvoll in den Maurermörtel einzusteigen und unser Häuschen wachsen zu sehen. Jede Minute Philosophie kostete mich ein Stück Mauer. Dieses Maß an hoher sozialer Intelligenz, aber niedriger sozialer Verantwortung hätte ich als höflich erzogener Mensch noch ertragen. Aber die Lebensweisheit dieses „Freundes", ich solle es doch machen wie er, solle jeden Tag genießen, „carpe diem", und ich wäre doch ziemlich blöde, in jeder freien Minute mein Kreuz zu verbiegen, ließ mich an meiner eigenen sozialen Intelligenz zweifeln.

<u>Merksätze für das praktische sozial-verantwortliche Handeln im Sinne der indirekt-passiven Verantwortung</u>

- *Durch die Mitgliedschaft in einem sozialen System machen wir uns schon mitschuldig.*
- *Mitgliedschaften machen nur synegoistisch Sinn.*

Mitgefühl, Mitleid und Barmherzigkeit

Mitgefühl ist eine typische „Balance-Variable", über die wir nicht zuwenig und nicht zuviel verfügen sollten. Der Ausdruck von Empathie sorgt bei unserem Gegenüber für ein Gefühl der menschlichen Wärme und des Verstanden-Werdens. Kalte, gefühllose Menschen stoßen uns ab. Zuviel Mitgefühl kann uns auf die Nerven gehen. Zuviel Mitgefühl und vor allem Mitleid können wir uns in manchen Berufen nicht leisten. Wir wissen beispielsweise, daß das Burnout-Syndrom der inneren Erschöpfung vor allem bei Männern Ende Vierzig und in medizinischen und sozialen Berufen vorkommt.

Wer täglich mit Menschen in schwierigen Situationen umgehen muß, kann nicht immer mitweinen, sonst wird er handlungsunfähig und kann nicht mehr helfen. Er braucht Möglichkeiten der Abwehr, und die schafft er sich unter anderem durch eine distanzierende Sprache. Die Ärzte-Sprache ist unter Laien nicht ohne Grund verschrien und wirkt oft sozial-inkompetent. Sie ist vielfach ein Schutz. Zynismus ist zudem fast immer ein Zeichen von Hilflosigkeit und Resignation.

Mitleidsfähigkeit als Gefühl und Barmherzigkeit als Neigung sind Basisvariablen der sozialen Verantwortung. Menschen, die „ein Herz aus Stein" haben, sind zu Sozialität nicht fähig. Sie können zwar sozial-intelligent sein, sind aber kaum bereit, für andere Verantwortung zu übernehmen. Sie tun dies, um ein bestimmtes Image zu erzeugen. Insofern sind die Spender besonders zu bewundern, die nicht namentlich genannt werden wollen. Zum Mitleid gehört auch das Mitfreuen. Wir vergessen leicht, wie wichtig es ist, sich mit anderen ohne Neidgefühle freuen zu können.

Merksätze für das praktische sozial-verantwortliche Handeln im Sinne der indirekt-passiven Verantwortung

- Empathie vermittelt dem Gegenüber den Eindruck von Verstanden-Werden, Wärme und Geborgenheit.
- Mitgefühl soll auf jeden Fall echt wirken. Mitgefühltriefende Sprüche stoßen eher ab. Mitfreuen ermuntert zur Übernahme sozialer Verantwortung.
- Mitleid, Mitgefühl und Barmherzigkeit sind die Basis für sozial-verantwortliches Verhalten.

Indirekt-aktive soziale Verantwortung

Die beschriebenen Facetten sozialer Verantwortung (Ethik und Kultur, Selbstreflexion, Bescheidenheit, Integrität, Toleranz und Mitgliedschaft) wirken indirekt und sind von außen nicht unbedingt erkennbar. Es gibt weitere Facetten, die auch indirekt wirken, aber von unseren Mitmenschen meistens gut als aktives Handeln erkannt werden können.

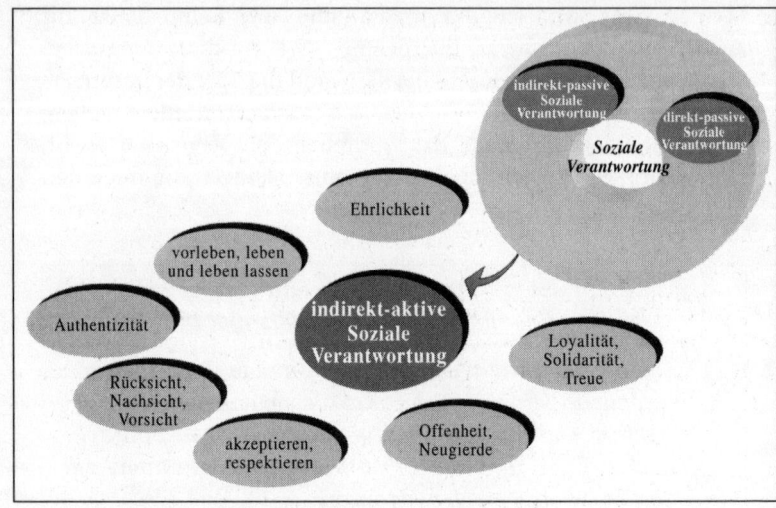

Abb. 20: Indirekt-aktive soziale Verantwortung

Loyalität, Solidarität, Treue

Das Wort loyal kommt aus dem lateinischen legalis = gesetzlich über das Französische in die deutsche Sprache. Es bedeutet gesetzestreu, die Verfassung respektierend oder auch ehrlich und anständig. Loyalität steht für die Erfüllung der politischen und beamtenrechtlichen Treuepflicht. Darüber hinaus ist damit die Vertragstreue und die moralische Verpflichtung gemeint, nicht nur die Buchstaben, sondern auch den Geist der Gesetze zu achten. Das Gegenteil wäre illoyal. Das wäre ein Beamter, der vom Staat alimentiert wird und ihn von innen torpediert. Heute meinen wir mit loyal eine redliche, faire Gesinnung in bezug auf das jeweilige System.

> Der Personalreferent einer Chemie-Firma hatte folgendes Problem: Ein Hauptabteilungsleiter wollte einen Gruppenleiter zum Abteilungsleiter befördern. Er holte den Rat des Personalreferenten ein. Der Mann sei als gut, fleißig und loyal bekannt – ob denn der Personalreferent diese Meinung teile. Der wurde

durch die Frage in eine schwierige Lage gebracht. Denn der Gruppenleiter hatte ihn ein halbes Jahr zuvor aufgesucht, um Hilfe bei seinem Alkoholproblem zu erbitten. Was der Personalreferent jetzt auch tat, es konnte nur falsch sein. Wollte er den Hauptabteilungsleiter richtig beraten, mußte er den zu befördernden Gruppenleiter „outen". Wollte er die diesem zugesicherte Vertraulichkeit bewahren, mußte er den Hauptabteilungsleiter falsch entscheiden lassen. Normalerweise verhalten sich Personen in solchen Situationen unbestimmt. Sie sagen, hierzu könnten sie keine Stellung nehmen. Im vorliegenden Falle ist es sozial-intelligent und zugleich verantwortlich gelungen, die drei Personen an einen Tisch zu bringen und mit offenen Karten zu spielen. Der Gruppenleiter wurde zu diesem Zeitpunkt nicht befördert. Durch die entgangene Chance wurde er aber motiviert, eine Entziehungskur durchzustehen. Dies gelang, und er blieb abstinent. Zwei Jahre später wurde diese Leistung durch eine Beförderung belohnt.

Auch im täglichen Leben rutschen wir ungewollt in Loyalitätskonflikte, weil wir etwas erfahren, was wir diesem oder jenem nicht weitersagen dürfen. Es ist schwer, sich jemandem gegenüber authentisch zu verhalten, der etwas nicht weiß, was ich weiß. Insofern sollten wir in solchen Situationen immer klarmachen, daß wir bestimmte Dinge nicht wissen wollen, wenn wir sie nicht weitergeben dürfen.

Im Zweifelsfalle sollten wir unsere „Loyalitätszwiebel" beachten. In deren innerstem Kern sollten wir zuerst uns selbst gegenüber loyal sein. Dann kommen die uns liebsten Menschen, normalerweise Partner und Kinder. Hier gibt es bereits etliche Konflikte, etwa wenn der Vater Dinge nicht wissen soll, die Mutter und Tochter ausdiskutiert haben. Die nächste Zwiebelschale der Loyalität kann die Verwandtschaft, das Arbeitsteam oder der Freundeskreis sein. Schwierig wird es in Doppelrollen, wenn z.B. ein Mitarbeiter zugleich ein Freund ist. Meist führt dies nicht zu loyalem Verhalten: Die Angst, die anderen Mitarbeiter könnten denken, ich würde einen Freund bevorzugen, läßt mich ihm gegenüber besonders streng sein.

Loyalität bedeutet auch, daß wir uns zu einem System bekennen und uns nicht mit anderen gegen dieses System solidarisieren. Wenn z. B. ein Auftraggeber meinen Mitarbeiter kritisiert, liegt die Versuchung nahe, zuzustimmen. Loyalität bedeutet in diesem Fall, den Mitarbeiter zunächst zu verteidigen, ihn dann aber unter vier Augen zu befragen und gegebenenfalls unter sechs Augen die Angelegenheit konstruktiv zu besprechen.

Loyalität hat viel mit Treue zu tun. Treue bedeutet nicht nur, nicht zu betrügen, sondern auch stabil zu dem jeweiligen sozialen System zu stehen. Solidarität ist mit Loyalität und Treue verwandt, bezieht sich aber stärker auf soziale Systeme, bei denen wir die meisten Individuen nicht kennen. Solidarität meint ein Zusammengehörigkeitsgefühl und die wechselseitige Verbundenheit von Menschen, die sich unter störenden Bedingungen wie eine Einheit verhalten. Diese kann sich in einer gemeinsamen Gesinnung oder auch im gemeinsamen Handeln, etwa beim Streik, ausdrücken. Solidarität wird durch eine kritische Situation nur veranlaßt. Der eigentliche Grund liegt im Einsatz für gemeinsame Werte. Wir kennen Solidaritätskundgebungen oder Solidaritätsadressen, durch die wir uns zu Werten und Einstellungen im Kollektiv bekennen und uns gegenseitig unterstützen. Manchmal ist dabei das „Pfeifen im Walde" mitzuhören. Aber immerhin: Menschen drücken eine soziale Verantwortungsübernahme aus. Die Überwindung der deutschen Teilung u. a. durch die Solidaritätskundgebungen in Leipzig und Dresden verdeutlichen uns, wie sehr wir durch solche Aktivitäten emotional bewegt werden können und wieviel politische Kraft darin liegen kann. Solidarität unterscheidet sich von Syn-Egoismus durch den passiven, bewahrenden Charakter. Man verhält sich Schwachen, Unterdrückten, Minderheiten, Nicht-Leistungsfähigen gegenüber solidarisch. Beim Syn-Egoismus werden über faire Deals Leistungen und Hilfen ausgetauscht.

In der Nachbarschaft von Loyalität und Treue liegt die Dankbarkeit. „Undank ist der Welten Lohn" entspricht nicht unserer Vorstellung von sozialer Verantwortung. Dankbarkeit muß auch nicht ewig sein, aber eine passende Geste ist unabdingbar, damit der Wohltäter motiviert wird, anderen Gutes zu tun.

> *Merksätze für das praktische sozial-verantwortliche Handeln im Sinne der indirekt-aktiven Verantwortung*
>
> - *Loyalität bedeutet Stehen zu dem eigenen sozialen System und äußert sich langfristig u. a. in Treue.*
> - *Loyalitätskonflikte sind oft kaum zu vermeiden und können meist nur durch Transparenz zwischen allen Beteiligten bewältigt werden.*
> - *Wir können Konflikte vermeiden, wenn wir uns die „Loyalitätszwiebel" vor Augen führen, die von der Loyalität zu uns selbst bis zu ich-fernen Systemen als äußerster Zwiebelschale reicht.*
> - *Wir sollten vorschnelle Solidarisierungen vermeiden.*
> - *Solidarität bedeutet das Zusammenstehen von Menschen eines sozialen Systems auf der Basis gemeinsamer Werte und Einstellungen, vor allem unter störenden und kritischen Bedingungen.*

Offenheit und Neugierde

Unvoreingenommenheit bedeutet noch nicht Offenheit und Neugier. Soziale Verantwortung übernehmen wir eher, wenn uns Menschen interessieren, wenn wir sie gar lieben. Wer für andere offen ist und wissen will, wie es ihnen geht, kann sich anschließend für sie einsetzen. Wenn mich das Schicksal politischer Gefangener oder der durch Kriege und Überschwemmungen Obdachlosen nicht interessiert, werde ich auch nicht dafür spenden. Jeden Tag werden wir im Fernsehen mit neuen Katastrophen konfrontiert. Wir können die Zahl der Betroffenen und den Grad des individuellen Leids gar nicht mental erfassen. Dies gelingt erst, wenn z. B. in Filmen Einzelschicksale gezeigt werden, mit denen wir uns identifizieren können.

Offenheit und Neugier Personen und Dingen gegenüber, die uns nicht direkt berühren, sind auch unabdingbar, wenn wir mit einer politischen Wahl soziale Verantwortung übernehmen. Dem Recht zu wählen kommen wir sozial verantwortungsvoll nur nach, wenn wir auch der damit verbundenen Pflicht, uns zu informieren, nachkommen. Neugierige, offene und gut informierte Bürger sind kritisch und stellen unangenehme Fragen.

> Merksätze für das praktische sozial-verantwortliche Handeln
> im Sinne der indirekt-aktiven Verantwortung
>
> - Offenheit und Neugierde für andere Menschen sind eine Voraussetzung für die Übernahme sozialer Verantwortung.
> - Sie müssen gezeigt und geweckt werden, um sozialen Verpflichtungen wie z.B. der politischen Wahl gerecht zu werden. Soziale Abkapselung ist zugleich Verantwortungsverweigerung.

Akzeptieren und respektieren

Akzeptanz führt zu Respekt und umgekehrt. Beides führt zu Vertrauen. Wenn wir andere Menschen nicht ablehnen, sondern akzeptieren, können wir sie auch eher respektieren. Menschen haben ihre „Macken", nicht um uns zu ärgern, sondern weil sich diese Verhaltensweisen für sie in den jeweiligen Situationen als die „besten" zum Überleben herausgestellt oder zumindest nicht gestört haben. Es ist wichtig, die individuelle Biographie in die Beurteilung eines anderen einzubeziehen, um ihn in seinem heutigen Sein akzeptieren zu können.

Beim sozial-verantwortlichen Urteil über Personen gehen wir meist intuitiv von der Akzeptanz aus. Ich kann möglicherweise jemanden nicht leiden und akzeptiere ihn nicht, habe aber dennoch Respekt vor ihm. Bei der Beurteilung von Sachverhalten starten wir eher beim Respekt. Ich kann die Meinung eines anderen nicht akzeptieren, kann sie aber dennoch als „subjektive Wahrheit" eines anderen respektieren. Wenn ich andere erst einmal respektiere, fällt mir ein späterer Wechsel meiner Meinung oder die Akzeptanz der anderen Meinung leichter.

Es gibt viele Personen, die lieber von anderen respektiert als geliebt werden. Dies trifft beispielsweise für die sogenannten A-Typen zu. Solche herzinfarktgefährdeten Charaktere sind fortwährend auf Wettkampf aus, leistungsorientiert, dynamisch, wollen immer schneller immer mehr und gleichen irgendwann dem Hamster im Laufrad. Der denkt, das Rad dreht sich, und merkt nicht, daß er das Rad selbst dreht. Diese „Hamster" wollen vor allem Respekt von ihrem sozialen Umfeld, am besten aber vom Gegner.

Den anderen zu akzeptieren und ihn als gleichwertigen Menschen zu respektieren gehört zur sozialen Verantwortung. Das vielgepriesene „Management by love" ist unsinnig. Wir können unseren Mitarbeitern und Kollegen nicht vor Liebe um den Hals fallen. Im Gegenteil, die Kunst des sozial-verantwortlichen Umgangs miteinander besteht gerade darin, mit anderen Personen menschenwürdig auszukommen, obwohl man sie nicht riechen kann.

Rücksicht, Nachsicht und Vorsicht

Diese Begriffe sind wörtlich zu nehmen. Wir handeln auch dadurch sozial-verantwortlich, daß wir zurücksehen. Nachsehen gehört zur sozialen Verantwortung, indem wir nicht jede kleinste Verhaltensabweichung „unnachsichtig" verfolgen, sondern großzügig die allgemeine Entwicklung beurteilen. Unsere Kinder machen andauernd Fehler. Wenn wir jeden Fehler sofort ahnden würden, würden wir jede gesunde Dynamik im Keim ersticken. Beim Fußball gibt es ja auch die Vorteils-Regel.

Bei Mitarbeitern ist es ähnlich. Wir brauchen eine Fehlertoleranz. Denn wenn sie aus Angst vor Bestrafung nicht mehr experimentieren, neue Dinge ausprobieren, gehen Kreativität und Innovationsfähigkeit verloren. Im übrigen macht Milde und Nachsichtigkeit sympathischer und schafft ein gewisses Vertrauen, auch einmal selbst Fehler einzugestehen.

Vorsicht bedeutet im wahrsten Sinne des Wortes vor sich sehen. Wer läuft vor mir, wem könnte ich auf die Füße treten? Eine möglicherweise „deutsche Krankheit" besteht darin, sich rücksichtslos und unvorsichtig vorzudrängeln, selbst wenn damit nur Sekunden „gewonnen" werden.

> *Merksätze für das praktische sozial-verantwortliche Handeln im Sinne der indirekt-aktiven Verantwortung*
>
> - Rücksicht bedeutet nach hinten sehen, was wir eventuell mit unserem Verhalten bei anderen anrichten.
> - Nachsicht ist als Korrektiv für uns angezeigt. Wir neigen dazu, emotional geladen verbal schlimmer zuzuschlagen, als der sozialen Beziehung guttut. Später tut uns mangelnde Nachsicht meist leid.
> - Die Erfordernis von Vorsicht sehen wir im täglichen Straßenverkehr nicht nur hinsichtlich der Gefahrenvermeidung, sondern auch des sozialen Umgangs miteinander.

Authentizität

„Unechte" Menschen mit aufgesetztem Verhalten empfinden wir als unangenehm. Wenn wir genau beschreiben sollen, was uns im einzelnen stört, fällt das schwer. Ein solches Verhalten wirkt „irgendwie" einstudiert, zu kontrolliert, es scheint nicht von innen zu kommen. Es besteht keine Übereinstimmung zwischen Kognitionen, Emotionen und Körperwelt. Authentisch kommt aus dem Griechischen authentes für Urheber und bedeutet echt verbürgt, zuverlässig. Im alten Griechenland wurde es auf Schriftstücke bezogen, die wirklich vom Urheber verfaßt wurden und nicht von Leuten, die dessen geistiges Eigentum gestohlen hatten oder die eigenen Überlegungen anderen unterschoben. In der kirchlichen Authentik geht es um den Echtheitsbeweis von Reliquien.

Oft hören wir, daß eine Person, die wir gut zu kennen glauben, etwas Bestimmtes gesagt haben soll. Erstaunt sagen wir: „Ich kann mir nicht vorstellen, daß der das gesagt haben soll, es würde nicht zu ihm passen." Hinter dem authentischen Verhalten steckt also mehr als eine Außendarstellung. Unsere Authentizität kommt aus dem Kern unserer Persönlichkeit, die wir als Zwiebel beschrieben haben. Wir leben in Übereinstimmung zwischen unseren Instinkten, Emotionen, ethischen Überzeugungen, unseren Einstellungen, dem Wissen und schließlich unserem Tun. Das Ganze muß stimmig sein, um auf Mitmenschen authentisch zu wirken. Wie oft sagen wir bei einer bestimmten Verhaltensweise: „Das ist genau der X." Eine authentische Person macht aus ihrem Herzen keine Mördergrube, zeigt Emotionen in sozial verträglicher Weise und ein einheitliches Bild aus körperlichem und mimischem Ausdruck, Worten und Taten.

In der Sprache äußert sich weniger authentisches Verhalten in der Verwendung von Begriffen wie „man" oder „wir", wenn man eigentlich „ich" sagen sollte. Damit wird der Eindruck erweckt, daß derjenige keine Verantwortung für sein eigenes Handeln übernimmt. Durch unechtes, manipulierendes Verhalten werden Annäherung und in der Folge Kooperation erschwert. Durch aufrichtiges, unumwundenes Verhalten und klaren Ausdruck entsteht der Eindruck von Authentizität.

> Eine oft schwer erkennbare indirekt-aktive soziale Verantwortungslosigkeit besteht in sozialem Druck und dem Einimpfen eines schlechten Gewissens. In unserem weiteren Bekanntenkreis sind einige Frauen, die ihre „Putzwut" besonders an Feiertagen zur Entfaltung kommen lassen. Besuch ist angesagt, sie wollen die perfekte Hausfrau sein und es am Feiertag besonders ordentlich haben. Die Putzfrau hat frei, die Kinder sind zu Hause. Was liegt näher, als sich nun endlich mal die Ecken vorzuknöpfen, in denen der Schmutz monatelang nicht aufgefallen war? Die anderen Familienmitglieder stehen unter sozialem Druck, beim Putzen zu helfen. Tun sie dies nicht, weil sie sich über die Feiertage erholen wollen, werden die Putzgeräusche etwas lauter, untermalt von leisem Stöhnen und spitzen Bemerkungen, die Dame des Hauses wolle auch mal endlich freihaben. Der konstruktive Hinweis „Schreib doch auf, wo die Putzfrau sauber machen soll, wenn sie wiederkommt" hilft da erfahrungsgemäß wenig.

> Merksätze für das praktische sozial-verantwortliche Handeln
> im Sinne der indirekt-aktiven sozialen Verantwortung
> - *Andere müssen sich auf uns verlassen können. Dies gelingt ihnen um so besser, je authentischer wir sind.*
> - *Wir wirken um so authentischer, je besser es uns gelingt, ein „rundes" Bild unserer Körperwelt, Geistes- und Lebenswelt zu zeigen.*
> - *Authentisch sind wir, wenn wir sagen, was wir tun, und tun, was wir sagen; ein Prinzip synegoistischen Verhaltens.*

Vorleben, leben und leben lassen

Bei Rot über die Ampel zu gehen ist individuell gefährlich. Im Hinblick auf die *soziale Verantwortung* ist es unverzeihlich, wenn Kinder dieses Verhalten mitbekommen. Sie lernen stark durch Imitation und Beobachtung, leider auch das Negative. Wer von anderen Dinge verlangt, die er selbst nicht zu leisten bereit ist, handelt sozial-unverantwortlich. Das ist leider auch oft im privaten Bereich anzutreffen. Der Ehepartner verlangt vom anderen Dinge, die er selber nicht gibt.

„Die Mitarbeitergespräche sind ab sofort durchzuführen", sagt der Geschäftsführer und denkt nicht daran, mit leuchtendem Beispiel voranzugehen. Denn er hat ja zu wenig Zeit. Und auf Verkäufer wirkt nicht allein die strukturelle Maßnahme einer Verkaufsprovision. Der Chef sollte es ihnen vormachen.

Kinder zeigen beispielhaft Beobachtungs- und Imitationslernen. Das meiste lernen wir nicht absichtsgeleitet und bewußt, sondern nebenbei und ohne daß es in unser Bewußtsein dringt. Deshalb ist das Vorleben von Vorbildern so wichtig. Im Vorleben steckt ein Teil des kategorischen Imperativs von Kant, daß wir so leben, daß es zum Maßstab für richtiges Verhalten anderer werden könnte. Wer selbst nicht pünktlich ist, kann schwerlich von anderen pünktliches Erscheinen verlangen.

Wenn ein amerikanischer Präsident ein Verhältnis hat und sich vor den entsprechenden Gremien kurzfristig sozial-intelligent, langfristig gesehen aber sozial dumm ausdrückt, mag dies sachlich uninteressant sein. Der Schaden im Bereich des Vorlebens und des Vertrauens ist jedoch enorm. Wir erwarten von herausgehobenen Persönlichkeiten, daß sie uns zumindest die Illusion einwandfreien Verhaltens lassen. Wie sollen wir ihnen glauben, daß sie wesentliche Entscheidungen sozial-verantwortlich fällen?

<u>Merksätze für das praktische sozial-verantwortliche Handeln im Sinne der indirekt-aktiven Verantwortung</u>

- *Wenn wir „oben" richtiges Verhalten nicht vorleben, können wir es „unten" nicht erwarten.*
- *Lernen erfolgt zu großen Teilen unbewußt über Beobachtung und Imitation. Insofern besteht im Vorleben eine Lernverantwortung.*
- *Wer von anderen verlangt, was er nicht zu geben bereit ist, handelt sozial-unverantwortlich.*
- *Je herausgehobener unsere Stellung ist, um so eher wirken wir als Vorbilder und haben eine noch stärkere „Vorlebens-Verantwortung".*

Ehrlichkeit

Ein heikles Kapitel der sozialen Verantwortung, teilweise auch der sozialen Intelligenz, ist die Ehrlichkeit. Wir haben das Ideal eines anständigen, ehrlichen Mitmenschen, auf den Verlaß ist. In einer engen sozialen Beziehung wie der Ehe dürfte dies unbestritten sein. Verlogenheit ist der Tod jeder Beziehung. Aber wie sieht es bei einem Verkäufer aus? Soll er die Vorzüge des Konkurrenzproduktes zugeben? Bedeutet Verschweigen schon Unehrlichkeit? Soll der Politiker die unangenehmen Wahrheiten vor der Wahl verkünden in der Gewißheit, daß er dann nicht mehr gewählt wird? Wollen die Leute vielleicht belogen werden? Soll der Arzt dem Patienten sagen, daß er Krebs hat, obwohl er genau weiß, daß dieser Patient es gar nicht wissen will? Sind wir höflich, oder machen wir dem Nachbarn klar, daß er ein Spießer ist? Wie viele Schwarzarbeiter, die an unserem Häuschen reparieren, können wir verschweigen? Sagen wir unserem Partner, daß er heute mies aussieht? Sind Komplimente nicht Lügen? Der beschriebene Heiratsschwindler ist darin gut, eben sozial-intelligent – allerdings wohl nicht sozial-verantwortlich.

Es gibt kaum einen Begriff, bei dem man so schnell in Schwierigkeiten gerät wie bei der Ehrlichkeit. M. E. kann die Faustregel nur lauten: „Handele so ehrlich wie möglich, so unehrlich wie nötig in der Weise, daß höhere Werte wie Menschlichkeit und Lebensqualität geschützt werden und du später für die Folgen dieser Art von Ehrlichkeit geradezustehen bereit bist." Das bedeutet, daß ich als Arzt unter Umständen lüge, weil ich den Wunsch des Patienten berücksichtige, der sich davon mehr Lebensqualität verspricht. Meinem Mitarbeiter sage ich zunächst in homöopathischen Dosen die Wahrheit, wenn seine Leistung zu wünschen übrigläßt.

Merksätze für das praktische sozial-verantwortliche Handeln im Sinne der indirekt-aktiven Verantwortung

- *Ehrlichkeit ist erstrebenswert zum Erhalt sozialer Systeme. Sie ist allerdings kaum bestimmbar. Unehrlichkeit reicht vom bewußt die Unwahrheit Sagen über das „Flunkern" bis zum Verschweigen.*
- *In vielen Situationen muß jeder mit seinem Gewissen klären, inwieweit es höhere Werte gibt als Ehrlichkeit, z.B. Menschlichkeit.*
- *Besonders sozial-unverantwortlich handeln Egoisten, die ihre Ehrlichkeit („ich bin eben ein Egoist") auch noch für sozial-kompetent halten.*

Direkt-aktive soziale Verantwortung

Die Ehrlichkeit bietet einen Übergang von der indirekt-aktiven zur direkt-aktiven Verantwortung. Hier wirken wir direkt und unmittelbar auf andere Mitglieder unserer sozialen Systeme ein.

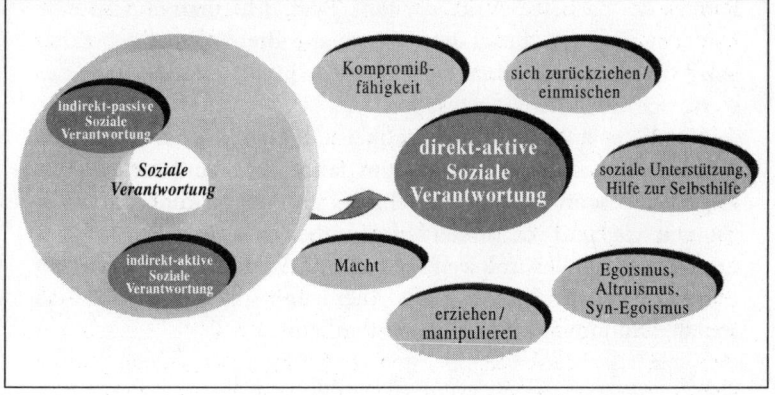

Abb. 21: Mindmap direkt-aktive soziale Verantwortung

Kompromißfähigkeit

Manche Leute halten sich für besonders führungsstark, weil sie „kompromißlos" agieren. Das imponiert zunächst. Aber im sozialen Zusammenleben, vor allem wenn es um soziale Verantwortung geht, ist Kompromißlosigkeit eine Plage. In Führungskonzepten hat sich folgende Faustregel bewährt: Im ersten Schritt sollten wir versuchen, zu überzeugen. Überzeugung bedeutet bei dem andern angst- und zwangfrei Einsicht zu erzeugen. Überzeugung ist selten, weil verschiedene Menschen unterschiedliche Wahrheiten und Systemsichten haben. Ich kann einen eingefleischten Kommunisten schwerlich von der freien Marktwirtschaft überzeugen.

Wenn wir versucht haben, den anderen zu überzeugen, und dabei gescheitert sind, kommt der nächste Schritt. Wir suchen nach einem fairen Kompromiß, d. h. einer Möglichkeit, uns in der Mitte einer Dimension zu treffen. Wenn der Verkäufer eines Gebrauchtwagens aus seiner Sicht zu Recht 20000 DM fordert, der Käufer aber genauso zu Recht nur 16000 DM zahlen will, trifft man sich bei 18000 DM. Arbeitgeber und Gewerkschafter machen in Tarifverhandlungen nichts anderes. Wenn die Dimension nicht teilbar ist, kann kein Kompromiß gefunden werden. Dann kommt der nächste Schritt, der faire Deal, d. h., man tauscht eine Dimension gegen die andere. Wenn die drei Schritte Überzeugung, Kompromiß, fairer Deal nicht gelingen, ist allerdings der vierte Schritt „Macht" angesagt.

Für die soziale Verantwortlichkeit entscheidend ist die Bereitschaft zum Kompromiß bzw. zum fairen Deal und die Reihenfolge der beschriebenen vier Schritte. Zahlreiche Führungskräfte zäumen das Pferd von hinten auf. Sie arbeiten als erstes mit Macht. Das geht schneller und erspart lästige Diskussionen. Kurzfristig lohnt sich das falsche Verhalten. Aber langfristig rächen sich diese soziale Dummheit und Unverantwortlichkeit.

> *Merksätze für das praktische sozial-verantwortliche Handeln im Sinne der direkt-aktiven Verantwortung*
>
> - *Kompromißfähigkeit ist eine Tugend, Kompromißlosigkeit ist nur in seltenen Fällen eine Stärke.*
> - *Der Kompromiß ist ein entscheidendes Element der erwähnten Kette: Überzeugen, Kompromiß, fairer Deal, Macht. Die umgekehrte Reihenfolge ist sozial-unverantwortlich und egoistisch.*

Sich zurückziehen und einmischen, Takt

„Schweigen ist Silber, Reden ist Gold", ist ein Spruch, der keinesfalls immer gilt. Es gibt Situationen, in denen man nicht schweigen kann, ohne mitschuldig zu werden. Schweigen kann von anderen als Billigung verstanden werden. Manchmal müssen wir uns einmischen, auf jeden Fall dann, wenn Menschenrechte gefährdet sind. Im privaten Bereich ist es dagegen zumeist sinnvoll, sich aus Familienstreitigkeiten von Freunden und Bekannten herauszuhalten. Denn hinterher, wenn sich beide Streitparteien wieder versöhnt haben, schieben sie gerne die Schuld auf denjenigen, der sich in bester Absicht eingemischt hat. Nichts hält ein soziales System besser zusammen als die Schaffung eines Außenfeindes.

Takt im Sinne sozialer Verantwortlichkeit bedeutet, an der richtigen Stelle zu schweigen und sich zurückzuziehen, wenn man stört. Durch taktvolle Bemerkungen treten wir unseren Mitmenschen nicht zu nahe, sondern halten die richtige Distanz. Taktlose Bemerkungen sind unverschämt, distanzlos, frech. Sie treffen jemanden unnötig an einer empfindlichen Stelle. Respekt vor der Privatheit und der Intimsphäre gehört zum Takt. Auch das Trennen verschiedener Handlungsbereiche gehört dazu. Wegschauen, wenn der Bergsteigerkamerad abrutscht, ist natürlich das Gegenteil von Syn-Egoismus.

Merksätze für das praktische sozial-verantwortliche Handeln im Sinne der direkt-aktiven Verantwortung

- *Wir sollten uns keine Einmischungen in private Querelen von Freunden und Bekannten erlauben.*
- *Einmischen im Verbund mit Gleichgesinnten, wenn Menschenrechte gefährdet erscheinen, gehört zur sozialen Verantwortung.*
- *Wir sollten nach einer zur persönlichen Befindlichkeit passenden Balance zwischen Vernetzung mit anderen und privatem Rückzug suchen.*

Soziale Unterstützung, Hilfe zur Selbsthilfe

In der synegoistischen Bergsteiger-Mannschaft regen sich selbstverständlich die Teilnehmer gegenseitig an und helfen sich. Bei Gruppen- und Teamprozessen spielen zwei Facetten eine besondere Rolle, die für die soziale Intelligenz und die soziale Verantwortung wichtig sind: soziale Aktivierung und soziale Unterstützung.

Soziale Aktivierung wurde in erster Linie im Leistungszusammenhang untersucht, d.h., welche Anwesenheit welcher Personen fördert oder behindert Leistung. Wir kennen das Problem, daß uns bei der Lösung einer komplexen Aufgabe die Anwesenheit eines anderen „kribbelig" macht. Wir werden abgelenkt und mindern unsere Leistung. Umgekehrt gelingen uns andere Dinge besser in der Gruppe. Das Schrittmacherphänomen bei Radrennfahrern, der Konkurrent beim Jogging, die bessere Schwester in der Schule setzen Energien frei. Lampenfieber wird schlimmer, wenn wir unsere Zuhörer für sehr kompetent halten. Übererregung reduziert die Leistung. Wenn andere dabei sind, werden die Folgen meines Handelns, sei es als Lob, sei es als Tadel, schwerwiegender.

Soziale Aktivierung steht in Zusammenhang mit sozialer Unterstützung, die ein wichtiger Streßreduktionsparameter ist. Sie soll Unsicherheit reduzieren, Verluste ersetzen und negative Erlebnisse besser verkraften lassen bzw. positive Erlebnisse subjektiv vervielfältigen („Geteiltes Leid ist halbes Leid – geteilte Freude ist doppelte Freude"). Der adäquate Umgang mit sozialer Aktivierung und Unterstützung ist ein wesentliches Merkmal von sozialer Intelligenz im Sinne des Könnens und sozialer Verantwortung im Sinne des Wollens. Dafür gibt es wenig theoretische Lernmöglichkeiten, aber viele praktische Erfahrungen. Hier liegt ein wesentlicher Grund dafür, daß Führungskräfte viele solcher sozialen Situationen erlebt haben sollten. Wer im Elfenbeinturm aufgewachsen ist und nie mit unterschiedlichen Leuten und ihren verschiedenen Biographien soziale Aktivierung und Unterstützung erfahren hat, vom Vorstands-Papa zum Kollegen-Vorstand als Vorstandsassistent geschickt wird und später selbst Vorstand wird, hat wenig Voraussetzungen für sozial-kompetentes Verhalten.

> Früher schickten wir Studenten im Experimentalpraktikum auf die Straße. Sie sollten am Straßenrand eine Autopanne simulieren, um das Hilfeverhalten anderer Autofahrer zu untersuchen. Dies geschah unter verschiedenen Bedingungen. Das eine Mal war der pannengeplagte Mensch eine attraktive Frau, das andere Mal eine weniger attraktive, wieder ein anderes Mal ein Mann mit Anzug und Schlips oder in einer abgerissenen Jeans. Als Umfeldbedingungen wurden ein heller Tag bei Sonnenschein oder die Dämmerung bei Regen gewählt. Man kann das Ergebnis ahnen.

> <u>Merksätze für das praktische sozial-verantwortliche Handeln
> im Sinne der direkt-aktiven Verantwortung</u>
> - Bei allen Kooperationen, Team- und Gruppenarbeiten spielt die soziale Aktivierung eine wesentliche Rolle. Wir können sie gezielt einsetzen, indem wir Gruppen auf die „richtige" Weise mischen. Dies beginnt schon bei der Koedukation von Jungen und Mädchen.
> - Soziale Unterstützung ist einer der stärksten Streßreduktionsfaktoren. Sie ist in jedem Führungsprozeß, z.B. auch als Mitarbeitergespräch, zu fördern.

Egoismus, Altruismus und Syn-Egoismus

Der Syn-Egoismus wurde bereits als sozial-intelligent beschrieben und wird hier auf seine sozial-verantwortliche Seite hin abgeklopft.

„Du bist ein Egoist", sagen wir zu einem Mitmenschen, der sich gerade das größte und letzte Stück Kuchen geangelt hat. „Er ist ein Egozentriker", sagen wir von einer Person, die nur sich als Nabel der Welt sieht. Was ist schlimmer? Egozentriker sind im Vergleich zu Egoisten relativ harmlos. Sie werden irgendwann von den jeweiligen sozialen Systemen ausgesondert. Egoisten hingegen zerstören soziale Systeme. Sie sind nicht mehr zusammenzuhalten, wenn egoistische Interessen über die sozialen dominieren.

Egoismus bedeutet, wie erwähnt, ich will etwas für mich auf Kosten anderer. Altruismus meint, ich tue etwas für andere auf meine Kosten. Mit Altruismus sollten wir nicht rechnen, sondern uns freuen, wenn er auftritt. Es gibt den Altruismus, der in unseren Genen programmiert ist. Wir springen in der Rettungsbootsituation (es paßt keiner mehr rein) ins Wasser, um unseren Kindern einen rettenden Platz zu verschaffen.

Syn-Egoismus bedeutet, ich tue etwas für mich und für das System, dann tut das System auch etwas für mich. In der Bergsteigermannschaft helfe ich dir hoch in der vernünftigen Erwartung, daß du mir auch hochhilfst. Gemeinsam feiern wir den Erfolg auf dem Gipfel. Wer seine Helfer kurz unterhalb des Gipfels wegtritt, handelt egoistisch. Dies darf sich nicht lohnen. Egoistisches Verhalten muß negative Konsequenzen haben. Mit altruistischem Verhalten sollten wir nicht rechnen. Aber synegoistisches Verhalten muß permanent gefördert werden. Der Generationenvertrag ist eine unserer größten sozialen Errungenschaften, weil er synegoistisches und solidarisches Verhalten auslöst.

Wir wollen alle unsere Interessen und Ziele als Individuum durchsetzen und möchten zugleich im Sinne der sozialen Verantwortung etwas für die Gemeinschaft tun. Letzteres geschieht nicht unbedingt aus Menschenfreundlichkeit, sondern wir versprechen uns von der Zusammenarbeit mit anderen einen zusätzlichen Vorteil. Wenn A und B getrennt eine Mauer bauen, kommt weniger dabei heraus, als wenn sie zusammenarbeiten. Zusammen sind sie mit der selben Mauer schneller fertig, und jeder kann seine besonderen Fähigkeiten zum Nutzen des Ganzen vorteilhafter zur Geltung bringen. Dieser Wechselwirkungseffekt ist wichtig, weil er das Plus ist, das über die Summe der Einzelarbeiten dazukommt. Meine Motivation, für das System etwas zu tun, bleibt erhalten, solange ich diesen Interaktionseffekt (Arbeit von A plus B plus A x B) sehe bzw., falls ich ihn nicht sehe, darauf vertraue (Organisationskultur), daß er erfolgt.

In dem Moment, wo der positive Interaktionseffekt nicht mehr gesehen wird, oder im Gegenteil ein Schaden für die eigene Zielerreichung vermutet wird, driften die Individuen auseinander, und ihre Bindung geht verloren. Sie investieren nichts mehr für den Zusammenhalt der Organisation. Je stärker meine Vermutung, andere verfolgten nur noch ihre egoistischen Ziele, um so stärker meine Tendenz, mich ebenfalls zu verselbständigen. So werden u.U. rasch und „überraschend" Grenzen erreicht. Ich sehe nicht ein, die Mauer für meinen Nachbarn zu bauen, der nur faul zuschaut, obwohl er arbeiten könnte.

Egoistische Interessen auf Kosten anderer darf eine Organisation nicht fördern, sondern muß sie sozial-kompetent unterbinden. Altruistische Interessen sollte eine Organisation natürlich fördern, sie sind allerdings eher unwahrscheinlich. Niemand opfert sich für seine Firma auf. Jeder arbeitet für sich, und dies ist auch akzeptabel, er sollte es nur nicht auf Kosten anderer tun.

Die synegoistische Form des Egoismus gilt es zu fördern. Sie entspricht dem Prinzip „Ein Element eines Systems hilft sich selbst am besten, wenn es den anderen Elementen dieses Systems hilft". Beispiele gibt es in Hülle und Fülle, angefangen von der Familie über den Fußball bis zur Außenpolitik. Uns geht es nur gut, wenn es unseren Nachbarn auch gut geht.

Merksätze für das praktische sozial-verantwortliche Handeln im Sinne der direkt-aktiven Verantwortung

- Egoistisches Verhalten muß negative Konsequenzen haben.
- Mit altruistischem Verhalten sollten wir nicht rechnen.
- Synegoistisches Verhalten im Sinne fairer Austauschprozesse muß permanent gefördert werden und muß sich zumindest langfristig lohnen.

Erziehen und manipulieren

Ein 17jähriger Sohn kam zu seinen Eltern mit der Nachricht, er würde mit der mittleren Reife das Gymnasium verlassen und eine Dekorateurslehre beginnen. Seinen Eltern erzählte er, da könnte er schon Geld verdienen und später Innenarchitekt werden. Im übrigen gehe ihm die Schule auf die Nerven, er wolle lieber praktisch arbeiten und die Dinge tun, die ihm wirklich liegen. Die Details müssen nicht weiter ausgeführt werden. Ein solches Muster kennen die meisten Eltern, die dann erfahrungsgemäß versuchen, ihr Kind zu überreden, in der Schule zu bleiben.

Die einfachste, scheinbar sozial-kompetente Lösung ist die Argumentation: „Na gut, du bist alt genug. Du mußt wissen, was du willst." Es herrscht Harmonie zwischen solchen Kindern und ihren verständnisvollen Eltern. Soziale Intelligenz zeigt sich darin, zu erkennen, daß solche Phasen des Aussteigen-Wollens normal sind. Wollte man jeder Laune nachgeben, würde das Kind sich nie selbst managen können. Noch viel wichtiger ist aber, daß wir uns – eine ausreichende Begabung vorausgesetzt – keine Handlungsspielräume einschränken sollten. Nach dem Abitur kann der Sohn immer noch Dekorateur werden, er eröffnet sich aber auch zahllose andere Möglichkeiten.

Andere durch Kommunikation zu beeinflussen zu ihrem Nutzen, das ist Erziehung. Andere durch Kommunikation beeinflussen zu meinem Nutzen, das ist Manipulation. Im obigen Beispiel wird höchste Sozialkompetenz abverlangt. Die elterliche Erziehungs-Argumentation lautet optimalerweise: „Ich möchte für dich, daß du das Abitur machst, damit du später alle Chancen für einen optimalen Beruf hast." Das wäre sozialverantwortlich. Die sozial-intelligente Antwort des Sohnes kann aber lauten: „Du willst ja nur, daß ich Abitur mache, damit du sagen kannst, dein Sohn studiert." Meist ist an einer solchen Argumentation auch etwas dran.

Nun ergibt sich das Problem des Mutes und der Beharrlichkeit der Eltern. Die Verführung ist groß, dem Sohn nachzugeben. Aber die Wahrscheinlichkeit, daß er Jahre später den Eltern vorwirft: „Warum habt ihr damals nicht alles getan, damit ich auf der Schule bleibe?", ist genauso groß. Außerdem besteht auch ein gewisses Risiko, daß derselbe Sohn nach Abitur und Studium als arbeitsloser Akademiker schimpft: „Warum habt ihr mich damals daran gehindert, das zu tun, was mir wirklich liegt und auch zum Erfolg geführt hätte?" Die Eltern stehen vor der schwierigen Frage: „Welchen Dissens müssen wir jetzt ausfechten, um langfristig das Beste für unser Kind zu tun und damit auf Dauer auch Konsens zu erzielen?"

In der Personalentwicklung sieht dies nicht anders aus. Wir müssen die Mitarbeiter dazu „verführen", permanent zu lernen, ihre Fach-, Methoden- und Sozialkompetenz zu erhöhen, um kommenden Anforderungen gewachsen zu sein. Neulich hatten wir in einer erfolgreichen Firma das Problem, daß ein aufstrebender junger Mann mit viel Potential keine Lust hatte, sich mit „sozialromantischem Mist" wie Sozialkompetenz auseinanderzusetzen. Hier liegt noch heute sein entscheidendes Defizit. Wenn er dieses nicht beseitigt, wird er aus der Karriereplanung, in deren Rahmen man Großes mit ihm vorhat, herausgenommen. Es genügt nicht, Mitarbeiter durch Regelungen zu „manipulieren", sie müssen zu sozial-kompetentem Verhalten erzogen werden, soweit dies nicht vom Elternhaus geleistet wurde.

> Merksätze für das praktische sozial-verantwortliche Handeln
> im Sinne der direkt-aktiven Verantwortung
>
> ▪ Der Satz „Beeinflussen von anderen zu deren Nutzen ist Erziehung, Beeinflussung von anderen zu meinem Nutzen ist Manipulation" hat da seine Grenzen, wo aus der jeweiligen Systemsicht das Gegenteil unterstellt wird. In vielen Fällen leben wir Mischungen aus Erziehung und Manipulation.
> ▪ Notfalls muß ein wenig manipuliert werden, um bei anderen die Bereitschaft, sich erziehen zu lassen, zu wecken.

Macht

Macht ist eine besondere Facette der sozialen Verantwortung, die ähnlich der Ehrlichkeit zahlreiche Implikationen enthält, die aufgrund ihrer Komplexität nur in einigen Punkten diskutiert werden können.

Platon und Aristoteles, Machiavelli und Hobbes, Hegel, Nietzsche, Russell, Pareto und Max Weber haben sich mit der Macht beschäftigt. Letzterer (1972, S. 28) definiert soziale Macht als „... spezifische Chance, daß ein Handelnder seinen Willen bzw. seine Interessen gegenüber den Interessen und dem Willen eines anderen durchzusetzen in der Lage ist, und zwar auch und gerade dann, wenn dieser andere einer alternativen Willensbekundung den Vorzug geben würde und deshalb mit seinem Widerstand zu rechnen ist". Im Hinblick auf die Macht der Sprache und des sozialen Umgangs miteinander hat in neuerer Zeit Michel Foucault (1982) die Wechselbeziehung zwischen Macht- und Wissensstrukturen aufgezeigt. Er analysierte die Bedeutung von Praktiken der sprachlichen Artikulation und Wissensvermittlung, die die Art der Wahrnehmung und Erkenntnis gesellschaftlicher Machtstrukturen beeinflussen. Sprache ist mächtig. Man denke an den wenig sozial-verantwortlichen Gebrauch von Euphemismen wie etwa „ethnische Säuberung" (etwas wird sauber gemacht, also etwas Positives) oder „Endlösung" (endlich findet man eine Lösung eines Problems).

Etliche Definitionen von Macht, so z. B. die von Platon, stellen die Möglichkeit in den Vordergrund. „Ich könnte, hätte die Fähigkeit und Kraft, wenn ich wollte ..." Nur wenn die Möglichkeit nicht umgesetzt wird, können wir Macht auch nicht beobachten. Allerdings reicht für mein Gegenüber oft schon seine Vorstellung von meiner Macht, auch wenn sie gar nicht vorhanden ist. Bluffen kann hoch sozial-intelligent sein. Wie verantwortlich es ist, ist eine Frage des Sinns und Zwecks. Das Tierverhalten zeigt etliche solcher Bluffs, angefangen beim Aufplustern, um den Umfang zu vergrößern. Das kennen wir auch bei Menschen, die sich „aufblasen". Auf dieser subjektiven Ebene ist es relativ egal, ob Macht sich in Handlungen äußern muß, um sie als solche anzuerkennen.

Für die soziale Intelligenz und die soziale Verantwortung sind solche Definitionsunterschiede von Belang, weil sich hier unterschiedliche soziale Verhaltensweisen und Verantwortlichkeiten ergeben. Denn mit Macht ist auf der anderen Seite mangelnde Kontrolle, das Schwach-werden-Können oder das Nicht-anders-Können verbunden. Was auf der einen Seite mehr wird, wird auf der anderen Seite weniger. Es ist aber auch durchaus gerade beim Syn-Egoismus möglich, daß Macht auf beiden Seiten wächst. Röttgers (1990) bringt das Beispiel des Schachspiels. Beim ersten Zug hat jeder Spieler 21 Möglichkeiten. Nach einigen Zügen haben gute Spieler ihre Anschlußmöglichkeiten erhöht. Wenn beide eine bestimmte Situation scheuen, z. B. einen Damentausch, hat derjenige mehr Macht, der damit droht und den Fall des Eintretens weniger zu fürchten braucht. Ungleiche Bewertungen verschaffen also Machtverschiebungen.

Nun kommt die Fähigkeitskomponente hinzu. Macht als Fähigkeit setzt voraus, daß verschiedene Personen unterschiedliche Fähigkeiten haben, die andere weniger fähiger erscheinen lassen. Beispielsweise ist ein Kind stärker und schneller als das andere und kann damit Kontrolle ausüben. Zur sozialen Verantwortung gehört die Frage, inwieweit ich Stärken ausspiele oder bestimmte Waffen im Schrank lasse. Bei Kindern fällt uns das leicht. Je mehr wir jemanden allerdings als Konkurrenz sehen oder sogar Übermacht vermuten, um so eher sind wir bereit, zu weniger „fairen" Mitteln zu greifen. Wie schaut es aber mit dem Satz „Wissen ist Macht" aus? Herrschaftswissen gezielt einzusetzen kann sozial intelligent sein. Aber Verantwortung? Natürlich muß nicht jeder alles wissen. Manche Leute können mit ihrem Wissen nicht verantwortlich umgehen. Wer entscheidet, ob sie dieses können?

Der wunde Punkt der sozialen Verantwortung von Macht liegt in der Art der Ziele. Platon sieht Macht als Mittel zur Erreichung idealer Ziele. Machiavelli ist pragmatischer und hängt nicht so sehr am Ideal. Er versucht, Macht von ihren Wirkungen und nicht von ihren Ursprüngen her zu verstehen. Wissen von Macht ist selbst ein Machtfaktor. Wenn ich Menschen kenne, weiß, was sie bewegt, wo sie schwach und verführbar sind, erschließen sich mir mehr Handlungsmöglichkeiten, als wenn ich dies nicht weiß.

Merksätze für das praktische sozial-verantwortliche Handeln im Sinne der direkt-aktiven Verantwortung

- *Oft werden als Machtgelüste diffamiert, was auf das Bedürfnis von Freiheit zurückzuführen ist. Wenn ich Geld und Macht habe, muß ich weniger Dinge tun, die ich nicht tun möchte. Deshalb muß mir Macht keinesfalls Spaß machen.*
- *Soziale Macht bedeutet den eigenen Willen gegen den Willen eines anderen durchsetzen zu können.*
- *Sprache ist sehr mächtig und beeinflußt oft unbewußt.*
- *Macht beinhaltet die Möglichkeit, etwas zu tun und umzusetzen.*
- *Die eigene Macht muß in einer Verhältnismäßigkeit der Mittel dosiert werden.*
- *Herrschaftswissen als Macht ist sozial meist unverantwortlich und egoistisch.*

Wir wissen, was wir tun sollten: Warum tun wir es nicht?

Was hindert uns, sozial-kompetent und synegoistisch zu handeln?

Wenn wir wissen, was Sozialkompetenz und Syn-Egoismus sind, wozu wir sie brauchen und wie wir sie leben sollten, stellt sich die Frage: „Warum handeln wir nicht so?" Jeder findet tausend Gründe, warum er nicht so sozial-kompetent handelt, wie er es „eigentlich" sollte. Wir können nicht so, wie wir wollen, weil die „Systeme" es nicht zulassen. Oder wir fühlen uns angegriffen und reagieren „menschlich". Dies sind Ausreden, die von der eigenen Verantwortung ablenken sollen. Es ist menschlich, daß wir häufig nicht so handeln, wie wir es „eigentlich" für richtig halten. Es geht letztlich um die Frage, wie wir den Zusammenhang zwischen Wissen und Tun verstärken können. Wie können wir dahin kommen, daß wir tun, was wir sagen, und sagen, was wir tun?

Der Zusammenhang zwischen Wissen und Tun

„Der Geist ist willig, aber das Fleisch ist schwach" – wir haben uns bestimmte Dinge vorgenommen, u.U. sogar Eide geschworen, es aber doch nicht geschafft. Nicht mehr rauchen, mehr mit den Kindern unternehmen, weniger essen, sich mehr bewegen, sich nicht mehr über den Kollegen ärgern – die Beispiele sind unendlich. Der Zusammenhang zwischen Einstellung und Verhalten, zwischen dem, was wir „eigentlich" für richtig halten, und dem, was wir konkret umsetzen, liegt bei 0,5, d.h. nur etwa 25 Prozent gemeinsamer Varianz.

Warum tun wir so oft nicht, was wir für richtig halten? Warum geht es den Mitarbeitern wie uns? Sie haben sich immer wieder vorgenommen, zu Kunden freundlich zu sein und Begeisterung für die Produkte zu zeigen. Und doch waren sie unter dem Einfluß des Arbeitsdrucks, des Ärgers über Kunden wieder unwirsch oder patzig. Wir entwickeln langfristige Absichten, etwa zu Kunden oder auch zu unserem Partner freundlicher zu sein. Wir möchten einen Zufriedenheitsgrad des Kunden oder der Kinder realisieren und müssen dazu unser Verhalten ändern, brauchen also Modifikationsmaßnahmen. Eine vorausschauende Handlungsabsicht entsteht, wenn ich momentan mit meiner sozialen Verhaltensweise zwar zufrieden bin, aber glaube, für kommende Anforderungen aktiv werden zu müssen. Dazu gehört z.B. Training zum Selbstmanagement, zur Kommunikation mit Familienmitgliedern, Kollegen oder Kunden.

Im Falle der kompensatorischen, reparierenden Handlungsabsichten werden Modifikationsmaßnahmen ergriffen, im Falle der präventiven Handlungsabsichten geht es um die Stabilisierung von Verhalten. Da wir meist nur unter Leidensdruck etwas verändern wollen, überwiegen die kompensatorischen Handlungsabsichten gegenüber den präventiven. Reparatur ist immer aufwendiger, mühsamer und teurer als Prävention. Dies wissen wir zwar, aber dennoch verhalten wir uns nicht konsequent präventiv-vorausschauend. Wir glauben immer noch genügend Zeit zu haben und sind überrascht, wenn wir in eine sozial-inkompetente Situation „hineingeraten" sind.

Unsere Handlungsabsichten lassen sich hinsichtlich dreier Ebenen unterscheiden, und zwar der Ziel-, Zweck- und Sinnebene:

- Wenn der Gewinn im Vordergrund steht, definiere ich, was erreicht werden soll. Ich nehme mir als Restaurantbesitzer z.B. vor, zu Kunden nicht allzu freundlich zu sein, damit alle Plätze von schnell essenden und zahlenden Kunden besetzt sind.
- Wenn Kundenzufriedenheit als Handlungszweck gesehen wird, tue ich alles, um Kunden zufriedenzustellen. Bis hierhin bewegen wir uns im sozial-intelligenten Raum.

- Wenn ein gesellschaftlich-menschlicher Sinn im Vordergrund des Interesses steht, wird kundenfreundliches Verhalten als eines gesehen, das gesellschaftlichen Sinn verwirklicht. Wer dies nicht tut, verhält sich unsolidarisch gegenüber den Menschen. Hier geht es um die soziale Verantwortung.

Die Klärung der Psychodynamik, warum wir vielfach das nicht tun, was wir für richtig halten, verschafft uns einen Zugang zu unserer Motivation, uns sozial-kompetent zu verhalten. Der Wunsch, sich sozial-intelligent gegenüber Mitarbeitern und Kunden zu verhalten, um erfolgreich zu sein, gehört zu den normativen Überzeugungen, d.h., wir orientieren uns an bedeutsamen anderen Personen. „Meine Frau meint auch, ich müsse freundlicher sein." Zudem hat jeder Ängste vor negativen Folgen des falschen Verhaltens, etwa vor Beschwerden der Kunden.

Unsere motivationalen Phasen beginnen mit einem Wunsch oder einer Befürchtung, die durch eine Situation oder andere Personen angeregt wird. Es entwickeln sich Antizipationen („Vorausgedanken"), wie das gewünschte Ziel erreicht werden könnte. Die persönliche Wichtigkeit des Handlungsergebnisses und die subjektive Wahrscheinlichkeit, es zu erreichen, spielen dabei eine wichtige Rolle. Ich strenge mich nur an, wenn ich eine Chance sehe, das Ziel auch zu erreichen, und wenn es mir wichtig genug ist. D.h., ich muß glauben, durch richtiges, also sozial-kompetentes Handeln auch etwas in die gewünschte Richtung ändern zu können. Die nunmehr entstehenden Motivationstendenzen münden in Entscheidungen, etwas Bestimmtes zu tun oder nicht. Diese Motivationstendenz muß zu einem Vorsatz führen, einer Absicht im Sinne einer Selbstverpflichtung: „Das will ich und werde ich, das nächste Mal höre ich zu." Diese Selbstverpflichtung ist ein Ergebnis der Abwägung zwischen Wichtigkeit der Absicht und Kontrollierbarkeit: „Es ist so wichtig für mich, daß ich etwas tun muß, ich kann auch etwas ändern, also tue ich es auch." Bei diesen Intentionen kann es natürlich auch Konflikte geben, je nachdem ob man selbst zu dem Vorsatz gekommen ist oder ob er von außen erzwungen wurde. „Der Freie sagt: Ich will, der Knecht sagt: Ich muß." Im ersten Fall ist die Motivation, das Richtige aus Einsicht zu tun, natürlich höher als im zweiten Fall.

Der Handlungsanstoß erfolgt erst in der akuten Situation, wenn die Handlung verwirklicht werden kann. Meine Absicht, am nächsten Tag nett zu Kunden zu sein und alles gut vorzubereiten, kann erst morgen in die Tat umgesetzt werden und nicht heute abend. Diese Umsetzung muß aber – und das ist der springende Punkt – mit anderen Absichten konkurrieren wie z.B. im Bett liegen zu bleiben anstatt sich so früh zu plagen. Der Unterschied zwischen einer Intention und einem konkreten Vorsatz besteht darin, daß letzterer konkreter mit Selbstverpflichtungen assoziiert ist. Die Intention „ich werde freundlicher sein" ist etwas anderes als der Vorsatz „morgen sollen 80 Prozent meiner Kunden glücklich aussehen". Der Vorsatz ist ein schon entwickelter Plan, der „nur" noch nicht ausgeführt ist. Die Definition von Erfolgskriterien ist hier ausgesprochen hilfreich.

Die Schwierigkeit, das Verhalten zu ändern, besteht darin, den „Rubikon" zum konkreten, sozial-kompetenten Tun zu überschreiten (vgl. Heckhausen 1980; Kuhl, 1998). Die Intensität, der jemand seine Absichten verfolgt und gesetzte Ziele in Angriff nimmt, nennt man „Volitionsstärke". Der erste Schritt zur Motivation anderer zu sozial-kompetentem Handeln besteht also in einer Vorselektion der Intentionen. Wer zuviel auf einmal will, muß entweder scheitern oder vieles verwerfen, wodurch wiederum Frustration vorprogrammiert ist. Die geringere Menge an Intentionen sollte in Vorsätze übernommen werden, d.h., der Satz „Ich bin zu unfreundlich und muß netter werden" muß in den Vorsatz, d.h. die Selbstverpflichtung, „Ab morgen lächle ich jeden Kunden mindestens dreimal an" überführt werden.

Wir müssen zur Veränderung unseres Verhaltens die qualitativen und quantitativen Erfolgskriterien dieses Verhaltens entwickeln. Morgen wird sich zeigen, wie es mit unserer Willensstärke aussieht. Wenn wir reuevoll feststellen, daß wir unsere Vorsätze doch nicht in die Tat umgesetzt haben und „schwach" geworden sind, kann entweder der innere Druck steigen und in noch festere Entschlossenheit münden („Morgen mache ich bestimmt keine böse Miene") oder in Resignation enden: „Ich bin eben zu schwach."

Erst wenn die Handlung wie beabsichtigt umgesetzt wurde und dies als Erfolg gewertet wird, ist man zu weiteren sozial-kompetenten Taten motiviert. Der Wunsch, freundlich zu Kunden zu sein und Begeisterung über die Produkte und die Firma auszustrahlen, beginnt mit der Wertschätzung von Kundenfreundlichkeit als Nachvollziehen, was es für mich als Kunden bedeuten kann, unfreundlich bedient zu werden. Gleiches gilt für die „internen Kunden" in der Familie. Wer sich klarmacht, was es für ihn bedeutet, von seinen Familienmitgliedern freundlich behandelt zu werden, ist eher in der Lage, dies auch in sozial-kompetentes Handeln umzumünzen.

Je konkreter die verschiedenen Implikationen von sozialer Inkompetenz ausgemalt und mit anderen Personen besprochen werden, um so eher werden Absichten in Vorsätze umgesetzt. Diese müssen durch Selbstverpflichtungen bestärkt werden: „Wenn ich morgen doch zwischendurch patzig bin, werde ich zur Strafe den Keller aufräumen."

Ein derartiger Prozeß wird unterstützt durch bestimmte Einstellungen und Erwartungen. Wird beispielsweise eine wirtschaftliche Bedrohung durch mögliche Kundenbeschwerden als schwerwiegend eingeschätzt und mit hoher Wahrscheinlichkeit erwartet, beflügelt dies die guten Absichten. Glauben wir hingegen, Unfreundlichkeit sei nicht so tragisch – „wir haben ohnehin immer den Laden voll" – und die Folgen seien erst in zwanzig Jahren zu erwarten, wird es bei der Intention, „irgendwann einmal aufzuhören", bleiben. Meist werden Intentionen in Vorsätze und in konkretes Verhalten erst umgesetzt, wenn genügend Leidensdruck erzeugt ist.

Die Informationen, die uns in Ermahnung zum freundlichen Verhalten gegeben werden, verarbeiten wir sehr unterschiedlich. Alle möglichen subjektiven Interpretationen verzerren den Realitätsgehalt dieser Informationen. Meist glauben die Menschen das, was sie glauben wollen. Ich kann beispielsweise durchaus den Wunsch haben, mich kundenfreundlich zu verhalten. Aber die dauernden Ermahnungen führen zu einem Sättigungseffekt, so daß ich es nicht mehr hören kann.

Wenn mir durch permanente Ermahnungen, mich auf diese oder jene Weise zu verhalten, meine Freiheit bedroht erscheint, werde ich möglicherweise erst recht tun, was mir gefällt. Nur so kann ich mir meine Entscheidungsfreiheit bestätigen. Hier spielt hinein, daß man vernünftiges Verhalten selten wirksam verordnen kann, sondern versuchen muß, durch Überzeugung den anderen zu veranlassen, „von selbst und aus eigenem Entschluß" das Richtige zu tun. Idealerweise sollte er den Eindruck haben, er wäre von selbst auf die Idee gekommen.

Welche Hindernisse stehen konkret der Umsetzung im Wege? Eine Intention, etwas für unsere Sozialkompetenz zu tun, konkurriert meist mit anderen Absichten. Die Zeit für freundliches Auftreten brauche ich „eigentlich" für andere Kunden. Aufgrund der begrenzten Zeit und Kapazität müssen einige Intentionen zurückstehen. Darüber hinaus müssen wir auch, wenn keine konkurrierenden Absichten vorliegen, für richtiges Verhalten den „inneren Schweinehund" überwinden. Je mehr unangenehme Seiten des freundlichen Verhaltens in den Vordergrund gestellt werden, um so weniger ist einzusehen, daß ich zugunsten eines diffusen Vorteils in ferner Zukunft jetzt die „Falschheit des Höflichen" in Kauf nehmen soll. Wenn diese Gedanken durch einen Kollegen unterstützt werden, der „diesen Laden auch für das Letzte hält", sinken die Chancen meines kundenfreundlichen Verhaltens.

Die erwähnte Volitionsphase versucht die Lücke zwischen Motivation und Aktion zu schließen. Schließlich reicht nicht das einmalige richtige Verhalten aus, sondern es muß durchgehalten werden. Dazu muß sich mein Vorsatz, zu lächeln und freundlich zu sein, immer wieder gegen konkurrierende Absichten und fehlende soziale Unterstützung (die anderen sind auch unfreundlich) durchsetzen. Hier müssen Willensstärke, Eigeninitiative, Entschlossenheit und Beharrlichkeit zusammenkommen, um eine entsprechende Intentionsabschirmung zu erreichen.

Der entscheidende Grund, warum wir häufig nicht das tun, was wir „eigentlich" für richtig halten, als konsequent zu tun, was wir wollen, liegt im folgenden.

Dummerweise lohnt sich meist kurzfristig das falsche, egoistische Verhalten und wird, wenn überhaupt, nur langfristig bestraft.

Umgekehrt wird meist kuzfristig das richtige, synegoistische Verhalten bestraft und lohnt sich, wenn überhaupt, „nur" langfristig.

Mein Rauchen lohnt sich kurzfristig. Ich verspüre angenehmen Dunst, kann schneller denken und befriedige ein Bedürfnis. Der Lungenkrebs droht in weiter Ferne. Und im übrigen wurde mein Opa neunzig Jahre alt und hat auch geraucht. Wenn ich aber mit Rücksicht auf meine Gesundheit und meine Mitmenschen auf das Rauchen verzichte, bin ich frustriert. Den anderen fällt meine Heldentat gar nicht auf, und die Belohnung spüre ich auch noch lange nicht. Wir können sozial-verantwortlich den Zusammenhang zwischen Wissen und Tun nur stärken, wenn wir unsere Absichten und Vorsätze langfristiger, konkreter und disziplinierter entwickeln, permanent reflektieren und uns in Zwischenschritten selbst belohnen.

Sozial- und Fachkompetenz

In vielen Bereichen haben wir fachlich hervorragende Führungskräfte, die sich noch nicht viel Sozialkompetenz angeeignet haben. In der Folge investieren sie in ihren Firmen nicht viel in diese Richtung. In der Praxis gibt es daher einen die Umsetzung von sozial-kompetentem Verhalten behindernden Zusammenhang zwischen Sozialkompetenz und Fachkompetenz.

Es wird vielfach kolportiert, ein Mitarbeiter am Fuß der Hierarchie müsse viel Fachkompetenz und wenig Sozialkompetenz besitzen. Er hat schließlich kaum Mitarbeiter. „Oben" in der Hierarchie gelte das Umgekehrte, weil man es hier mit vielen Mitarbeitern zu tun habe. Diese Sichtweise erscheint oberflächlich. Meist müssen Mitarbeiter in unteren Hierarchieebenen gute Detailkenntnisse in wenigen Fachgebieten besitzen. Beförderungen erfolgen, indem man immer größere Kompetenzbereiche und immer mehr Fachgebiete übernimmt. Ein Chemiker beispielsweise fängt im Labor an und muß am Ende der Karriereleiter in Fachgebieten wie Chemie, Verfahrenstechnik, Betriebswirtschaft, Arbeitsrecht und Personalmanagement mit unterschiedlichsten Menschen umgehen. Entscheidend ist, daß die Fachkompetenz unten in der Hierarchie in keiner Weise mit der Fachkompetenz oben gleichzusetzen ist. Der Chemie-Werksleiter muß in vielen Fachgebieten zumindest die wesentlichen Muster kennen, um adäquate Entscheidungen treffen zu können. Und er muß zum Zwecke der Komplexitätsbewältigung Subsysteme und Spezialisten zur Teilnahme anregen, Sinn stiften und diese Subsysteme integrieren.

Wenn man zur Veranschaulichung die drei Facetten: Anzahl der Fachgebiete, Detailtiefe und Anforderungen hinsichtlich der Sozialkompetenz, mit den Ausprägungen „hoch – tief" kombiniert, ergeben sich folgende Möglichkeiten:

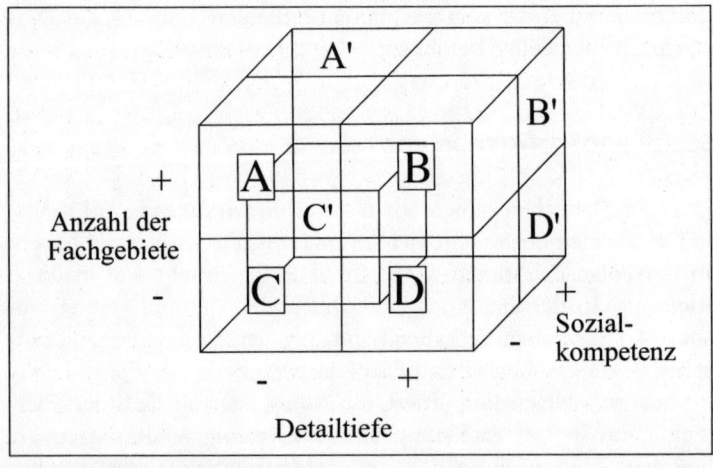

Würfelsegment	Fächeranzahl	Detailtiefe	Sozialkompetenz
A	+	–	–
A´	+	–	+
B	+	+	–
B´	+	+	+
C	–	–	–
C´	–	–	+
D	–	+	–
D´	–	+	+

Abb. 22: Anzahl der Fachgebiete, Detailtiefe und Sozialkompetenz

Bei näherer Betrachtung der Kombinationen fällt auf, daß für Führungspositionen nur die selten vorkommende Kombination B' oder die schon wahrscheinlichere Kombination A' verwendbar sind. Hier handelt es sich um eine Führungskraft, die in vielen Fachgebieten jeweils die entscheidenden Muster kennt, über keine Detailtiefe verfügt, aber sozial-kompetent ist.

Es wird deutlich, daß das Führen meist weniger ein Problem mangelnder Fähigkeiten darstellt. Man kann „oben" unmöglich alle Fachgebiete beherrschen. Jeder hat Lücken und Bereiche relativer Inkompetenz. Deren Bewältigung ist nur möglich, wenn man sich auf Spezialisten verläßt und versucht, die Inkompetenzen zu kompensieren. Damit ergibt sich eine Metakompetenz, die Inkompetenz-Kompensationskompetenz. Dadurch, daß das Wissen der Welt täglich ansteigt, werden auch unsere „weißen Flecken" größer. Wir können aber nicht immer unsere Unwissenheit zugeben, sondern müssen gelegentlich auch den Eindruck von Kompetenz erzeugen. Unsere soziale Verantwortung liegt darin, daß dieser Eindruck nicht zu sehr täuschen darf.

Führen und Sozialkompetenz

Alle reden von einem Führungsdefizit. Warum wird in Politik, Wirtschaft und Verwaltung nicht besser geführt? Mangelnde Sozialkompetenz bewirkt falsche Führung, und falsche Führung behindert die Entwicklung von Sozialkompetenz und damit von Syn-Egoismus. Wir müssen dabei berücksichtigen, daß die kooperative Führung und der mitarbeiterorientierte Führungsstil keine Allheilmittel sind. Je nach Zeitdruck und Bekanntheit der Systemzustände muß unterschiedliches Führungsverhalten an den Tag gelegt werden. Mithin bestünde ein Merkmal der Sozialkompetenz darin, als „Führungschamäleon" mal autokratisch zu bestimmen, was zu tun ist: Z.B. gibt der Flugkapitän im Notfall schnell Kommandos. Wenn hingegen Komplexes analysiert werden oder Neues erdacht werden muß, reiht sich die Führungspersönlichkeit ohne hierarchischen Anspruch in das kreative Team ein. Wie gut dies gelingen kann, hängt nicht nur von der Sozialkompetenz der Führungspersönlichkeit ab, sondern auch von der der Mitarbeiter und Kollegen.

Möglicherweise ist der Widerspruch zwischen Zeitdruck und Kreativität ein Grund für die unterschiedlichen Führungsansätze in neuester Zeit. Auf der einen Seite finden wir die kooperationsorientierten Ansätze. Auf der anderen Seite finden sich immer mehr Stimmen, die für wenig sozial-kompetente „Kampfmaßnahmen" in der Wirtschaft plädieren und sich „kooperativer Spinnereien" allenfalls als Feigenblättchen bedienen. Unter dem Aspekt des Kooperierens müßte Führung im Sinne der direkten, absichtlichen und zielorientierten gegenseitigen Beeinflussung gesehen werden, wobei diese Einflußnahme aus allen Richtungen, von oben, unten oder seitlich kommen kann. Insofern führen wir uns gegenseitig durch Kommunikation.

Kooperative Führung wird von Wunderer & Grunwald (1980, Bd. II, S. 99f.) durch folgende Merkmale beschrieben:

- gemeinsame Einflußausübung, Abgabe von Befehlsmacht an die Mitarbeiter
- funktionale Rollendifferenzierung und Sachautorität, d.h., die Entscheidung wird situationsspezifisch von der Sachkompetenz des Mitarbeiters abhängig gemacht
- multilaterale Informations- und Kommunikationsbeziehungen, d.h. nicht nur vertikale Informationsflüsse
- Konfliktlösung durch Verhandeln statt durch autoritäre Entscheidung
- Gruppenorientierung statt dyadischer Beziehung zwischen Vorgesetztem und Mitarbeiter
- Vertrauen als Basis der Zusammenarbeit
- Bedürfnisbefriedigung von Vorgesetztem und Mitarbeiter zwecks besserer Entfaltungsmöglichkeiten
- Ziel- und Leistungsorientierung per Übereinkunft
- bedürfnisorientierte Personal- und Organisationsentwicklung.

Zweifellos handelt es sich hier um Facetten der Sozialkompetenz. Partizipative und soziale Aspekte werden deutlich, die grundsätzlich für jedes Team gelten. Allerdings wird der Koordinationsaufwand höher. Die erforderlichen Regulationen dürften bei sich selbst motivierenden Mitarbeitern vorausgesetzt werden. Mitarbeiter, die Motivation von außen benötigen, brauchen hingegen eine gewisse Kontrolle. Auch hier ist ein Balanceakt notwendig. Das Angebot an Partizipation wird von Personen unterschiedlichen Bildungsgrades und sozioökonomischen Status' unterschiedlich akzeptiert.

Ein Merkmal mangelnder sozialer Intelligenz im Führungsprozeß besteht darin, daß durch mangelnde Prävention irgendwann Zeitdruck entsteht, der autokratisches Verhalten verlangt. Dies sehen die Mitarbeiter meist auch ein. In Notzeiten sind klare Dominanzfunktionen lebenserhaltend. Hätte man jedoch rechtzeitig unter sozial-kompetenter und demokratischer Nutzung des Potentials der Mitarbeiter gehandelt, wäre die heutige Situation nicht entstanden. Fehlattributionen – immer sind die anderen oder gar das „System" schuld – sind ebenfalls ein Merkmal mangelnder sozialer Verantwortung.

Die Kunst des sozial-kompetenten Führens besteht darin, in Kenntnis bestimmter Muster die verschiedenen Spezialisten so zu bündeln und anzuregen, daß sie in selbstorganisatorischen Prozessen eigenverantwortlich das „Richtige" tun und sich dabei nicht von den Unternehmenszielen fortbewegen. Führungskräfte können nicht wie früher Akzeptanz bei ihren Mitarbeitern kraft höherer Fachkompetenz erwarten, sondern sie müssen Akzeptanz erreichen, obwohl sie selbst in den jeweiligen Spezialgebieten fachlich inkompetenter als ihre Mitarbeiter sind. Zudem müssen Führungskräfte immer stärker Wissen durch Vertrauen in diese Spezialisten ersetzen.

Leistung und Sozialkompetenz

Im Zuge der Verschlankung von Organisationen sowie der Globalisierung sind als höchste Werte Effizienz und damit Leistung gefragt. Sozialer Umgang wird weniger als eigener Wert denn als Instrument gesehen, um diese Leistung zu steigern. Das behindert sozial-kompetentes Verhalten, weil es nur selten authentisch verwirklicht wird.

Um komplexe Probleme zukünftig bewältigen zu können, müssen andere Organisationsstrukturen entwickelt und entsprechende Fähigkeiten der Mitarbeiter gefördert werden. Wir brauchen mehr Selbstorganisation bei mehr Qualität – sei es des Produkts, der Arbeitsbedingungen, der Personen oder deren Umgang miteinander. Vielfach wird geglaubt, über hierarchiefreie Organisation mehr Qualität erreichen zu können. Langatmige Kommunikation, Demotivation und verkrustete Strukturen, so heißt es, würden verschwinden.

Die hierarchiefreie Organisation könnte sich als Illusion herausstellen. Zum einen hat Hierarchie eine Ordnungsfunktion. Zum zweiten „steckt sie uns evolutionär in den Knochen". Zum dritten ist sie vor allem unter Zeitdruck unabdingbar. Durch die wachsende Dynamik der Ereignisse entsteht immer stärkerer Zeitdruck. Hierarchie in kreativen Bereichen ohne Zeitdruck hingegen ist sicherlich kontraproduktiv. Es hängt daher von den Problemen, Situationen, Aufgaben und Sachzwängen ab, wie wünschenswert Hierarchie ist. Wir werden in Zukunft eher „amöbenhafte" Strukturen brauchen, d.h. kleinere Gruppen, die sich problemorientiert selbstorganisatorisch neu finden. Projektgruppen, Qualitätszirkel, Lernstatt, Gesundheitszirkel gehören dazu. Der sozial-kompetente und synegoistische Umgang mit und das Verhalten in ihnen müssen allerdings erlernt werden. Insbesondere ein gutes Qualitätsmanagement kommt ohne die Optimierung von Gruppenarbeit kaum aus. Es ist weniger die Produktqualität als vielmehr ein qualitätsbewußtes Arbeitsverhalten, das zu einer bestimmten „Endqualität" führt. Qualität ist immer ein Ergebnis eines bestimmten Verhaltens und sollte „automatisch" erzeugt werden. Für einen Effekt gilt dasselbe. Effektives Verhalten führt zu einzelnen Effekten und langfristig zu der Eigenschaft „Effektivität" im Sinne von fortdauernder Wirksamkeit. Insofern erscheint es sinnvoll – wenn qualitatives Verhalten zu einzelnen Qualitäten führt –, langfristig von „Qualitivität" zu sprechen.

Effektivität wird vielfach mit Effizienz verwechselt. Diese bedeutet, daß wirksames, also effektives Verhalten auf die Kosten bezogen wird. Wenn eine gute Kosten-Nutzen-Funktion erreicht ist, spricht man von Effizienz. Egoismen kosten langfristig Zeit, Syn-Egoismus dagegen wirkt synergetisch. Maximale Effektivität ist nicht effizient. Maximale Qualität im Verhalten ist aber nicht unbedingt optimal. Wer z.B. sein Auto gründlich putzt, braucht viel Zeit, die in anderen Bereichen vielleicht besser verwendet würde. In manchen Bereichen genügt es, nach dem Pareto-Prinzip zu handeln (mit 20 Prozent des Aufwandes erledigt man 80 Prozent der Probleme). Man muß daher wissen, an welchen Stellen man Mut zur Lücke beweisen muß und wo hundertprozentige Qualität erwünscht ist.

Im Sicherheitsbereich beispielsweise gilt es, möglichst ohne Fehler zu arbeiten. Ein Herzchirurg würde nach dem Pareto-Prinzip nicht optimal arbeiten. Qualitätsverhalten muß also je nach Situation und Aufgabe unterschiedlich auf jeweils definierte Kriterien bzw. Kosten relativiert werden. Die Kunst des „richtigen" Arbeitsverhaltens besteht deshalb darin, je nach Aufgabenerfordernis optimale, nicht maximale Qualität zu liefern. Die Abneigung etlicher Führungskräfte gegen Computer resultiert auch aus der Erfahrung, daß Mitarbeiter sich in bestimmte Computeraufgaben „verlieben", dort hervorragende Qualität liefern, aber in anderen unbeliebteren Bereichen versagen. Qualität muß sich also sowohl auf Detail- als auch auf die generelle Arbeit beziehen.

Die langfristige Optimierung von Leistung erfolgt sozial-kompetent, wenn das Dreieck zwischen Eigner, Kunde und Mitarbeiter synegoistisch ausbalanciert wird. Der Kunde soll mit der Qualität zufrieden sein, der Mitarbeiter darf durch die Qualität nicht überfordert werden, und sie muß in vernünftigen Kosten-Nutzen-Funktionen (Geld, Zeit etc.) angeboten werden. Hierin steckt auch die alte Regel, daß von den Merkmalen „schnell", „gut" und „billig" längerfristig immer nur zwei zusammengehen. Entweder schnell und gut, dann aber nicht billig; oder schnell und billig, dann aber nicht gut; oder aber gut und billig, dann aber nicht schnell. Ähnlich verhält es sich im Bankgewerbe. Hier gilt, daß von den drei Merkmalen einer Geldanlage, „rentabel", „liquide" und „sicher", ebenfalls immer nur zwei gleichzeitig möglich sind. Es geht eben nicht alles auf einmal.

Jeder Facharzt steht ebenfalls vor dem Problem, im Falle eines Notdienstes die Allgemeine Medizin vertreten zu müssen. Die meisten Verwaltungsjuristen müssen im Strafrecht passen. Insofern kann von dem Leiter eines Chemiewerkes kaum erwartet werden, daß er alle Fachgebiete kennt, für die er verantwortlich zeichnet. Hier zeigt sich ein Basisproblem der Organisations- und Personalentwicklung. Einerseits versucht man, das entsprechende Wissen im Zuge schlanker werdender Personalverwaltungen zu straffen. Andererseits wird damit Führungskräften noch mehr Komplexität und Dynamik aufgebürdet. Hinzu kommt, daß der eigene Beruf in Risikobereichen zu Leichtsinn verführt. Die Nähe zur Gefahr nimmt das Angstpotential. Viele Chirurgen rauchen. Chemiker und Physiker sehen Probleme der Radioaktivität oder anderer technischer Risiken im Vergleich zu anderen Berufsgruppen als geringer an.

Für Problemlöseprozesse ist die Fähigkeit wichtig, relevante Muster zu erkennen, und sie anschließend auch auf Bereiche, die man weniger gut beherrscht, zu übertragen. Bekannte Muster lassen sich meist problemlos auf andere, weniger bekannte Gebiete übertragen. Dies muß allerdings geübt werden. Zudem fallen mit hoher Wahrscheinlichkeit die meisten Aufgaben in den Schwerpunktbereichen an. Derartige Muster spielen sowohl im fachlichen als auch im sozialen Bereich eine große Rolle.

Aus Unternehmersicht brauchen Mitarbeiter Sozialkompetenz, um mit Kollegen, Chefs, Untergebenen und Kunden gut zusammenzuarbeiten. Da die Bezahlung von Sozialkompetenz schwierig und die von Zeitaufwand nicht sonderlich sinnvoll ist, wird nach Möglichkeiten gesucht, Leistung zu bezahlen. Leistung scheint auf den ersten Blick leicht meßbar. Wir können Arbeit leisten, aber auch Hilfe, Eide, Gefolgschaft, Abbitte. In der Gesellschaft dominiert ein Leistungsprinzip, das Gegenleistungen von qualitativ und quantitativ höherer Arbeitsbewältigung, Verantwortungs- und Risikoübernahme, Belastung und Qualifizierung abhängig macht.

Eine zentrale Größe für die Leistung ist die Leistungsmotivation, die ihrerseits von der Sozialkompetenz der Beteiligten beeinflußt wird. Wir kennen die demotivierende Wirkung von unangenehmen Kollegen. Wenn wir keine Lust haben, uns mit ihnen acht Stunden am Tag herumzuplagen, verlieren wir unseren Schwung, und dadurch leidet letztlich die Leistung.

Das Konzept von Herzberg (1959) zur Arbeitszufriedenheit zählt Hygienefaktoren wie Bezahlung, Kollegenbeziehungen und Arbeitsdauer auf. Diese führen im Falle ihrer Befriedigung noch nicht zur Zufriedenheit im Sinne positiver Lebensqualität. Hierzu tragen erst die motivierenden „Zufriedenmacher" wie Arbeitsinhalte und Sinn, Verantwortung und Handlungsspielraum bei. Es liegt auf der Hand, daß ein angenehmes Umfeld und die Vermittlung von Sinn die Arbeitszufriedenheit und die Leistungsbereitschaft fördern. Aufgrund psychotherapeutischer Erkenntnisse wissen wir, daß es Menschen gibt, die eine stark selektive Wahrnehmung bezüglich ihrer eigenen Person und Leistung haben. Sie halten sich für gut und sehen ihre Situation so, daß sie subjektiv zufrieden sind und dies auch allen anderen mitteilen. Aber ihr Umfeld hat ganz andere Vorstellungen von ihrer Leistung.

Umgang mit Widerständen

Menschliches Verhalten in Organisationen ist sehr komplex. Verwaltungen, Schulen, Universitäten und Ämter sind soziale Systeme, also Gruppierungen von Menschen, die gemeinsam handeln und Verhaltensweisen koordinieren. Um diese Verhaltensweisen zu optimieren, müssen wir Strukturen so verändern, daß das gewünschte Verhalten begünstigt oder provoziert wird und sich lohnt. Dazu ist Sozialkompetenz nicht nur im Sinne von Wissen um sozialpsychologische Zusammenhänge, sondern auch in der täglichen Praxis wichtig. Zum richtigen Verhalten muß erzogen werden, und dabei entstehen fast immer Widerstände.

Widerstand ist nicht gut oder schlecht, sondern funktional oder dysfunktional. Als gut oder schlecht wird er erst bewertbar, wenn ethische Dimensionen ins Spiel kommen. Je homogener Mitarbeiter sind, um so eher sind Übereinstimmungen zu erwarten, und um so höher ist die Wahrscheinlichkeit, daß sie das Falsche tun. Wir brauchen aber die Heterogenität von Mitarbeitern, um die Komplexität zu reduzieren. Aus Ashbys Gesetz, daß ein System immer nur weniger Komplexität bewältigen kann, als es selbst hat, folgt, daß wir die Wissensgebiete unter Spezialisten aufteilen müssen, und wir brauchen die Heterogenität, um das Richtige zu tun. Diese haben ihre eigenen Wahrheitsansprüche und Vorurteile gegenüber anderen Spezialisten. Widerstand entsteht schnell aus Andersartigkeit.

Die Kunst des Führens besteht darin, die „Wissensheterogenität" zu pflegen und gleichzeitig eine „Motivationshomogenität" zu erreichen. Die verschiedenen Menschen werfen ihr Wissen in den gemeinsamen Problemlösetopf, ziehen möglichst widerstandsfrei am selben Strick, am selben Ende in dieselbe Richtung und sind alle davon überzeugt, daß es sich um die „richtige" Richtung handelt. Hier ist natürlich höchste Sozialkompetenz gefordert.

Beim Umgang mit Widerständen spielt eine wesentliche Rolle, daß der Mensch meist nicht das tut, was er für richtig hält. Es gibt Widerstände in Form von Reibungsverlusten durch Trägheit, Inkonsequenz, Dummheit. Zudem hat unser pluralistisches System, in dem die Wahrscheinlichkeit, gemeinsam in die falsche Richtung zu driften, durch Meinungsvielfalt minimiert werden soll, die Kehrseite, daß sich damit die Widerstandswahrscheinlichkeit erhöht. Eine zufriedenstellende Sozialkompetenz bestünde also in einer Balance zwischen gewollter Heterogenität zwecks demokratischer Entscheidungsprozesse und ungewollten Widerständen, die diese Entscheidungsprozesse behindern.

Sozial-kompetent wäre es daher, die in unnützen Widerständen erzeugten Energien in die „richtigen" Kanäle zu leiten. Nützliche Widerstände sollten ernst genommen und in die konstruktive Umgestaltung eingebunden werden. Wir brauchen die „richtige" Heterogenität. Wir brauchen den möglichst reibungsfreien, synegoistischen Fluß einer systemverträglichen Organisationsentwicklung als gemeinsame Gestaltung der Beteiligten. Eine Ursache für die Entstehung von Widerständen liegt in unserem Erziehungssystem, in dem konstruktiver Umgang mit Konflikten und die „gesunde" Widerstandshaltung wenig berücksichtigt werden. Viele Moral- und Normsysteme legen Konflikt- und Widerstandsvermeidung nahe. So wird Ordnung geschaffen, meist im Sinne von Hierarchie (gr.: heilige Ordnung). Widerstand wird dann leicht mit Ordnungsstörung gleichgesetzt.

Interessengegensätze und in der Folge Widerstände und Konflikte sind normal und zu erwarten. Als häufigste Konfliktlösungen gelten: Kampf, Flucht, Delegation, Kompromiß und Konsens durch Überzeugung. Die ersten drei Komponenten sind weniger sozial-kompetent. Kampf und Flucht stehen uns als evolutionäre Basismuster zwar zur Verfügung, werden aber in unserer Kultur kaum akzeptiert. Flucht als natürlichste Form des Widerstandes hat den Vorteil, mit dem Problem nichts mehr zu tun zu haben und keinen weiteren Widerstand leisten zu müssen. Die Widerstandsform der inneren Emigration können wir uns zumindest bei Qualifizierten kaum leisten. Wir müssen Sozialkompetenz zur Förderung von Delegation, Kompromiß und Konsens aufbieten, um dies zu verhindern.

■ Wie machen wir uns und andere sozial-kompetent und synegoistisch?

■ Was müssen wir für eine sozial-kompetentere Umgebung tun?

Zunächst müssen wir sozial-kompetent sein wollen. Dies möglichst nicht nur, um besser Karriere zu machen, sondern auch aus einem inneren Bedürfnis heraus zum Ziel einer verbesserten Lebensqualität.

Können wir Sozialkompetenz lernen?

Die zentrale Frage zur Sozialkompetenz lautet, inwieweit sie änderbar oder angeboren ist. Persönlichkeitsmerkmale, die nicht änderbar sind, können wir nicht über Erziehung und Personalentwicklung beeinflussen. Aber wir können einiges durch Selektion und Plazierung erreichen. Selektion als Auswahl kommt bei der Einstellung von Mitarbeitern in Frage. Hier wäre es wichtig, das Potential an sozialer Verantwortlichkeit zu erfassen. Selektion greift auch in Form des Ausstellens. Wer aufgrund mangelnder Sozialkompetenz für eine Position ungeeignet ist, muß aus ihr entfernt werden. Das wird oft nicht getan, weil eine Krähe der anderen kein Auge aushackt und weil meist sozial-unverantwortlich handelnde, aber immer noch genügend sozial-intelligente Personen für ein Beziehungsnetz sorgen, das sie hält.

Plazierung bedeutet, wir ordnen den richtigen Job der richtigen Frau oder dem richtigen Mann zu. Ein Verkäufer darf möglicherweise in seiner sozialen Verantwortung nicht zu „zimperlich" sein. Wenn er ehrlicherweise nur das verkaufen würde, was die

Leute wirklich brauchen und auch die Nachteile seines Produktes oder seiner Dienstleistung benennen würde, sollte er zu Hause bleiben. Bei einem Arzt oder Pfarrer sieht das anders aus.

Kulturelles Verhalten ist relativ leicht anerziehbar. Aber im ethischen Bereich der sozialen Verantwortlichkeit können wir über Erziehung meist wenig erreichen. Hier müssen wir stark mit Selektion und Plazierung arbeiten. Im Fähigkeitsbereich der sozialen Intelligenz ist einiges veränderbar, zumindest im Hinblick auf das Vermeiden der schlimmsten Fehler. Abgesehen von „normalen" Lehrinhalten in Familie und sozialem Umfeld, Schule und Studium, gibt es etliche Möglichkeiten, im Erwachsenenalter Defizite auszugleichen. Eine Variante ist der Zusatzstudiengang Organisationspsychologie. Hier lernen diplomierte Ingenieure, Kaufleute oder Informatiker die „menschelnden" Prozesse in Organisationen kennen. Zentrale Themen sind Organisationsentwicklung, Personalentwicklung und Personalpflege. Innerhalb dieser Bereiche geht es um Führen, Motivieren, Kreativität und Innovation, Personaleinsatz, Kommunikation und Arbeitsorganisation. Darüber hinaus existieren in etlichen (halb-) öffentlichen Institutionen und auf dem freien Markt Möglichkeiten, diese Schlüsselqualifikationen kennenzulernen und zu üben. Dabei bestehen immer mehrere Probleme:

- ein „Silvestereffekt": Nach der Teilnahme an einem Seminar gehen die Mitarbeiter euphorisch und voller guter Vorsätze wieder an die Arbeit. Nach spätestens zwei Wochen stellt sich wieder der „alte Trott" ein;
- ein „Schönwettereffekt": Nachdem man erfahren hat, wie schön das Wetter sein kann, fällt es um so schwerer, sich mit der grauen Realität abzufinden;
- ein „innerer Schweinehundeffekt", das bekannte Umsetzungsproblem. Wir wissen, was „eigentlich" zu tun wäre, handeln aber meist nicht so, wie es unsere Vernunft vorschreibt;
- ein „Goldfischteicheffekt": Bemühungen um Mitarbeiter mit Potential, sie im Rahmen der Führungskräfteentwicklung besonders zu fördern, scheitern daran, daß viele Top-Positionen nach mikropolitischen Kriterien besetzt werden;

- ein „Laieneffekt": Etliche im Bereich des Personalmanagements tätige Personen ohne psychologisches Wissen und obengenannte Schlüsselqualifikationen haben wichtige (Entscheidungs)Funktionen, wenn es um Plazierungsfragen geht;
- ein „Unternehmensberatereffekt": Personalverantwortliche werden unterstützt durch selbsternannte Unternehmensberater, die mit wolkigen Worthülsen wie z.B. „management by love" oder „Chaosmanagement" blenden;
- ein „Psychologeneffekt": Zahllose Führungspersönlichkeiten mit einer naturwissenschaftlichen, wirtschaftlichen, juristischen oder Ingenieurausbildung haben massive und änderungsresistente Vorurteile gegenüber allem, was mit „psycho" beginnt. Sie halten sich für psychologisch kompetent genug und vertrauen auf ihren „klaren Menschenverstand";
- ein „Überschwemmungseffekt" in Form einer täglich steigenden Flut von Weiterbildungsangeboten aus psychologischen, pädagogischen oder betriebswirtschaftlichen Sparten;
- die fehlende Akzeptanz neuer Verhaltensweisen im Umfeld;
- das falsche Verhalten lohnt sich kurzfristig, und das richtige wird bestraft.

Gelingen kann die Vermittlung zukünftiger Schlüsselqualifikationen nur durch einen Erziehungsprozeß und Belohnungssysteme, die das richtige Verhalten fördern. Mit anderen Worten, die Vermittlung zukünftiger Schlüsselqualifikationen muß einerseits die obengenannten Effekte berücksichtigen und curricular vorgehen. Andererseits muß durch die Art der Vermittlung mit Hilfe von Methoden des Bildungscontrollings oder entsprechender Belohnungssysteme die Umsetzung der vermittelten Inhalte gefördert werden.

Coaching beim Erwerb von Sozialkompetenz

Wenn Eltern als Erziehungspersonen kaum noch in Frage kommen und Führungskräfte ihrer Personalentwicklungsaufgabe nicht nachkommen, wer bleibt da als Erzieher zum sozial-kompetenten und synegoistischen Verhalten? Diese Rolle haben in etlichen Unternehmen und Verwaltungen Coachs übernommen, die ähnlich dem Fußball-Coach beobachten und Verhaltensratschläge geben. Der Begriff kommt ursprünglich von Kutsche als einem Ort, an dem man es wagt, jemandem seine Sorgen, Ängste und Gefühle anzuvertrauen. Der Coach begleitet, betreut, berät, gibt die nötigen (auch unangenehmen) Rückkopplungen, hilft und tröstet. Der Coach kann zum Unternehmen gehören. Das hat den Nachteil, daß er sich Machtgeflechten und sozialem Druck kaum entziehen kann. Als externer Coach kann er relativ unabhängig urteilen. Hier liegt der Nachteil des Managers als Coach. Natürlich sollte der Coach über eine möglichst hohe Sozialkompetenz verfügen. Er sollte seine Klienten einfühlsam anregen, bestimmte sozial erwünschte Verhaltensweisen auszuprobieren, sie dabei beobachten und korrigieren. Dabei muß der Coach natürlich selbst die ethischen Werte verwirklichen, die er predigt.

Der Klient muß bereit sein, sich in seinem Verhalten beobachten zu lassen und über sein Erleben ehrlich zu berichten. Oft ist der Coach die einzige Person, bei der sich eine Führungskraft angstfrei über ihre Ängste und Egoismen äußern kann. Die Familie hat sich häufig bereits verabschiedet. Die Kollegen sägen am Stuhl des Betreffenden. Zudem sind gerade sie das Publikum der Selbstdarstellung des Klienten, die ihm so zu schaffen macht.

Wir operieren in Unternehmen entlang der Lorenzschen Kette: „Gesagt ist nicht gehört ..." Wenn Führungskräfte in Seminaren außerhalb der Firma gehört, verstanden haben und einverstanden sind, gehen sie meist mit besten Vorsätzen wieder an die Arbeit. Nach drei Tagen Alltagsstreß läßt die Begeisterung meist nach. Wenn sie dann im Workshop in der Firma am praktischen Problem die draußen gelernten Inhalte im Gedächtnis als „Pfade festgetrampelt" und angewandt haben, sind sie einen wesentlichen Schritt weiter. Aber „angewandt ist nicht beibehalten" – hier wird der Prozeßbegleiter und Coach wirksam, der als Schatten mitläuft und beobachtet. Abends koppelt er zurück, was ihm aufgefallen ist, und macht konstruktive Vorschläge, wie sozial-kompetenter gehandelt werden kann. Das reicht von Empfehlungen wie „mehr zuhören" bis zu komplexen Handlungsprogrammen.

Oft werden einfache Hilfsmittel verwendet. Ich habe zahlreiche Führungskräfte, die täglich zu lange am Telefon tratschen, konditioniert. Wenn das Telefon klingelt, greift die rechte Hand zum Hörer, die linke zur Eieruhr. Einmaliges Drehen der Eieruhr ist erlaubt. Nach zweimaligem sichtbarem Ablaufen der Zeit muß das Gespräch beendet werden, es sei denn, es liegen besonders gravierende Gründe vor.

Anlässe für Coaching sind meist Krisen im Beruf und im persönlichen Bereich. Streß, Mobbing, kollektive Krisen etwa durch Reengineering-Maßnahmen, die Suche nach Verbesserungen und ihrer sozialen Form gehören dazu. Hier treten aus Sicht des Klienten Beziehungsprobleme, Kommunikations- und mikropolitische Probleme zutage sowie Fehlbeanspruchung und (Selbst-)Wahrnehmungsprobleme. Präventives Coaching ist leider selten.

Sozialkompetenz ist neben dem Coaching auch durch Supervision förderbar. Sie ist eine mittelfristige, berufsbezogene Beratung und Begleitung, die dazu dient, das eigene berufliche Handeln erfolgreicher und zufriedenstellender zu gestalten. Dabei werden Probleme, Szenen und Konflikte aus dem beruflichen Alltag vor allem selbstreflexiv durchdacht. Der Supervisor instruiert und schult nicht. Er ist zurückhaltender als der Coach. Neben der Einzel-Supervision wird auch die Gruppensupervision durchgeführt, bei der eine Gruppe von drei bis sieben Personen, die sich vorher nicht kennen und auch nicht zusammenarbeiten, zu einer „stranger-group" zusammengeführt wird. Diese durchdenken dann gemeinsam Probleme der einzelnen Mitglieder. Gebräuchlich ist auch die Teamsupervision, bei der eine feste Arbeitsgruppe in der Entwicklung ihrer Rollen und ihrer Kooperation gefördert wird.

Die Erfahrungen bei der Verbesserung der Sozialkompetenz durch Coaching und Supervision sind eher ermutigend. Mitarbeiter wissen es ausgesprochen zu schätzen, wenn der Chef „sich zusammenreißt", sie ausreden läßt und destruktive Kritik unterläßt.

Wie lernen wir Sozialkompetenz und Syn-Egoismus?

„Die meisten lernen's nie!" Wie entwickelt sich Sozialkompetenz?

Die Entwicklung von Sozialkompetenz und in der Konsequenz die Möglichkeiten zur Förderung von Syn-Egoismus erschließen sich, wenn wir die phylogenetische, also die menschengeschichtliche, und die ontogenetische, also die individuelle, Entwicklung betrachten. Wir leben mit und leiden unter dem Problem, daß wir noch „gebaut" sind wie Jäger und Sammler. Allzu große Fortschritte haben wir im sozialen Bereich nicht gemacht. Wir selbst haben uns eine Welt, auch eine soziale, geschaffen, für die unser Nervensystem nur unzureichend gerüstet ist. Besonders deutlich wird dies beim Auseinanderklaffen von Ratio und Emotio, wenn wir uns fragen: „Kann dies überhaupt der vernünftige Mensch sein, den ich kenne?" Jemand lacht hemmungslos bei einer Trauerfeier oder gerät bei einer „Kleinigkeit" in rasende Wut. Hier liegt höchste Sozialinkompetenz vor.

Zum besseren Verständnis ist ein Ausflug in die Physiologie erforderlich. Unser Gehirn entwickelte sich im Laufe von Millionen Jahren ausgehend vom Hirnstamm am oberen Ende des Rückenmarks, das noch heute instinkthaft, also genetisch vorprogrammiert, für Atmung, Stoffwechsel und stereotype Bewegungsabläufe zuständig ist. Neue und größere Hirnanteile entwickelten sich durch Ausdifferenzierung älterer Teile in der permanenten Wechselwirkung und Kommunikation mit der Umwelt. Dies geschah zuerst mit den emotionalen Zentren, weil Angst, Aggression und Wut sowie sexuelle Attraktivität überlebenswichtig waren. Es dauerte Jahrtausende, bis sich aus den emotionalen Anteilen der Neokortex, der Sitz höherer Denkprozesse und der

„Vernunft", entwickelte. Besonders interessant für die Sozialkompetenz ist die Entwicklung des Geruchssinnes. Wir arbeiten mit Parfüm und Rasierwasser zur Erhöhung der Attraktivität oder sagen, wir könnten jemanden nicht riechen.

In der Vorzeit entwickelte sich im Hirn unserer Ur-Ur-Ahnen ein Bereich für den Geruch (olfaktorischer Lappen), der einen wesentlichen Schlüssel für unser Gefühlsleben darstellt. Früher war der Geruchssinn lebenserhaltend und erlaubte eine passende Reaktion der Annäherung oder Flucht. Aus diesem Lappen entwickelten sich später die emotionalen Zentren, die den Hirnstamm begrenzen (deshalb limbisches System, lat. limbus = Rand).

Hier, im emotionalen Zentrum, setzten damals auch Lernen und Gedächtnis ein. Der Mensch konnte sich merken, wenn etwas giftig, sexuell attraktiv oder bedrohlich war. Der Geruch ließ ihn das Gute vom Schlechten unterscheiden. Das Riechhirn (Rhinencephalon) wurde somit zur Basis des Kortex. Diese Region hat zwei Schichten, zum Begreifen der Wahrnehmung sowie zur Bewegungskoordination. Darüber entwickelten sich vor etwa 100 Millionen Jahren sieben weitere Schichten von Hirnzellen, der Neokortex.

Das Gefühlsleben und die Sozialität wurden zunehmend differenzierter. Der Sexualtrieb des limbischen Systems konnte sich zur Liebe verfeinern. Eltern-Kind- bzw. familiäre Bindungen wurden möglich. Mittlerweile ist unser Hirn so differenziert, daß wir uns sogar darüber ärgern können, daß wir uns ärgern. Oberhalb des Hirnstamms entwickelten sich links und rechts zwei Mandelkerne (Amygdalae) und der Hippocampus als Teil des Riechhirns. Hier sitzt ein Zentrum unserer „emotionalen" Intelligenz (Goleman, 1996) und der Sozialkompetenz. Die Mandelkerne sind im Vergleich zu anderen Tieren bei uns Menschen sehr groß und für Emotionen zuständig. Wenn man sie entfernt, z.B. bei Hirnverletzungen, entsteht „Affektblindheit", also eine Unfähigkeit, emotionale Bedeutungen zu erkennen. Dies würde zu sozialer Inkompetenz führen. Eine solche Person kennt weder Liebe noch Wut, Bedeutungen von sozialer Ordnung, Kooperation, Harmoniegefühl oder Trauer. LeDoux (1992) konnte nachweisen, daß der

Hippocampus vor allem die Aufgabe hat, Wahrnehmungen zu Mustern zu formen, zu deuten und einen Kontext herzustellen, während der Mandelkern die emotionale Bewertung hinzufügt. Der Hippocampus läßt uns eine Person faktenorientiert erkennen, und der „emotionale" Mandelkern bestimmt, ob wir sie leiden mögen.

Ein Seh- oder Hörreiz gelangt vom Auge oder Ohr zum Thalamus (Nervenzellenhäufung im Stammhirn, dem „Tor zum Bewußtsein"), einer Umschaltstation für aus der Peripherie kommende Hirnimpulse sowohl zur Hirnrinde als auch zum Mandelkern. Entscheidend ist, daß die letztgenannte Verbindung schneller und einfacher ist. D.h., der Mandelkern kann vor dem Neokortex reagieren. Hier liegt eine Nervenbahn vor, die den Neokortex mit unserem Bewußtsein umgeht und eine emotionale Grobreaktion „zur Sicherheit" auslöst, ehe der Neokortex analysiert, Bedeutungen erfaßt und entschieden hat. So können ohne bewußte und kontrollierte Steuerung durch den Neokortex emotionale Reaktionen auftreten, je nachdem, welche Schablonen im Mandelkern enthalten sind. Dies können z.B. traumatische, subjektiv lebensbedrohliche Erlebnisse aus der Kindheit sein, die automatisch die jeweiligen emotionalen Ausbrüche vorprogrammieren.

Mithin haben wir zwei Gedächtnisse, ein rationales, differenzierteres und ein emotionales, das uns z.B. sagt, wovor wir uns fürchten sollten. Früher war dies angesichts wilder Tiere sinnvoll. Heute kann die immer noch von unseren Urahnen und eigenen emotionalen früheren Erlebnissen stammende „emotionale Mandelkern-Reaktion" unpassend sein. Die aus dieser Sicht gesunde Reaktion, bei Ärger den Chef zu verprügeln, wird in unserem sozialen Kontext als sozial-inkompetent empfunden.

Die blitzartigen emotionalen Reaktionen ohne Neokortex-Kontrolle sind schnell – ein Vorteil in der Evolution –, aber ungenau. Wir kennen dies bei manchem Kraftausdruck. Erst später, wenn unser Neokortex genauer geprüft hat, kommt die sozialkompetente Entschuldigung. Umgekehrt muß man nicht alles erst genau kennen, um zu wissen, daß es gefährlich ist. Das dem Denken vorlaufende Gefühl (präkognitive Emotion nach LeDoux) kann lebensrettend sein. Ich springe plötzlich weg, wenn ich hinter mir eine Gefahr „wittere". Verhalte ich mich jedoch während eines Vortrags so, so kann dies als sozial-inkompetent interpretiert werden.

Direkt hinter der Stirn haben wir einen Aufpasser, der limbische Reaktionen dämpfen kann. Wenn unser erster, schneller „Mandelkern-Impuls" von dem Neokortex, der mittlerweile weitergedacht hat, als unpassend empfunden wird, ist zwar verspätet, aber dennoch eine Zügelung möglich. Der Thalamus hat ja gleichzeitig seine Signale zum Neokortex gesandt, wo Informationen komplex verarbeitet werden. Die sicherheitshalber vorgenommene Bereitstellung der Streßhormone wird mittels einer Kosten-Nutzen-Rechnung gesteuert. So können sozial-kompetente Verhaltensweisen, u. U. auch des Täuschens und Tarnens, eingesetzt werden. Werben, Schmeicheln, Stärke-Vortäuschen sind schließlich sozial-intelligente Verhaltensweisen.

Eigene und fremde Emotionen werden also von Akteuren aus unserer Vorzeit im Sinne des individuellen, egoistischen Lebenserhalts bestimmt. Es sind neuere Instanzen, die diese Urkräfte sozial-kompetent zu zügeln versuchen. Das Zusammenspiel der Akteure ist noch nicht hinreichend erforscht. Offenbar finden unser emotionaler und sozialer Umgang gerade an den Schnittstellen in den oben beschriebenen Hirnregionen statt, wo rationale Fakten und Emotionen gemeinsam assoziiert werden.

Der Mandelkern als Notfallpolizist schlägt schnell eine Reaktion vor. Der Aufpasser hinter der Stirn (linker Präfrontallappen) entscheidet und kann noch zügeln, und andere Neokortex-Instanzen entwerfen einen differenzierten Handlungsplan. Gefühle sind also von der Ratio nicht zu trennen. Sie kanalisieren und wählen aus dem Angebot unserer Welt bestimmte Ausschnitte aus (Motivation). Unsere heutige Situation ist das Endergebnis einer Kette früherer Entscheidungen, die uns unsere Handlungsspielräume eingeengt haben.

Manche Führungskräfte sind beleidigt, wenn ich sage: „Es ist Ihr Problem, wenn Sie von Ihrer Frau geärgert werden." Denn meistens ist es so: Was du dir gefallen läßt, bist du oft selbst schuld. Weil wir uns damals verliebt haben – auch da war unser limbisches System beteiligt –, haben wir geheiratet, ein Haus gebaut und Schulden gemacht, Kinder bekommen, heute mehr Verantwortung und bestimmte Handlungsfreiräume nicht mehr. Umgekehrt steuert unsere Ratio Emotionen, weil wir bewußt bestimmte Handlungsräume ausschließen.

Für die Förderung von Sozialkompetenz und Syn-Egoismus bedeuten diese psychophysiologischen Zusammenhänge, daß etliches nicht erlernbar ist. Wir können unsere Jäger- und Sammler-Mentalität nicht abstreifen, sondern müssen mit ihr umgehen, d. h. uns selbst managen. Die emotionale Intelligenz bei Goleman wäre insofern eine Fähigkeit, die eigenen Emotionen gemäß den eigenen Zielvorstellungen besser in den Griff zu bekommen. Sozialkompetenz bedeutet hingegen, mit den Emotionen unserer Sozialpartner angemessen umzugehen. Dies dürfte um so leichter fallen, je besser es bei uns selbst gelingt. Insofern gilt der Satz: „Wer sich selbst nicht managen kann, kann auch andere nicht managen." Wir wissen aus eigener Erfahrung, wie schwer es sein kann, unter dem Druck und der Vorherrschaft unserer Emotionen klar zu denken. Die Logik des Mißlingens (Dörner, 1990) hat ihre Gründe zu einem erheblichen Teil im Management eigener („emotionale Intelligenz") und fremder Gefühle (Sozialkompetenz).

Der Umgang mit der eigenen Ratio und Emotio im sozialen Kontext scheint eine Art von Intelligenz zu sein, die für unseren Lebensverlauf und unser soziales Leben wichtiger ist als die in herkömmlichen Tests erfaßte Intelligenz. Der Grund, warum Schulkameraden mit Bestnoten nicht unbedingt die Erfolgreichsten werden und so manche in Schulzeiten „trübe Tasse" irgendwann groß herauskommt, dürfte im beschriebenen Emotions- und Sozialmanagement liegen. Insofern wäre es sinnvoll, Sozialkompetenz anders zu benennen, etwa als Fähigkeit zu Selbst- und Sozialmanagement. Konsequenterweise müßten für die Förderung und Schulung dieses Verhaltens Selbstmanagement, Fremdmanagement, also Führung und Sozialkompetenz, schon von Kindesbeinen an gelehrt werden. Führung hat sehr viel mit Kindererziehung gemein. Menschen müssen lernen, ihre Talente zu entfalten, Lebenspläne zu entwerfen, Emotionen zu steuern und diese bei anderen zu erkennen.

Sozial-kompetentes Verhalten ist nur bei Menschen zu erwarten, die die Zusammenhänge des menschlichen sozialen Verhaltens und Erlebens kennen, also einige psychologische Grundkenntnisse erwerben. Es ist nicht leicht, bei anderen eine Bereitschaft zur gründlichen Beschäftigung mit Psychologie zu erzeugen. Zum einen halten sich viele, vor allem Führungskräfte, für psychologisch kompetent – vielfach ein Irrtum. Zweitens erzeugen die Medien durch Betonung der weniger seriösen Inhalte der Psychologie ein verzerrtes Image.

Angenommen, wir haben einen einigermaßen erzogenen und sozial-kompetenten jungen Menschen vor uns, der einen sozialen Beruf, z.B. Psychologe, Arzt oder Lehrer, anstrebt. Wie kann er sich hinsichtlich seiner Sozialkompetenz qualifizieren? Qualifiziert sind wir, wenn wir durch Übung und Erfahrung tauglich, geeignet und reif für die Gesellschaft sind und wenn wir uns haben ausbilden, beurteilen und einordnen lassen. Qualifizierung bedeutet zielgerichtete und geplante Veränderung der Handlungskompetenzen erwachsender Menschen. Wie können wir erwachsene Menschen bezüglich ihrer Sozialkompetenz weiter qualifizieren? Zunächst brauchen wir eine Diagnose. Hier hat sich der biographische Fragebogen bewährt. Über ihn werden frühere Verhaltensweisen abgefragt, die auf Sozialkompetenz deuten.

> Ein junger Mann wuchs in einem gepflegten Elternhaus auf. Der Vater war Vorstand einer großen Versicherung. Die Mutter zog mit Hilfe diverser Kindermädchen die beiden Kinder, den jungen Mann und seine Schwester, groß. In diesem Ambiente hatte der Junge wenig Freunde. Keiner konnte so recht „mithalten". Der Junge war in der Schule gut. Fußballspielen, Pfadfinder und Sportverein lagen aber „unter seinem Niveau". Allerdings wurde er schon mit zehn Jahren von seinem Vater auf den Golfplatz mitgenommen. Sozial-intelligent gelang es Vater und Sohn, ihn vor Bundeswehr und Zivildienst zu befreien. Steueroptimiert hatte der Vater rechtzeitig für eine Eigentumswohnung in Berlin gesorgt, wo der Sohn wie sein Vater zuvor Jura studierte. Anschließend wurde der junge Mann bei einem befreundeten Vorstand einer Versicherung als Vorstandsassi-

stent untergebracht. Heute ist er auch Vorstand einer Versicherung. Dort gilt er als guter Jurist, aber auch als distanziert, weltfremd und in keiner Weise kundenorientiert.

Hätte man rechtzeitig z. B. über einen biographischen Fragebogen den Lebensweg des jungen Mannes erfaßt, wäre er wohl nicht Vorstand geworden. Bei diesem Instrument geht man davon aus, daß das beste Kriterium für Erfolg Erfolg ist. Wer schon früh in Mannschaftssportarten erfolgreich war, bei den Pfadfindern – mittlerweile oft als altmodisch empfunden – Gruppenführer war, bei der Bundeswehr Reserveoffizier geworden ist, im Zivildienst erfolgreich und beliebt war oder sich politisch betätigt hat, ist mit hoher Wahrscheinlichkeit sozial-kompetenter als jemand, der im Elfenbeinturm aufgewachsen ist.

Das Leben selbst, der Umgang mit verschiedenen Welten, qualifiziert in Richtung Sozialkompetenz und Syn-Egoismus. Die Milde des Alters ist hier einzuordnen. So manche für ihre soziale Kompetenz gepriesene Persönlichkeit des öffentlichen Lebens war in jüngeren Tagen eine „harte Nuß und ein eiskalter Karrierist". Wer es einmal mit seinen Ellenbogen geschafft hat, kann gut milde sein. Hätte unser junger Mann mal beim Fußball mit anderen geschwitzt, verloren und Siege begossen, hätte er sich sicherlich stärker in Richtung Sozialkompetenz qualifiziert.

Nicht ohne Grund versuchen manche Unternehmensberater, im Outdoor-Training die „Elfenbeinmimosen" Gefahren gemeinsam durchstehen und Würmer essen zu lassen. Dort können sie – wenn auch nur bedingt – Syn-Egoismus hautnah erfahren. Ich bekam eines Tages den Auftrag von einer Firma, die Konflikte zwischen sechs Abteilungsleitern zu bearbeiten. Als ich die sechs einzeln befragte, ergab sich nichts Besonderes. Jeder hielt sich für eine gute Führungskraft. Einige Selbstkritik wird immer geübt, beispielsweise „Ich bin zu genau und zu gründlich". Ansonsten waren die anderen schuld. Ich hatte das Gefühl, in Watte zu greifen. Also kündigte ich ein Seminar mit dem Titel „Auf- und Abstieg bei der Firma X an". Die Abteilungsleiter sollten sich sportlich gerüstet zu einem bestimmten Zeitpunkt am Schwimmbad am Fuße eines beachtlichen Berges einfinden. Erwartungsvoll tauchten die sechs am Nachmittag am Parkplatz des Schwimmbades auf. Die erste Überraschung war, daß es mit dem Mountainbike losging. Der erste jugendliche Überschwang und der Drang, zu zeigen, wie fit man ist, gab sich nach einem Kilometer bergauf fahren. Die Abteilungsleiter waren bald an ihrer körperlichen Leistungsgrenze und froh, sich in einer Berghütte entspannen zu dürfen. Danach wurde bis in den späten Abend hinein zum Thema Konfliktmanagement gearbeitet. Am nächsten Morgen standen wir um sieben Uhr auf. Nach dem Frühstück kam der Aufstieg. Es ging in die Wand, synegoistisches Bergsteigen sollte geübt werden. Ein fast senkrechtes Felsmassiv, in dessen Rillen der Bergführer einige Haken und Ösen eingeschlagen sowie ein Halteseil befestigt hatte. Wir kletterten in der Wand hoch und sollten uns dann ca. 100 m abseilen. Der jüngste und körperlich kräftigste Abteilungsleiter machte nicht mit. Er hatte Angst. Die hatten die anderen und ich auch, aber man war tapfer. Gemeinsam durchgestandene Angst verbindet. Wir stiegen weiter auf. Der jüngste Abteilungsleiter, der nicht in die Wand geklettert war, wartete auf Neckereien seiner Kollegen. Aber die taten so, als sei er auch aufgestiegen. Das tat weh. Oben wurden dann die Konflikte bearbeitet. Die Abteilungsleiter öffneten sich zwar nicht ganz, aber es wurde klar, daß es ein sehr egoistisches Zentrum von Mißverständnissen, ein Bermuda-Dreieck, in dem immer Informationen verschwanden, und zugleich eine Quelle von Hetzereien gab. Ohne es aussprechen zu müssen, war allen klar, welcher „Hase wo im Pfeffer lag".

Ein halbes Jahr später trennte man sich von dem kommunikativ faulen Mitarbeiter, und die Konflikte waren weg. Der Kollege war seit 35 Jahren bei der Firma. Ihm wurde eine adäquate Stelle bei einer anderen Firma verschafft, die ihn zwei Jahre später auch entließ. So grausam sich so etwas anhört, glaube ich, viele Mitarbeiter hätten nicht entlassen werden müssen, wenn man rechtzeitig bei schlechten, egoistischen

Führungskräften konsequent gewesen wäre. Aber in oberen Führungsetagen ist man ja „sozial-verantwortlich". Man entledigt sich nicht ohne weiteres eines Kollegen, mit dem man Golf spielt. Im übrigen wäre ein solches Schicksal gefährlich nah an der eigenen Situation. Anonyme Mitarbeiter sind da problemloser zu entlassen. Der Personalleiter wird es schon auf eine menschlich anständige Weise richten.

Zusammenfassend kann festgehalten werden:

a) Soziale Intelligenz ist uns genetisch mitgegeben. Schon vor 100 000 Jahren konnten menschliche Gemeinschaften nur durch engen Zusammenhalt nach innen, durch Mißtrauen Fremden gegenüber und durch eine hinreichende Verteidigungsfähigkeit und Abgrenzung nach außen bewahrt werden. Hierzu gehören auch die meisten Formen des Tarnens und Täuschens.

Wir „funktionieren" noch heute nach diesen archaischen Mustern. Im als soziale Heimat empfundenen System entwickeln wir Interessen und Werte in einer Art „Stammeseinheitlichkeit". Dazu verfügen wir über soziale Fähigkeiten der Kooperation, der Hilfsbereitschaft, des Vertrauens und der Loyalität, die synegoistisches Verhalten ermöglichen. Dinge, die eine Person in diesem Bereich nicht bei der Geburt mitgebracht und die sie nicht in der Familie schon verinnerlicht hat, wird sie später kaum noch lernen können.

Insofern ist es wichtig, sich anzuschauen, aus welcher Kinderstube jemand kommt und wie und mit wem er außerhalb der Arbeit sozial zusammenlebt. Nicht ohne Grund gehen manche Chefs erst einmal mit dem Mitarbeiter und dessen Ehefrau essen, ehe sie ihn einstellen oder auch nicht. Alles, was nicht änderbar ist, können wir nur noch über Selektion, d.h. Auswahl und Plazierung, also die richtige Zuordnung von Person und Tätigkeit in den Griff bekommen. Was änderbar ist, sollte gefördert werden.

b) Junge Menschen sollten im Bildungssystem auch soziale Kompetenz erlernen. Je günstiger und zeitiger die Anregungen zum richtigen Verhalten erfolgen und je besser gefördert statt ausgelesen und ermutigt statt demotiviert wird, um so eher sind Erfolge zu erwarten. In den meisten Lehr- und Lernzielkatalogen der Bundesländer werden im Hinblick auf das Sozialverhalten Inhalte genannt wie:

- sich selbst erkennen, ehrlich und aufrichtig sein
- Schuld eingestehen und sich entschuldigen können
- zu eigenen Überzeugungen und dem eigenen Gewissen stehen
- eigene Wünsche artikulieren, verteidigen, aber auch Verzicht üben können
- eigene Rollen in verschiedenen sozialen Systemen reflektieren
- Werte und Würde anderer achten
- andere ohne Vorurteile verstehen und andere Meinungen achten
- soziale Bindungen eingehen und erhalten
- Kritik annehmen, geben und verarbeiten
- Reden und Handeln in Einklang bringen
- helfen und selbst Hilfe annehmen
- Konflikte bewältigen und Kompromisse finden
- andere nicht manipulieren
- mit anderen zusammenarbeiten
- zugunsten gemeinsamer Ziele eigene Bedürfnisse zurückstellen.

Besonders die letzten beiden Inhalte sind zentrale Aspekte des syn-egoistischen Verhaltens.

c) Was machen wir, wenn erwachsene Mitarbeiter solche Dinge nicht mitbekommen haben? Sollte uns gute Personalpolitik nicht davor verschont haben, bleiben nur zwei Möglichkeiten. Wir müssen in einer guten Personalentwicklung die schlimmsten Fehler im sozialen Verhalten abschleifen. Dies geschieht vor allem durch Coaching. Und wir können über strukturelle Veränderungen z. B. weniger sozial-kompetentes Verhalten hinsichtlich seiner Wirkungen lindern.

d) Das Erlernen einer Schlüsselqualifikation kann die andere begünstigen. Eine Verbesserung im Selbstmanagement führt erfahrungsgemäß auch zu einer Verbesserung der Sozialkompetenz. Wer seine eigenen Probleme besser im Griff hat, gewinnt Blickfreiheit für die Probleme anderer und kann so synegoistisches Verhalten eher verwirklichen. Und wer durch sein eigenes Verhalten andere nicht dauernd nervt, bekommt einiges in Form sozialer Zuwendung zurück. Wenn vor allem Führungskräfte lernen, besser zu kommunizieren und zu führen, werden etliche sozial-inkompetente Verhaltensweisen der Mitarbeiter vermieden. Sozial-inkompetentes Verhalten schaukelt Frustration, Aggression, Konflikte und Krisen auf. Sozial-kompetentes Verhalten wird kurzfristig meist eher ausgenutzt, färbt aber langfristig ab. Insofern sollten wir die guten Vorsätze des Vorlebens sozial-kompetenten Verhaltens aufrechterhalten.

Wie und wo fangen wir an?

> Es gibt keine Rezepte, aber konkrete Vorschläge.

Hinter der berechtigten Frage: „Was mache ich konkret zur Förderung von Syn-Egoismus, wo und womit fange ich an und wie kann es weitergehen?" steht der Wunsch nach einem Patentrezept, das es nicht gibt. Hier sollen jedoch konkrete Schritte vorgeschlagen werden. Ehe wir uns den Beziehungen mit anderen zuwenden, sollten wir bei uns selbst anfangen.

Selbstmanagement und Sozialkompetenz

Wer sich selbst nicht managen kann, kann andere auch nicht managen. Wenn ich in mir ruhe, kann ich toleranter, freundlicher und „weniger verkniffen" mit anderen umgehen. Insofern führt ein Weg zur Sozialkompetenz über gutes Selbstmanagement. Es fragt sich allerdings, was darunter zu verstehen ist.

Selbstmanagement ist ein Sammelbegriff für verschiedene Aktivitäten zur Förderung von Selbststeuerung, aktiver Problembewältigung und Übernahme von Selbstverantwortung. Dies geschieht in systematischen Lern-, Zielklärungs- und Selbstkontrollprozessen.

Die Bedeutungsfelder des Begriffes „Selbstmanagement" reichen:

- von Managementansätzen, Organisations- und Personalberatung im Sinne problematischer Klischees des positiven und „Hilf-dir-selbst"-Denkens, der Effizienz- und Leistungssteigerung sowie der Karrieregestaltung
- über Ansätze zur Persönlichkeitsbildung (Förderung von Kompetenz und „Powereindruck"),

- über arbeits- und organisationspsychologische Themen (Führung, Motivation, Personalmanagement),
- über Selbsthilfeinitiativen und -programme
- bis hin zur Selbstmanagementtherapie im Sinne einer zielgerichteten, problemorientierten und zeitlich begrenzten systematischen Verhaltens- und Erlebensänderung.

Um Selbstmanagement nicht zu einem Allerweltsbegriff verkommen zu lassen, ist es sinnvoll, zentrale Facetten herauszuarbeiten, die wiederum etliche Affinitäten zur Sozialkompetenz haben:

- Selbststeuerung,
- Selbstkontrolle,
- Selbsteffizienz,
- aktiver Umgang mit Angst und Ärger.

Wenn man Selbstmanagement als Optimierung der eigenen Handlungsregulation – und im übrigen Führung als Optimierung kollektiver Handlungsregulationen – auffaßt, ergeben sich auf der Basis situativer Gegebenheiten und individueller Persönlichkeitsmerkmale unterschiedlichste Aufschaukelungsprozesse.

Depressive neigen beispielsweise dazu, Mißerfolge sich selbst (internal), Erfolge aber nach außen (external) zuzuschreiben (attribuieren). „Lebenskünstler" verfahren umgekehrt. Was geklappt hat, schreibt man sich selbst zu. Für Mißerfolg sind andere verantwortlich. Eine sehr egoistische Zuschreibung. Hier liegt ein Widerspruch zwischen Sozialkompetenz und Selbstmanagement vor. Wer es sich selbst gutgehen läßt, kann dies bis zu einer gewissen Grenze auf Kosten anderer tun. Die Kunst der sozialen Intelligenz besteht darin, daß andere nichts davon merken. Im übrigen haben Frohnaturen etwas Ansteckendes. Wir beneiden sie oft, obwohl sie uns ein wenig ausnutzen.

In den meisten Motivationstheorien ergibt sich Wohlbefinden in sozialen Beziehungen und damit auch Leistungsbereitschaft aus der Befriedigung von Bedürfnissen. Vor allem soziale Zugehörigkeit, Selbstwertgefühl und Selbstwirksamkeit sowie Selbstverwirklichung sind wesentliche Motivinhalte. Alle Handlungsregulationsmodelle und Vorstellungen über Selbstmanagement legen Balancen und Steuerungsprozesse nahe, die darauf zielen, vernunftgeleitetes, ziel- und leistungsorientiertes Handeln mit den Emotionen in Einklang zu bringen. Erst seit Anfang der achtziger Jahre schenkte man den Vernetzungen zwischen kognitiven und emotionalen Prozessen im Zusammenhang mit der Sozialkompetenz mehr Aufmerksamkeit.

Wenn wir sozial-kompetentes Verhalten fördern wollen, müssen wir ein vernünftiges Selbstmanagement erreichen. Die Ansätze zur Optimierung des Selbstmanagements sind allerdings vielschichtig. Sie reichen von einfachen Vorstellungen zum Zeitmanagement und zur Arbeitsmethodik bis zur komplexen Beanspruchungs-Handlungs-Analyse. Einige seriöse Ansätze seien stellvertretend genannt:

- Prinzipielle therapeutische Wirkfaktoren wie die Erarbeitung von Systemsichten, Konfliktklärungen, sozialer Unterstützung fördern Selbstmanagement (Grawe, 1994) und Sozialkompetenz.
- Die Selbstwirksamkeit (self-efficacy, vgl. Bandura, 1977) kann gesteigert werden durch kleine Schritte, die die Person von ihren eigenen Bewältigungskompetenzen überzeugen.
- Verhaltenslernschritte sollen so gelernt werden, daß die Person die Veränderungen eigenem Bemühen zuschreibt (vgl. Försterling, 1986).
- Die Bewältigung negativer Emotionen gelingt nur über deren Klärung im subjektiven Lebenskontext und nicht durch „Wegtrainieren" (etwa Greenberg und Safran, 1989). Neue Erfahrungen müssen aktiv „neu konstruiert" werden.
- Eine leicht ins Positive hinein verzerrte Wirklichkeitswahrnehmung ist förderlich für eine leistungsorientierte und sozial förderliche Handlungsregulation.

Aus der bereits beschriebenen Tatsache, daß wir gerade im sozialen Verhalten meist nicht so handeln, wie wir es „eigentlich" für richtig halten, ergibt sich die Frage der Veränderungsmotivation.

Kanfer, Reinecker und Schmelzer (1996, S. 224 ff.) nennen fünf grundlegende Motivationsfragen:

- Wie wird mein Leben sein, falls ich mich ändere? Die Aussicht, bei noch mehr Leistung weniger Geld und mehr Ärger zu Hause zu haben, fördert nicht die Leistungssteigerung. Und wenn ich meinem Kollegen wirklich zurückkoppele, wie ich sein Verhalten finde? Wahrscheinlich wird er sauer. Deshalb sage ich lieber nichts. Er weiß nicht, was er ändern muß. Und ich habe keinen Ärger.
- Werde ich besser dastehen, falls ich mich ändere? Die Verdeutlichung der durch eine Steigerung der eigenen Sozialkompetenz entstehenden Veränderungen (z.B. mehr Ansehen und innere Befriedigung) fördert die Änderungsmotivation.
- Kann ich es schaffen? Zu niedrige oder zu hohe Erfolgswahrscheinlichkeit motiviert nicht. Die subjektive Erfolgswahrscheinlichkeit muß hoch genug, aber nicht sicher sein.
- Was muß ich für eine Änderung investieren? Lohnt es sich? Nur wenn die positiven Folgen die negativen überwiegen, entsteht genügend Änderungsmotivation.
- Kann ich auf Unterstützung bei meiner Änderung bauen?

Wenn genügend Veränderungsmotivation aufgebaut wurde, können einzelne Schritte zur Förderung des Selbstmanagements und der Sozialkompetenz umgesetzt werden, um mehr Lebensqualität und Zufriedenheit zu erreichen.

Emotionen regulieren unser Verhalten

Sozialkompetenz verlangt innere Ausgeglichenheit und Zufriedenheit mit der eigenen Lebensqualität. Bezüglich der Leistung fragt sich, ob innere Ruhe und „gute Laune" Leistung, Konzentration und Zuverlässigkeit fördern? Brauchen wir den Stachel der Unzufriedenheit und eine gewisse Existenzangst, um Höchstleistungen zu vollbringen? Brauchen wir das Reiben an unseren Mitmenschen, um uns zu sozial-kompetentem Verhalten zu motivieren? Welche Rolle spielen Emotionen? Wie wirken unsere Gefühle und Stimmungen auf unsere Sozialkompetenz, und mit welchem Verhalten müssen wir bei Menschen rechnen, die emotionsgeladen sind?

Beim Begriff „Emotion" sollten wir zwischen drei Kategorien unterscheiden (vgl. auch Abele, 1995, S. 14):

- Bei Erlebnistönungen oder evaluativen Urteilen handelt es sich um direkte, vielfach intuitive Bewertungen wie „Die Landschaft ist schön" oder „Der Kollege ist aber nett".
- Gefühle entstehen in der Unmittelbarkeit der Lebenswelt aus von einer fühlenden Person erlebten Anlässen (z.B. Ärger, Angst), „Ich könnte ihn erwürgen".
- Stimmungen sind wie Tonhöhen in der Musik atmosphärische Grundtönungen und nicht wie Gefühle unmittelbar anlaßbezogen. „Wie war die Stimmung bei der Feier?"

„Echte" Gefühle wie Liebe und Haß können aktivieren und zu synegoistischen Leistungen beflügeln. Angst hingegen „macht dumm" und lähmt unsere Fähigkeit zu sozial-kompetentem Handeln. Ärger, Wut, Zorn setzen die Frustrations-Aggressions-Spirale in Gang. Zur Sozialkompetenz gehört hier Beherrschung und die Bereitschaft, die Dinge auch aus der Perspektive des Gegenübers zu sehen.

Stimmungen hingegen, die z.B. für die Teamarbeit wichtig sind, bedürfen einer näheren Betrachtung. Wir unterscheiden vier Auslösebedingungen von Stimmungen:

- Hedonische Ereignisse, z.B. lustvoll erlebte Aktivitäten mit Freunden, gemeinsame Feste, Sexualität und Liebe, Erfolge und Mißerfolge in der Leistung.
- Imaginative Tätigkeiten, also das Nachdenken über selbstbezogene Aussagen positiver oder negativer Art. Sie können entsprechende Stimmungen, z.B. das Erinnern an schöne oder traurige Erlebnisse, erzeugen. „Damals, als ich noch jung war ..."
- Physiologische Veränderungen, z.B. körperliche Aktivität, hormonelle Veränderungen, durch Alkohol bedingte Prozesse. Die

beim Waldlauf ausgeschütteten Endorphine erzeugen angenehme Stimmungen.
- Die absichtliche Unterdrückung von Gefühlen. Auf diese Weise können diffuse Stimmungen entstehen.

Emotionen, also „echte" Gefühle, steuern unser Verhalten stärker, als wir uns eingestehen. Stimmungen haben als Hintergrundphänomen eher Informations- und Selektionsfunktion. Sie signalisieren die jeweilige Passung zwischen Person und Umwelt. Stimmungen wirken selektiv auf die Entwicklung von Absichten. Die Stimmungseinflüsse auf die Leistung erfolgen über kognitive und motivationale Prozesse. Nicht ohne Grund gehen immer mehr Firmen dazu über, eine fröhliche Stimmung zu provozieren. Fröhliche Menschen leisten mehr, wenn gut geführt und organisiert wird. Geschieht dies nicht, feiern sie mehr, fühlen sich wohl und tun in freizeitorientierter Schonhaltung alles, um Leistung zu verhindern.

Syn-Egoismus braucht eine vertrauensvolle Hintergrundstimmung. Es läßt sich schlecht zusammenarbeiten, wenn ich befürchten muß, daß jemand an meinem Stuhl sägt.

In einer Untersuchung von Beyer (1986) wurden nach der Aufgabenbearbeitung Mißerfolgs- und Erfolgsrückmeldungen gegeben, denen entsprechende Stimmungen folgten. Bei beiden Gruppen zeigten sich gleichartige physiologische Veränderungen im Sinne höherer Erregung. Danach wurden die Leistungen in der Erfolgsgruppe besser, in der Mißerfolgsgruppe schlechter. Man sieht, sozial-kompetentes Rückkoppeln ist nicht nur netter, sondern auch leistungsförderlicher. Isen u. a. (1987) fanden, daß in einer positiven Stimmungsgruppe kreative Lösungen besser gefunden wurden als in einer negativen. Subjektiv erlebte Aktivierung führt je nach Bewertung der eigenen Stimmung zu unterschiedlichen Leistungswirkungen. Aktivierung wirkt im Verbund mit Stimmungen unterschiedlich leistungshemmend oder -fördernd.

Wer Kinder hat, kennt die Erfahrung, daß sie durch Gefühle in ihrer Aufmerksamkeit beeinflußt werden. Unsicherheit und Angst lassen die Mathematik-Hausaufgaben zur Qual werden.

Für die Aufgabe selbst und für aufgabenirrelevante Aspekte steht nur eine begrenzte Aufmerksamkeit zur Verfügung. Bei negativen Emotionen entstehen schlechtere Leistungen durch das „Versanden" der Aufmerksamkeit im aufgabenirrelevanten Bereich. Hier können sozial-kompetente Mitmenschen hilfreich sein, sowohl hinsichtlich der Lebensqualitäts- als auch der Leistungskomponente. Auch die Beurteilung von uns selbst hängt von der Stimmung ab. In positiver Stimmung sehen wir uns und unser Umfeld optimistischer, sind kontaktfreudiger, hilfsbereiter und großzügiger als in „neutraler" Stimmung. Und wir trauen uns weniger zu, sind pessimistischer, kontaktfeindlicher und mit unserer Gesundheit unzufriedener, wenn wir schlecht gelaunt sind.

Positive Stimmungen fördern unsere Erwartungen von Erfolg und eigener Wirksamkeit. Dies gilt auch für „Positivillusionen". Aufgabenirrelevante und irrationale Gedanken sowie Abwertungen der eigenen Person mindern solche Erwartungen. Zumindest bei Kindern zeigen empirische Untersuchungen (vgl. Hom und Arbuckle, 1988), daß positive Stimmung höhere Zielsetzung und Leistung zur Folge hat als negative Stimmung. Allerdings variierten Zielsetzung und Leistung auch unabhängig von der Stimmung.

Es kann sich eine Aufschaukelungsspirale entwickeln, wenn sich positiv gestimmte Menschen in sozial-kompetenten Verhaltensweisen gegenseitig bestätigen und Optimismus ausstrahlen. Allerdings muß genügend Kontakt zur Außenwelt und Realität vorhanden sein, damit sich keine Spinnereien entwickeln. Gute Stimmung fördert auch den Gebrauch von Problemlösestrategien und die Bereitschaft, intuitiven Einfällen nachzugeben. Damit wird die Wahrnehmung und Aufmerksamkeit für neue Lösungen geöffnet. Dies alles wird wiederum durch Teamarbeit, z.B. im Brainstorming, unterstützt.

Gutgelaunte Personen verwenden einfache Strategien und entscheiden schneller als schlechtgelaunte. Wichtig ist, daß das eher intuitive Denken der Gutgelaunten effizienter ist. Unbeschwertheit, die mit Selbstvertrauen, Optimismus und Zutrauen in die Umwelt und die Zukunft einhergeht, befreit von Denkgrenzen.

Zufriedenheit mit unseren sozialen Beziehungen resultiert aus wahrgenommenen Diskrepanzen zwischen dem, was wir haben, und dem, was wir wollen. Die Maßstäbe dafür beziehen wir aber nicht nur von uns selbst, sondern vor allem aus unserer sozialen Umgebung. Wer mir sozial-kompetent positiv und glaubwürdig schildert, daß ich viel habe, andere wenig, macht mich zufriedener. Wie wir unsere Lebensqualität und unsere sozialen Beziehungen bewerten, hängt wesentlich von der eigenen Persönlichkeitsstruktur und der eigenen Sozialkompetenz ab.

Computer haben den Vorteil von Schnelligkeit und Speicherkapazität. Als rationale Menschen neigen wir dazu, „geistige" Prozesse, die im Prinzip auch ein Computer leisten könnte, von den emotionalen Facetten unserer Persönlichkeit getrennt zu sehen. In dieser Denkweise dürften Computer nicht sozial-kompetent sein und keine Emotionen haben. Es gibt Forscher, die behaupten, Computer könnten demnächst Emotionen haben und damit auch sozial-kompetent handeln. Ich wage das zu bezweifeln. Umgekehrt neigen wir dazu, Emotionen und den menschlichen Umgang miteinander als unlogisch, irrational und mit den „geistigen" Prozessen des logischen Kalküls nicht verbunden zu betrachten. Dies ist in bezug auf die Sozialkompetenz ein entscheidender Denkfehler. Denn die Nachteile, die wir gegenüber Computern haben, machen wir durch die Regulation unserer Wahrnehmungs- und Denkprozesse wieder wett, und zwar durch Emotionen. Wir verwenden sie als einheitstiftende Prinzipien, die Ordnung in die Komplexität unserer Umgebung bringen. Der Verliebte ist blind für die Welt, grenzt aus, was seine Liebe stören könnte, und sieht nur die Geliebte. Er reduziert Komplexität. Er handelt aber auch höchst produktiv und Komplexität produzierend. Wenn es darum geht, seine Liebe zu verwirklichen, zu fördern und zu schützen, kommt er auf Gedanken, die ihm im nicht verliebten Zustand unsinnig vorgekommen wären.

Wir handeln aus dem Gefühl heraus, intuitiv, haben „einen Riecher" oder ahnen etwas und sind meist nicht nur effektiv im Sinne von wirksam, sondern auch effizient im Sinne des günstigen Kräfteeinsatzes und einer guten Preis-Leistungs-Relation unseres Handelns. Durch Erfahrungen entwickeln wir uns weiter, lernen und erweitern unsere Komplexität. Wir wissen immer mehr, dürfen dadurch aber nicht handlungsunfähig werden.

Unsere Emotionen bringen stärker als jedes andere Phänomen das Spezifische unserer bisherigen Erfahrung auf den Punkt. Wenn wir Angst haben, laufen wir ohne lange Informationsaufnahme und -verarbeitungsprozesse oder Handlungspläne davon. Das ist gut so, denn so haben wir überlebt. Wenn uns die Giftschlange beißen will, ist dieses blitzschnelle und gleichzeitig Energie freisetzende „Auf-den-Punkt-Bringen" überlebensentscheidend.

Durch unsere Emotionen klären, vereinfachen und „wissen" wir aufgrund unserer Evolutionsgeschichte, was „gut" für uns ist. Das funktioniert, solange unsere Situationen mit denen übereinstimmen, für die unsere evolutionären Programme gelten. Im Bereich der Sozialkompetenz haben unsere Ausdrucksphänomene gut gepaßt. Ein finsterer Blick, ein „aufgeblasener" Brustkorb zwecks größerer Silhouette, verbunden mit aufgeplusterten Resthaaren, lösen Angst und Fluchtverhalten aus. Wir schließen nach kurzer Beobachtung auf die komplexe Persönlichkeit einer Person und sagen ihr Verhalten vorher: „Das ist ein Typ, der ..." Meist kommen wir damit gut zurecht. Je mehr Wahrnehmungskanäle wir verwenden, um so gültiger wird unser Urteil.

Oft sagen wir, um unser Handeln zu begründen: „Ich hatte so ein Gefühl ..." Wir handeln im täglichen Leben bei weitem nicht so zielorientiert und logisch, wie wir uns selbst gern glauben machen wollen. Das wäre auch nicht sinnvoll, denn wir müssen mit der uns umgebenden Komplexität mit relativ geringen Mitteln fertig werden. Wir müssen die Vielfalt von Situationen, in die wir geraten, möglichst schnell und treffend klassifizieren und die Informationen ökonomisch verarbeiten. Dabei sind unsere Emotionen ganz maßgeblich. Es macht wenig Sinn, Emotionen als eine Art Unfall der Evolution zu betrachten und sie durch gezieltes, rationales Lernen unterdrücken zu wollen. Wir müssen sie an den richtigen Stellen, dort, wo sie nützlich sind, sich entfalten lassen und in einem ausbalancierten Wechselspiel aus Emotionen und Kognitionen höchste Lebensqualität erreichen.

Bei großen Handlungsentwürfen – „Ich will unbedingt Arzt werden" – können wir zielorientiert sein. Hier haben wir Zeit zum Überlegen. Aber für das tägliche Handeln sollten wir uns von einem solchen rein rationalen Ziel-Modell verabschieden. Wenn wir z. B. jemanden sympathisch finden und uns mit ihm unterhalten wollen, werfen wir ein ursprüngliches Ziel über Bord. „Eigentlich wollte ich noch die Wohnung putzen, aber ..." Entscheidend und handlungsleitend sind nicht die von außen auf uns einwirkenden Merkmale einer Situation, sondern die subjektiven Wahrnehmungs- und Bewertungsprozesse, die persönlichen Bedeutungen in bezug auf diese Situation. Auch unsere Lernprozesse können im täglichen Leben nur so erfolgen, daß wir subjektive Bedeutungen von Situationen erzeugen, die dann als Erfahrungsschatz in unsere Erfahrungen eingehen und anschließend zu Erwartungen führen.

> Ein kleiner Adoptivjunge in unserem Bekanntenkreis war die ersten drei Jahre seines Lebens in einem Waisenhaus der Dritten Welt nur von Frauen umgeben. Der einzige Mann, mit dem er in Kontakt kam, war der Arzt. Obwohl er dem Kleinen „objektiv" half, waren mit ihm aus Sicht des Kindes meist Ohrenschmerzen verbunden. Kein Wunder, daß er später Schwierigkeiten hatte, zu seinem Adoptivvater eine angstfreie und vertrauensvolle Beziehung zu entwickeln. Auch unsere Entscheidungen erfolgen meist auf subjektiven, erfahrungsbezogenen Kosten-Nutzen-Analysen und keinesfalls auf rationalen objektiven Daten.

Wenn wir sozial-kompetent sein wollen, müssen wir das dynamische Zusammenspiel unserer Kognitionen und Emotionen optimieren. Aber wie? Einige Muster können weiterhelfen. So gibt es von Ammann (1986) ein Modell zum Zusammenhang von Informationsverarbeitung und Emotionen:

Auf der untersten Ebene unserer Persönlichkeit funktionieren die Emotionen wie fest verdrahtete nervlich-biochemische Schaltkreise. Wahrnehmungen können ohne logische Verarbeitung direkt in subjektive Gefühle einmünden. Ich sehe eine Spinne und habe sofort Angst. Die zweite Ebene ist gekennzeichnet durch eine Trennung von diesem biologischen Programm. Auf einer „wahrnehmungs-motorischen" Ebene erfolgen Informationsverarbeitungen nach einem Schema. Der auslösende Reiz, die Spinne, wird durch emotionale Schemata (z. B. haarig und fremd) kategorisiert. Vielleicht hat meine Mutter beim Anblick von Spinnen immer geschrien. Diese Verknüpfung erfolgt automatisch, unter Ausschluß unseres Verstandes. Auf der dritten Ebene werden diese automatisch klassifizierten Emotionen kognitiv reflektiert. „Das kann doch wohl nicht wahr sein, daß du als erwachsener Mann vor einer kleinen Spinne Angst hast." So können wir unsere Emotionen bewußt manipulieren, über sie reden oder sie auch absichtsgeleitet bei anderen provozieren. Wir können Emotionen spielen, einsetzen und als Mosaikstein unserer *Sozialkompetenz* benutzen. Alle Eltern kennen den Einsatz von Emotionen ihrer Kinder. Die wissen schon mit zwei Jahren, wann ein paar Krokodilstränen Wunder wirken. Sie lösen bei uns Rührung und Mitleid aus und öffnen unser Herz. Wenn wir solche Prozesse verfolgen, wird deutlich, daß das, was wir Emotionen nennen, künstlich isolierte Zeitpunkte in einem Fluß der permanenten Emotionalität sind. Es gibt sozial-intelligente Leute, die auf dieser Klaviatur hervorragend spielen können. Und es gibt genug „verkopfte" Zeitgenossen, die es nicht schaffen, diesen emotionalen Fluß zu zeigen und mit ihm zu operieren.

Auch „logische" Gedanken und Informationsverarbeitungsprozesse wirken stark auf unsere Emotionen. Bestimmte objektiv bestimmbare Merkmale einer Situation, wie z. B. ihre Neuheit, ihre Übereinstimmung mit meinen Zielen und Werten, sowie ihre Bewältigbarkeit können gleich sein – wir reagieren dennoch emotional ausgesprochen unterschiedlich (vgl. Scherer, 1988). Wir können davon ausgehen, daß auch das so offensichtlich vernünftige synegoistische Verhalten stark durch Emotionen und Stimmungen moderiert wird.

Werde selbst gesund durch Sozialkompetenz

Was hat Gesundheit mit Sozialkompetenz und Syn-Egoismus zu tun? Sehr viel, denn der meiste Ärger und die Wahrscheinlichkeit, psychosomatisch krank zu werden, resultieren aus dem sozialen

Zusammenleben. Ehestreit, Ärger mit Chefs, Mitarbeitern, Kollegen, Mobbing, die Notwendigkeit, Emotionen schlucken zu müssen, nagen an unserer Gesundheit. Das Fach, das sich damit beschäftigt, ist die Psycho(neuro)immunologie. Dieser Name macht Sinn, denn unser psychisches, unser Nerven- und unser Immunsystem sind ein System. Wir unterteilen die Systeme in verschiedene Subsysteme, weil wir sonst mit deren Komplexität nicht fertig werden. Schon die Griechen wußten: „Krankheiten überfallen uns nicht aus heiterem Himmel, sondern sie entwickeln sich allmählich aus vielen kleinen, gegen die Gesundheit begangenen Sünden. Und erst wenn letztere sich angehäuft haben, brechen die Krankheiten scheinbar plötzlich hervor" (Hippokrates).

Wir können uns Krankheiten „einbilden" und bekommen sie dann auch. Wir können uns aber auch Gesundheit „einbilden" und erreichen damit eine höhere Wahrscheinlichkeit, gesund zu bleiben oder zu werden. Wer sich psychisch wohl fühlt und sich für etwas engagiert, bewältigt die Grippeviren seiner schniefenden Mitmenschen, ohne krank zu werden. Ich halte in der naßkalten Herbstzeit regelmäßig bis kurz vor Weihnachten durch, obwohl seit drei Monaten meine Umgebung kränkelt. Alle Kinder schniefen und husten, aber ich bin gesund. Am 20. Dezember ist die letzte Vorlesung. Am 21. setzt die Grippe mit Vehemenz ein. Zuvor konnte ich mir die Grippe nicht erlauben. Im Weihnachtsurlaub wäre die Grippe eher zu verkraften. Also bekomme ich sie auch. Obwohl ich mir jedes Jahr vornehme, dieses Weihnachten ohne Grippe zu überstehen, habe ich das bislang erst einmal geschafft.

Was passiert im Zusammenspiel von Körper und Psyche? Die gesuchte Brücke zwischen Körper und „Geist" oder „Seele" ist das Immunsystem. Es gibt eine Verbindung zwischen Immunsystem und Gehirn. Nerven-, Immun- und Hormon-System sind ein neuro-immuno-endokrines Netzwerk, und zwischen diesen Teilsystemen findet Kommunikation statt. Wenn Gehirn und Immunsystem miteinander „reden", sind die Hormone die Sprache. Die entscheidenden Immunstationen, die lymphatischen Organe, werden durch Nerven angeregt, so daß wir von einer direkten Beeinflussung des Immunsystems durch das Gehirn ausgehen können. Aber auch indirekte Beeinflussungen des Immunsystems durch zentralnervöse Prozesse wurden nachgewiesen (vgl. Payan, McGills und Goetzel, 1986). Wir wissen, daß Streßhormone wie Adrenalin, Noradrenalin und Kortisol die körpereigene Abwehr hemmen. Streß erhöht die Anfälligkeit für Infektionen und verringert die Anzahl bestimmter weißer Blutkörperchen (Lymphozyten).

Zur Illustration der Verbindung zwischen Psychoimmunologie und Psychosomatik wird die Geschichte Norman Cousins (vgl. Klosterhalfen und Klosterhalfen, 1990) herangezogen. Er mußte 1925 im Alter von zehn Jahren ein halbes Jahr im Sanatorium verbringen. Dabei fielen ihm zwei Gruppen von Kindern auf. Da waren einmal Optimisten, die zuversichtlich waren, ihre Tuberkulose zu bewältigen. Die Pessimisten hingegen resignierten. Dem Jungen fiel auf, daß die Heilungschancen der Optimisten, zu der er auch gehörte, deutlich höher war als die der anderen. Als Norman Cousins 39 Jahre alt war, wurde er wieder mit psychoimmunologischen Phänomenen konfrontiert. Er wollte seine Lebensversicherung erhöhen und erfuhr vom Arzt, er habe aufgrund einer Verengung der Herzkranzgefäße selbst bei äußerster Schonung allenfalls noch eineinhalb Jahre zu leben. Cousins warf aus Trotz zu Hause seine Töchter noch höher als sonst in die Luft und spielte bei einem Tennisturnier mit.

Zehn Jahre später kam der nächste Schock. Cousins war Leiter einer amerikanischen Delegation in der UdSSR. Durch Lärm und Hitze konnte er nicht schlafen. Zudem wurde ihm übel. Und zu allem Überdruß geriet er auf dem Flughafen in die Abgase eines Flugzeuges. Er fühlte sich zunehmend schlechter, und eine Woche später wurde die Diagnose „Bechterew" mit einer Heilungschance von 1 : 500 gestellt. Cousins beschaffte sich lustige Filme und entdeckte, daß Lachen anästhesierend wirkte und seinen Schlaf förderte. Humor ist nicht nur sozial-intelligent, sondern auch gesund. Als sein Lachen die anderen Patienten störte, zog er in ein Hotel. Er meinte, ein Krankenhaus sei der ungünstigste Ort, um gesund zu werden. Die Lachtherapie wurde durch Einnahme von Vitamin C begleitet. Nach zwei Wochen lernte Cousins wieder zu stehen und anschließend zu laufen. Die Heilung sprach sich herum. Er erhielt Anfragen und Fördergelder für Forschungen. Cousins meinte, die Bechterew-Krankheit sei bei ihm zustande gekommen, da seine Überzeugung, von den Flugzeugabgasen getroffen worden zu sein, zu Adrenalinausschüttungen geführt habe, die seine Widerstandsfähigkeit gemindert hätten.

Dem entspricht im übrigen die Volksweisheit, daß Ärger krank und häßlich macht. Zu zeigen, wie solche Prozesse auf biochemischem Wege erfolgen, würde hier zu weit führen. Hier sei nur die Dynamik der häufigsten Infektion, des banalen Schnupfens, kurz skizziert.

Ein sozial weniger verantwortlicher, egoistischer Mitmensch niest und nebelt unsere Nase mit Schnupfenviren ein. Diese nisten sich in unsere Schleimhäute ein und wollen sich von dort weiter verbreiten. Einige Freßzellen haben Viren entdeckt und fressen sie sofort. Zugleich reißen sie ein Stück der Hülle des Virus heraus. Dieses Antigen halten sie wie ein Schild zum Vorzeigen hoch und geben damit spezifischen T-Helfer-Zellen Bescheid. Zugleich wird über Interleukin Fieber ausgelöst. Diese sinnvolle Maßnahme bewirkt eine erhöhte Körpertemperatur. Dadurch erweitern sich die Gefäße. Es wird mehr Blut durch sie hindurchgepumpt, wodurch die Abwehrkräfte schneller befördert werden und Kampfesreste als Müll besser abtransportiert werden können. Von den T-Helfer-Zellen werden Gedächtniszellen herbeizitiert, die die Sprache des Antigens lesen können. Die entsprechenden Spezialtruppen der T-Killerzellen eilen herbei und stürzen sich auf die mittlerweile stark vermehrten Viren. Ein einziges Virus kann in wenigen Stunden ca. 20 000 Nachkommen schaffen. Diese Feinde haben alle ihr Antigen, also ihr Schild, so daß sie leicht aufzuspüren sind. Sicherheitshalber wurden von den T-Helfer-Zellen auch noch die B-Lymphozyten aufgefordert, passende Antikörper zu produzieren. Diese fesseln und markieren die Viren, so daß diese wiederum von den Freßzellen erkannt und geschluckt werden können.

Der Mensch, der sich vernünftig verhalten hat, indem er während einer akuten Grippe keinen Extremsport betreibt, sich zwei Tage ins Bett legt, dadurch andere nicht ansteckt, viel Tee trinkt und Wadenwickel macht, fördert den Abwehrkampf durch Schwitzen. Gegen Ende der Infektion kommen die T-Suppressor-Zellen und pfeifen die Killer-Zellen zurück, damit diese nicht Schaden anrichten oder auf die Idee kämen, eigenes Körpergewebe anzugreifen. Die meisten sterben ab. Einige Gedächtniszellen bleiben erhalten, die später, wenn dasselbe Virus wieder auftauchen sollte, die passenden neuen Truppen mobilisieren.

Was hat dies mit Sozialkompetenz zu tun? Zumindest für Erkältung, Grippe oder Herpes wurde die negative Beziehung zwischen negativen Gefühlen und Unterdrückung des Immunsystems nachgewiesen (Cohen und Herbert, 1996). Nun ist es wenig sozial-intelligent, sich völlig verschnupft zu präsentieren. Menschen haben eine natürliche Abscheu vor Krankheit. Dies war immer ein Überlebensvorteil.

Zur sozialen Verantwortung gehört es, andere nicht anzustecken. Ich beobachte immer wieder, wie Mitarbeiter, um ihren Arbeitseifer zu dokumentieren, mit triefender Nase zur Arbeit kommen. Dort können sie sich nicht konzentrieren, leisten wenig und verteilen die Viren. Bezüglich der Stigmatisierung von Kranken gehört es zur sozialen Verantwortung, sich um sie zu kümmern, sie nicht auszugrenzen, sondern sozial zu unterstützen. Denn die Heilungschancen wachsen mit dem Grad an sozialer Unterstützung und menschlicher Geborgenheit. Auch hier gilt es Balancen zu wahren. Für einen Schwerkranken ist Überfürsorge oft ebenso schwer zu ertragen wie mangelnde Zuwendung.

Die Funktion des Immunsystems scheint mit Eigenschaften der Persönlichkeit zusammenzuhängen, die wiederum maßgeblich unser Sozialverhalten mitbedingen. Der oben beschriebene Fall Norman Cousins zeigt, daß Kampfgeist und Robustheit offenbar die Abwehrbereitschaft fördern. Die Beteiligung der Geschlechtshormone an der Abwehr stützt die These, daß Liebe und ein gesundes Sexualleben, die schließlich eine Kulmination der Sozialkompetenz bedeuten, die Abwehr stärken und damit gesund sind.

In der Psychologie der Beanspruchung spielt die Kontrollierbarkeit eine wesentliche Rolle. Der Eindruck, die Ereignisse nach eigenem Willen steuern zu können (Kontrolle), trägt wesentlich zur Streßreduktion bei, während umgekehrt der Eindruck des Ausgeliefertseins, also von Nicht-Kontrolle, einen starken Stressor darstellt. Wer jemals unerwartet mit seinem Auto auf Glatteis gefahren ist, weiß, was ein Kontrollverlust ist. Man spürt förmlich, wie das Adrenalin in das Blut einschießt. Die Vorstellung, in einem synegoistischen Team zu arbeiten, mindert Eindrücke von Kontrollverlust und dürfte insofern unserer Immunabwehr dienen.

Bei Tieren scheint Bewegungseinschränkung (Kontrollverlust) als Stressor auch das Immunsystem zu beeinträchtigen. Mäuse, denen ein Tumor eingepflanzt worden war, zeigten unter Streßbedingungen ein deutlich stärkeres Tumorwachstum als nicht-gestreßte Tiere (Ghanta u.a., 1985). Sklar und Anisman (1979) injizierten Ratten Tumorzellen. 24 Stunden später wurde eine Gruppe kontrollierbaren Elektroschocks, eine andere Gruppe von Tieren unkontrollierbaren Schocks ausgesetzt. Eine Kontrollgruppe wurde überhaupt nicht gestreßt. Während die Gruppe der kontrolliert geschockten Tiere keine Unterschiede in der Tumorentwicklung zu den nicht-gestreßten zeigte, wiesen die unkontrolliert gestreßten Tiere ein schnelles Tumorwachstum und eine deutlich geringere Überlebensrate auf.

In der Life-event-Forschung untersucht man, inwieweit besonders beanspruchende Lebensereignisse Krankheiten fördern bzw. die Abwehr schädigen. In einer Untersuchung von Bartrop u.a. (1977) wurden bei 26 Witwen und einer parallelisierten Gruppe ohne Verlust des Ehepartners immunologische Maße zwei und sechs Wochen nach dem Tod des Ehepartners erhoben. Die Lymphozytenproduktionsraten waren bei den Witwen statistisch bedeutsam vermindert. Für andere immunologische Maße wie z.B. die Anzahl der T- und B-Zellen und IgA galten diese Unterschiede nicht. Interessanterweise unterschieden sich die Gruppen auch nicht hinsichtlich einiger klassischer Streßindikatoren wie Kortisol, Wachstumshormon, Thyroxin (Schilddrüsenhormon). Ähnliche Ergebnisse fanden sich bei Männern, deren Frauen Brustkrebs hatten (Schleifer u.a., 1983).

Gut sind auch die Effekte von Streß auf ein Immuneiweiß (IgA) untersucht. IgA dient der Abwehr von Infekten. IgA im Speichel sinkt bei Studenten mit überdurchschnittlichem Machtbedürfnis gegenüber solchen mit durchschnittlichen Machtwerten (McClelland u.a., 1980) und bei akademischen Prüfungen. Umgekehrt führte ein Lachfilm im Gegensatz zu einem Lehrfilm zu erhöhten IgA-Ausschüttungen. Die Aktivität von Viren erhöht sich, wenn psychosoziale Stressoren wirksam werden. Einsamkeit scheint zu einer Minderung der Abwehr zu führen. Kiecolt-Glaser u.a. (1984) fanden bei psychiatrischen Patienten erniedrigte Aktivitäten der natürlichen Killerzellen. Einsame Studenten hatten unter Prüfungsstreß niedrigere Antikörperkonzentrationen gegen das Epstein-Barr-Virus als ihre geselligeren Kommilitonen (Glaser u.a., 1985).

Personen, die in Fragebögen zu Streßverhalten und gesundheitlichen Mißbefindlichkeiten erhöhte Werte zeigten, litten häufiger und intensiver unter Atemwegserkrankungen als Personen, die erniedrigte Werte hatten (Graham u.a., 1986). In einer Übersichtsarbeit von Fox (1981) wird von erhöhter Krebsanfälligkeit nach psychosozialer Fehlbeanspruchung berichtet. Soziale Inkompetenz macht krank. Beispielsweise fanden Irwin u.a. (1987) bei Frauen, die ihren Mann verloren hatten, eine deutlich reduzierte Killer-Zellen-Aktivität, die hoch mit Depression korrelierte. Der Verlust eines Ehepartners bewirkte eine Unterdrückung des Immunsystems in Form verringerter weißer Blutkörperchen. Auch schwere Erkrankungen von Angehörigen können zu einer Reduzierung der Immunfähigkeit führen. Kiecolt-Glaser u.a. (1984) berichten von Personen, die ein Familienmitglied zu Hause als Pflegefall betreuten. Sie hatten weniger weiße Blutkörperchen und erhöhte Antikörper gegen Epstein-Barr-Viren, die ihrerseits für manche Krebsarten angeschuldigt werden. In diesem Kontext interessiert auch der Zusammenhang zwischen Krebs und bestimmten Persönlichkeitsvariablen. Demnach korrelieren mit Krebs (vgl. Temoshok, 1987; Klosterhalfen und Klosterhalfen, 1990):

- eine eher instabile Persönlichkeit
- eine geringe Fähigkeit, Emotionen auszudrücken

- die Tendenz zu Reaktionsvermeidung, Zurückhaltung, Schlukken von Ärger
- Depressivität
- Einzelgängertum
- Angst, Schuldgefühle, Feindseligkeit, wenig Aggressivität, wenig emotionale Kontrolliertheit.

Stressoren wie Ärger, Angst und Feindseligkeit verändern je nach Intensität, Häufigkeit und Dauer die Immunaktivität. Sie kumulieren, und irgendwann wird eine kritische Schwelle erreicht, in der die Immunabwehr scheinbar besonders schnell abbaut (Buske-Kirschbaum u. a., 1997). Nicht nur schwere Erkrankungen, sondern auch die täglichen kleinen Ärgernisse können die Immunabwehr unterdrücken.

Wenn wir um die Beeinträchtigungen des Immunsystems durch verschiedene Stressoren wissen, interessieren die psychologischen Möglichkeiten, um die Abwehr zu verbessern. In einer Untersuchung von Kiecolt-Glaser u. a. (1984) wurden Altenheimbewohner in drei Gruppen aufgeteilt. Gruppe 1 nahm an zwölf Entspannungssitzungen teil. Gruppe 2 erhielt zwölfmal Besuch durch Studenten. Mit Gruppe 3 als Kontrollgruppe geschah nichts. Nach einem Monat ergab sich als Folge der Entspannung ein bedeutsamer Anstieg der NK-Zellen (natürliche Killerzellen) und eine niedrigere Konzentration der Antikörper gegen Herpes-simplex-Viren. Dies spricht für eine verbesserte Abwehr.

Emotionen, die wir in sozialen Wechselwirkungen zeigen, regulieren die körpereigene Abwehr stärker als bisher vermutet. Zusammenfassend können wir für die Beziehung zwischen Sozialkompetenz und Immunsystem festhalten:
- Es scheint Zusammenhänge zwischen sozialen Beziehungen, Persönlichkeitsvariablen und der Neigung, an Krebs zu erkranken, zu geben. Vor allem starke Kontrolliertheit, mangelnde Emotionalität und Genußfähigkeit, Angst und Depressivität sowie die Unfähigkeit, Ärger kontrolliert herauszulassen, scheinen wesentlich zu sein. Diese Effekte sind als Tendenzen, nicht als bewiesene Fakten anzusehen.
- Freude, Lebensmut, Liebe, Gelassenheit, Heiterkeit und Hu-

mor, Zufriedenheit, Glück und Zuversicht fördern die Abwehr.
- Das Immunsystem kann durch streßreduzierende soziale Maßnahmen günstig beeinflußt werden.
- Es bestehen so enge Vernetzungen zwischen Psyche und Physis, zwischen Körper und „Geist", daß es nicht sinnvoll ist, von verschiedenen Systemen zu reden. Neuroanatomische (Nerven), psychoneuroendokrinologische (Hormone), biochemische und physiologische Vorgänge (etwa in Blut und Lymphe) sorgen „ganzheitlich" für ausbalancierte Fließgleichgewichte, die durch verschiedene Einflüsse, vor allem aber Streß, gestört werden können. Angst, Ärger, „verklemmte" Gefühle, jede Dissonanz zwischen Psyche und Physis sorgt nicht nur für weniger Lebensqualität, sondern auch für ein erhöhtes Krankheitsrisiko.
- Das Immunsystem ist trainierbar und durch soziale Unterstützung förderbar.
- Das Immunsystem hat ein Gedächtnis. Insofern ist es nicht sinnvoll, Kleinkinder vor allen möglichen Mikroben schützen zu wollen, sondern im Gegenteil, ein gewisses „Drecktraining" ist von Nutzen.
- Es gilt, körpereigene Signale zu erkennen und Bedürfnisse des Körpers nach Regeneration zu befriedigen. *Soziale Verantwortung* besteht darin, unsere Mitmenschen zu ermuntern, dies zu tun.
- Zuviel Sonne, Fehlernährung, Drogen und Bewegungsmangel schwächen das Immunsystem. Wir müssen unsere Mitmenschen vor solchem Fehlverhalten warnen, selbst auf die Gefahr hin, damit Ärger zu ernten.
- In Deutschland sterben jährlich fast 200000 Menschen an Krebs. Er stand um die Jahrhundertwende an siebter Stelle der Todesursachen, mittlerweile auf Rang zwei. Über 350000 Menschen erkranken bei uns jährlich neu an Krebs. Jeder vierte Krebskranke ist Raucher. Lungenkrebs hat bei Frauen in nur zwanzig Jahren um 300 Prozent zugenommen.
- Rauchen schadet dem Immunsystem und einer gesunden Einstellung zum Körper, die wiederum das Immunsystem stärken

könnte. Insofern ist Rauchen in geschlossenen Räumen in Anwesenheit anderer nicht zu tolerieren. Rauchen ist ein Paradebeispiel für egoistisches Verhalten. Die Wahrscheinlichkeit eines Nicht-, aber Passivrauchers, an Lungenkrebs zu erkranken, ist gegenüber einem absoluten Nicht-Raucher um etwa ein Drittel erhöht.

Wir sollten soziale Verantwortung für unsere Mitmenschen übernehmen, indem wir folgende Verhaltensweisen bestärken, die unserem Immunsystem die Arbeit erleichtern:

- richtige Ernährung; Essen ist ein sozialer Akt;
- genügend Bewegung, also Sport, der langfristig belastet, aber nicht übertrieben wird (Jogging, Schwimmen, Dauer-Radfahren, Ski-Langlauf). Die meisten halten Jogging besser gemeinsam durch. Wenn einer weniger Lust hat, wird er durch den anderen motiviert;
- Meidung von ionisierender Strahlung und zuviel Sonne;
- Meidung von Ärger und Angst. Ein sozial-intelligentes Konfliktmanagement sorgt dafür, daß Probleme bearbeitet und aktiv bewältigt werden und niemand den Ärger in sich hineinschluckt;
- Förderung positiver Emotionen wie Glück, Zufriedenheit, Freude;
- Lachen ist wirklich gesund. Wir tun uns selbst und anderen etwas Gutes, wenn wir sie zum Lachen bringen und umgekehrt eine heitere Atmosphäre nicht sofort als mangelnde Ernsthaftigkeit diffamieren;
- eigene Bedürfnisse artikulieren und andere dazu ermuntern;
- soziale Unterstützung, Ansprache, das Gefühl, unter wohlgesinnten Menschen zu sein;
- Regeneration zwischen beanspruchenden Lebensereignissen; sozial-kompetente Führungspersönlichkeiten achten darauf;
- positives Denken, nach dem Motto „Krankheit kommt für mich nicht in Frage"; damit können wir andere auch anstecken;
- der Eindruck von Kontrolle, also die Dinge nach eigenen Wünschen beeinflussen können, fördert die Gesundheit;

- Training des Immunsystems im Sinne der „Dreckimmunisierung". Es gibt sozial wenig intelligente Eltern, die die Umgebung ihres Babys mit Sagrotan besprühen.

Mache dein soziales System gesund und synegoistisch durch Sozialkompetenz

Wenn wir gelernt haben, wie wir selbst sozial-kompetent werden und uns synegoistisch verhalten können, stellt sich als nächstes die Frage, was wir zur Förderung der Sozialkompetenz anderer Personen tun können. Im Falle der Erziehung unserer Kinder sind wir täglich mit diesem Problem konfrontiert und spüren, wieviel Fehler uns unterlaufen. Unsere Kinder lieben wir und sind stärker motiviert als bei unseren Mitarbeitern. Im stillen denkt manche Führungskraft: „Warum soll ich bei diesem Menschen nachholen, was die Eltern versäumt haben?"

Es bleibt aus den in Kapitel „Wozu brauchen wir Sozialkompetenz?" genannten Gründen jedoch kaum etwas anderes übrig. Wir müssen die Komplexität bewältigen, müssen „das Richtige" tun, brauchen Vertrauensorganisationen und wollen mehr Lebensqualität. Was wir nicht durch Selektion leisten können, müssen wir durch Erziehung optimieren. Mit anderen Worten: Die Förderung der Sozialkompetenz unserer Mitarbeiter in einem fortwährenden organisatorischen Lernprozeß ist eine zentrale Aufgabe der Personal- und Organisationsentwicklung.

In der Personalentwicklung müssen Führungskräfte neben ihrem Vorleben ihre Mitarbeiter permanent zu sozial-kompetentem Verhalten anregen und dies auch überprüfen, z.B. über Mitarbeitergespräche. Natürlich regen auch Mitarbeiter ihre Chefs und die Kollegen sich gegenseitig zu sozial-kompetentem Verhalten an. Beim Umgang mit Kunden ist dies inzwischen selbstverständlicher geworden. Neben dem personalen Aspekt muß auch die Organisation so strukturiert werden, daß sich synegoistisches Verhalten auch wirklich lohnt. Synegoistisches Verhalten führt zu den Synergien, die wir dringend brauchen. Solange sich egoistisches Verhalten lohnt, wird die Fähigkeit „soziale Intelligenz" falsch eingesetzt und die Tugend „soziale Verantwortung" leistet Sisyphusarbeit. In Organisationen werden sozial-kompetente Teamentwicklung, organisatorisches Lernen und die Reflexion der unternehmensethischen und -kulturellen Verhaltensweisen zum Überleben unabdingbar. In Zeiten zunehmender Vernetzung, Internationalisierung, Globalisierung und weltweiter Abhängigkeiten haben sozial-inkompetente Menschen und soziale Systeme immer geringere Chancen. Es geht nicht nur darum, netter zu sein, sondern ums synegoistische Überleben.

Literatur

Abele, A. (1990). Die Erinnerung an positive und negative Lebensereignisse. Untersuchungen zur stimmungsinduzierenden Wirkung und zur Gestaltung der Texte. Zeitschrift für Experimentelle und Angewandte Psychologie, 37, 181–207.

Abele, A. (1995). Stimmung und Leistung. Göttingen: Hogrefe.

Abele, A. und Becker, P. (1991) (Hrsg.). Wohlbefinden: Theorie, Empirie, Diagnostik. Weinheim, München: Juventa-Verlag.

Amelang, M., Schwarz, F. und Wegemund, A. (1989). Soziale Intelligenz als Trait-Konstrukt und Test-Konzept bei der Analyse von Verhaltenshäufigkeiten. Zeitschrift für Differentielle und Diagnostische Psychologie, 10 (1), 37–57.

Ammann, R. (1986). Handlungstheoretische Überlegungen zur Funktion emotionaler Prozesse. Papier zu dem Symposium „Emotion und Handlung" in Bad Homburg, März 1986.

Andrews, F. M. und Withey, S. B. (1976). Social indicators of well-being. American's perception of life quality. New York: Plenum Press.

Argyle, M. (1979). Soziale Interaktion. Köln: Kiepenheuer & Witsch.

Argyle, M. und Martin, M. (1991). The psychological causes of happiness. In F. Strack, M. Argyle und N. Schwarz (Hrsg.). Subjective well-being. An interdisciplinary perspective. Oxford, New York, Frankfurt: Pergamon Press.

Bandura, A. (1977). Self-efficacy: Toward a unifying theory of behavioral change. Psychological Review, 84, 191–215.

Bandura, A. (1997). Self-efficacy – the exercise of control. New York: Freeman.

Barker, G. H. B. (1987). Psychological factors and immunity. Journal of Psychosomatic Research, 31, 1–10.

Bartrop, R. W., Luckhurst, E., Lazarus, L. G., Kiloh, R. P. (1977). Depressed lymphocyte function after bereavement. Lancet I, 834–836.

Bathen, D. (1997). Systemverträgliche Teamentwicklung in der Ingenieurausbildung. Abschlußarbeit des Zusatzstudiengangs Organisationspsychologie, Dortmund.

Beck, U. (1986). Risikogesellschaft. Auf dem Weg in die andere Moderne. Frankfurt: Suhrkamp.

Belbin, R. M. (1996). Managementteams. Wörrstadt: Bergander-Verlag.

Bem, D. H. und Allen, A. (1974). On predicting some of the people some of the time. Psychological Review, 81, 506–520.

Berg, C. C. und Treffert, J. C. (1979). Die Unternehmenskrise – Organisatorische Probleme und Ansätze zu ihrer Lösung. Zeitschrift für Betriebswirtschaft, 49, 459–473.

Bernhardt, J. A. (1985). Humor in der Psychotherapie. Weinheim: Beltz.

Beyer, H. G. (1986). Zur Wirkung positiver und negativer Leistungsrückmeldung auf die Problemlöseleistung, die emotionale Befindlichkeit und die physiologische Aktivierung. München: Weiß.

Bierhoff, H. W. (1988). Affect, cognition, and prosocial behavior. In K. Fiedler und J. Forgas (Hrsg.). Affect, cognition and social behavior, 167–182. Göttingen: Hogrefe.

Blake, R. und Mouton, J. S. (1987). Superteamwork – Bedeutung, Erfassung und Gestaltung. Landsberg: moderne industrie.

Boos, M. und Meier, F. (1993). Die Regulation des Gruppenprozesses bei der Entscheidungsfindung. Zeitschrift für Sozialpsychologie, 3–14.

Borkenau, P. und Ostendorf, F. (1989). Untersuchungen zum Fünf-Faktoren-Modell der Persönlichkeit und seiner diagnostischen Erfassung. Zeitschrift für Differentielle und Diagnostische Psychologie, 10, 239–251.

Brosschot, J. F., Benschop, R. J., Godaert, G. L. R. und Olff, M. (1994). Influence of life stress on immunological reactivity to mild psychological stress. Psychosomatic Medicine, 56, 216–224.

Bruner, J. S. (1968). Processes of cognitive growth: Infancy. Worcester, Mass.: Clark University Press.

Bühl, W. L. (1984). Krisentheorien. Darmstadt: Wiss. Buchgesellschaft.

Bullinger, M. und Pöppel, E. (1988). Lebensqualität in der Medizin: Schlagwort oder Forschungsansatz? Deutsches Ärzteblatt, 85, 504–505.

Buske-Kirschbaum, A., Kirschbaum, C. und Hellhammer, D. (1997). Psychoneuroimmunologie – Konzepte und neuropsychologische Implikationen. In E. Kasten, M. R. Kreutz, B. A. Sabel (Hrsg.). Neuropsychologie in Forschung und Praxis. Göttingen: Hogrefe.

Campbell, A., Converse, P. E. und Rodgers, W. L.(1976). The quality of American life. New York: Russell-Sage-Foundation.

Campus, M. (1974). Transsituational consistency as a dimension of personality. Journal of Personality and Social Psychology, 29, 593–600.

Cantor, N. und Kihlstrom, J. F. (1987). Personality and social intelligence. Englewood Cliffs, NJ: Prentice Hall.

Ciompi, L. (1991). Affects as central organizing and integrating factors. A new psychosocial/biological model of the psyche. British Journal of Psychiatry, Bd. 159, 97–105.

Ciompi, L. (1993). Die Hypothese der Affektlogik. Spektrum der Wissenschaften, Febr.

Cohen, S. und Herbert, T. B. (1996). Health Psychology. Psychological factors and physical disease from the perspective of human psychoneuroimmunology. Annual Review of Psychology, 47, 113–143.

Cohlen, A. R. (1996). Wirkungsvolles Verhalten in Organisationen. Fälle, Konzepte und Erfahrungen, 6. Aufl. Stuttgart: Schäffer-Poeschel.

Colli, G. und Montinari, M. (1980). Nietzsche, sämtliche Werke. Kritische Studienausgabe. München, Bd. IV: dtv.

Comelli, G. (1991). Qualifikation für Gruppenarbeit: Teamentwicklungstraining. In L. Rosenstiel u. a. (Hrsg.). Führung von Mitarbeitern – Handbuch für erfolgreiches Management. Stuttgart: Schäffer-Poeschel, 355–377.

Conant, R. C. und Ashby, R. W. (1970). Every good regulator of a system must be an model of that system. International Journal of Systems Science, 1, No. 2, 89–97.

Costa, P. T., Mc Crae, R. R., Zonderman, A. B., Barbano, H. E., Lebowitz, B. und Larson, D. M. (1986). Cross-sectional studies of personality in a national sample: 2. Stability in neuroticism, extraversion, and openess. Psychology and Aging, 1, 144–149 (1987).

Crott, H.W. (1979). Soziale Interaktion und Gruppenprozesse. Stuttgart: Kohlhammer.

Csikszentmihalyi, M. (1992). Flow – Das Geheimnis des Glücks. Stuttgart: Klett-Cotta.

Cunningham, M. R. (1988). Does happiness mean friendlyness? Induced mood and heterosexual self-disclosure. Personality and Social Psychology Bulletin, 14, 283–297.

Dahl, R. (1957). The concept of power. Behavioral Science 2, 201–215.

Dahrendorf, R. (1961) (Hrsg.). Gesellschaft und Freiheit. Zur soziologischen Analyse der Gegenwart. München: Piper.

Dawkins, R. (1978). Der blinde Uhrmacher. München: dtv.

Deutsch, H. (1968). The effects of cooperation and competition upon group processes. In C. Cartwright und A. Zander (Hrsg.). Group dynamics. New York: Harper und Row.

Diener, E. (1984). Subjective well-being. Psychological Bulletin, 95 (3), 542–575.

Dörner, D. (1981). Über die Schwierigkeiten menschlichen Umgangs. Psychologische Rundschau, 32 (3), 163–179.

Dörner, D. (1990). Die Logik des Mißlingens. Reinbek: Rowohlt.

Edinsel, K. (1994). Soziale Kompetenz und Berufserfolg. Phil. Diss. TU Berlin.

Ekman, P. und Friesen, W. V. (1982). Felt, false, and miserable smiles. Journal of Nonverbal Behavior, 6, 238–252.

Ekman, P., Friesen, W. V. und Scherer, K. R. (1976). Body movement and voice pitch in deceptive interaction. Semiotica, 16, 23–27.

Ellis, H. und Ashbrook, P. W. (1988). Resource allocation model of the effects of depressed mood states on memory. In K. Fiedler und J. Forgas (Hrsg.). Affect, cognition and social behavior, 25–43. Toronto: Hogrefe und Huber.

Emmons, R. A. und Diener, E. (1986). Influence of impulsivity and sociability on subjective well-being. Journal of Personality and Social Psychology, 50 (6), 1211–1215.

Erber, R. und Tesser, A. (1992). Task effort and the regulation of mood: The absorption hypothesis. Journal of Experimental Social Psychology, 28, 339–359.

Evans, D. R., Burns, J. E., Robinson, W. E. und Garrett, O. J. (1985). The quality of life questionnaire: A multidimensional measure. American Journal of Community Psychology, 13 (3), 305–322.

Fahrenberg, J., Selg, H. und Hampel, R. (1978). Freiburger Persönlichkeitsinventar. Göttingen: Hogrefe.

Faix, W. G. und Laier, A. (1989). Soziale Kompetenz. Beiträge zur Gesellschafts- und Bildungspolitik 151. Köln: Deutscher Instituts-Verlag.

Faßheber, P. und Terjung, B. (1986). Symlog-Teamdiagnostik als Organisationsentwicklung. Bericht aus dem Institut für Wirtschafts- und Sozialpsychologie. Universität Göttingen.

Ferrans, C. E. und Powers, M. J. (1985). Quality of Life Index: Development and psychometric properties. Advances in Nursing Science, 5 (1), 15–24.

Festinger, L. (1957). A theory of cognitive dissonance. Stanford: University Press.

Fiedler, K. (1988). Emotional mood, cognitive style, and behavior regulation. In K. Fiedler und J. Forgas (Hrsg.). Affect, cognition and social behavior, 100–119. Toronto: Hogrefe und Huber.

Fiedler, P. (1994). Persönlichkeitsstörungen. Weinheim: Psychologie-Verlags-Union.

Fischer, L. (1990). Kooperative Führung: Mythos, Fiktion oder Perspektive? In G. Wiendieck und G. Wiswede (Hrsg.). Führung im Wandel. Stuttgart: Enke Verlag, 131–157.

Foerster, H. von (1985). Sicht und Einsicht. Versuche zu einer operativen Erkenntnistheorie. Braunschweig: Vieweg.

Ford, M. (1979). An open systems approach to the study of social competence. California: Stanford University (unveröffentlicht).

Försterling, F. (1986). Attributionstheorie in der klinischen Psychologie. München: Urban und Schwarzenberg.

Foucault, M. (1982). Why study power: The question of the subject. In H. L. Dreyfus und P. Rabinow. Beyond the structuralism and hermeneutics. Brighton, 208–216.

Fox, B. H. (1981). Psychosocial factors in the immune system in human cancer. In R. Ader (Hrsg.). Psychoneuroimmunology. New York: Academic Press.

Francis, D. / Young, D. (1996). Mehr Erfolg im Team. 5. Aufl. Hamburg: Windmühle-Verlag.

Franke, H. (1980). Problemlösen und Kreativität. Goch: Bratt-Institut.

Friedel-Howe, H. (1990). Zusammenarbeit von weiblichen und männlichen Fach- und Führungskräften. In M. Domsch und E. Regnet (Hrsg.). Weibliche Fach- und Führungskräfte. Wege zur Chancengleichheit, 16–34. Stuttgart: Schäffer.

Gabele, E. (1981). Ansatzpunkte für ein betriebswirtschaftliches Krisenmanagement. ZfO, 50, 150–158.

Gardner, H. (1993). Multiple intelligences: The theory in practice. New York: Basic books.

Gebert, D. (1974). Organisationsentwicklung. Stuttgart: Kohlhammer.

George, L. K. und Bearon, L. B. (1980). Quality of life in older persons – meaning and measurement. New York: Human Sciences Press.

Ghanta, V. K., Hiramoto, R. N., Sovason, B. und Spector, N. H. (1985). Neural and environmental influences on neoplasia and conditioning of NK-activity. Journal of Immunology, 135, 448.

Giesler, H. M. (1996). Die Balance von Kommunikation, Beanspruchung und Leistung in sozialen Systemen. Dissertationsschrift Universität Dortmund.

Glaser, R., Kiecolt-Glaser, J. K., Speicher, C. E., Holliday, J. E. (1985). Stress, loneliness, and changes in herpesvirus latency. Journ. Behav. Med., 8, 249–260.

Glasersfeld, E. v. (1991). Einführung in den radikalen Konstruktivismus.

In P. Watzlawick (Hrsg.). Die erfundene Wirklichkeit. 6. Aufl. München: Piper.

Glatzer, W. und Zapf, W. (1984). Lebensqualität in der Bundesrepublik. Objektive Lebensbedingungen und subjektives Wohlbefinden. Frankfurt/New York: Campus.

Goleman, D. (1996). Emotionale Intelligenz. 5. Aufl. München, Wien: Hanser.

Graham, N. M. H., Douglas, R. M., Ryan, P. (1986). Stress and acute respiratory infection. Amer. Journ. Epidemiol., 24, 389–401.

Grawe, K. (1994). Psychotherapie ohne Grenzen. Von den Therapieschulen zur Allgemeinen Psychotherapie. Verhaltenstherapie und psychosoziale Praxis, 20, 39–49.

Green, T. und Noice, H. (1988). Influence of positive affect upon creative thinking and problem solving in children. Psychological reports, 63, 895–898.

Greenberg, L. S. und Safran, J. D. (1989). Emotion in psychotherapy. Am. Psychol. 44 (1), 19–29.

Greif, S. (1987). Soziale Kompetenzen. In D. Frey und S. Greif (Hrsg.). Sozialpsychologie. Ein Handbuch in Schlüsselbegriffen. 2. Aufl. München: Urban und Schwarzenberg, 312–320.

Greif, S. (1989). Arbeits- und Organisationspsychologie. Internationales Handbuch. München: Psychologie-Verlags-Union.

Greif, S. und Kurtz, H.-J. (1989). Ausbildung, Training und Qualifizierung. In S. Greif, Arbeits- und Organisationspsychologie. Internationales Handbuch. München: Psychologie-Verlags-Union.

Habermas, J. (1973). Notizen zum Begriff der Rollenkompetenz. Kultur und Kritik. Frankfurt a. M.: Suhrkamp, 191–231.

Hackman, J. R. und Oldham, G. R. (1976). Motivation through the design of work. Test of a theory. Organizational Behavior and Human Performance, 16, 250–279.

Hackman, J. R. und Oldham, G. R. (1980). Work redesign. Reading, Mass.: Addison-Wesley.

Hamel, G. und Prahalad, C. K. (1995). Die Zukunft gestalten – schon heute. Business manager, 1, 36–42.

Heckhausen, H. (1974). Leistung – Wertgehalt und Wirksamkeit einer Handlungsmotivation und eines Zuteilungsprinzips. In Siemens-Symposion (Hrsg.). Sinn und Unsinn des Leistungsprinzips, 169–195. München: dtv.

Heckhausen, H. (1980). Motivation menschlichen Handelns. Berlin, Heidelberg: Springer.

Herzberg, F., Mausner, B. und Snyderman, B. B. (1959). The motivation to work. New York: John Wiley.

Hinsch, R. und Pfingsten, U. (1982). Gruppentraining sozialer Kompetenzen. München: Urban und Schwarzenberg.

Hofmann, K. und Steinhoff, V. (1994). Auf der Suche nach der Teamfähigkeit. Mannheimer Beiträge zur Wirtschafts- und Organisationspsychologie, Heft 1, 74–88.

Höhn, R. (1974). Das Unternehmen in der Krise. Bad Harzburg: Verlag wwt.

Hom, H. und Arbuckle, B. (1988). Mood induction effects upon goal setting and performance in young children. Motivation and Emotion, 12, 113–122.

Hornke, L. F. und Schiff, H. B. (1989). Entwicklung eines Verfahrens zur Erfassung der sozialen Kompetenz. Institut für Psychologie der RWTH Aachen.

Hornke, L. F., Schiff, H. B. und Hausen, C. (1995). Training und psychologische Diagnose des Sozial- und Führungsverhaltens anhand videogestützt präsentierter Führungssituationen. Untersuchungen des Psychologischen Dienstes der Bundeswehr 1993/1995, Bd. 2. Bonn, Bundesministerium der Verteidigung, P II 4, 297–381.

Hossenfelder, M. (1992). Philosophie als Lehre vom glücklichen Leben. Antiker und neuzeitlicher Glücksbegriff. In A. Bellebaum (Hrsg.). Glück und Zufriedenheit. Ein Symposium. Opladen: Westdeutscher Verlag, 13–31.

House, R. J. (1987). Führungstheorien – Charismatische Führung. In A. Kieser, G. Reber und R. Wunderer (Hrsg.). Handwörterbuch der Führung. Stuttgart: Schäffer, 735–747.

Hüllemann, K. D., Philippi, H. und Sorembe, V. (1991). Der Patient im Mittelpunkt komplexer klinischer Betrachtung. In M. Kastner und B. Gerstenberg (Hrsg.). Personalmanagement – Denken und Handeln im System. München: Quintessenz-Verlag.

Irle, M. (1975). Lehrbuch der Sozialpsychologie. Göttingen: Hogrefe.

Irwin, M. R., Daniels, M., Smith, T. L., Bloom, E. u.a. (1987). Impaired natural killer cell activity during bereavement. Brain, Behavior and Immunity, 1 (1), 98–104.

Isen, A. (1987). Positive affect, cognitive processes and social behavior. Advances in Experimental Social Psychology, 20, 203–253.

Isen, A., Daubmann, K. und Nowicki, G. (1987). Positive affect facilitates creative problem solving. Journal of Personality and Social Psychology, 52, 1122–1131.

Isen, A. und Means, B. (1984). The influence of positive affect on decision making strategy. Social Cognition, 2, 18–31.

Isen, A. M., Nygren, T. E. und Ashby, F. G. (1988). Influence of positive affect on subjective utility of gains and losses: It is just not worth the risk. Journal of Personality and Social Psychology, 55, 710–717.

Jemmott, J. B. und Locke, S. E. (1984). Psychosocial factors, immunologic mediation, and human susceptibility to infectious diseases: how much do we now? Psychological Bulletin, 95, 78–108.

Jeserich, W. (1989). Top-Aufgabe. Die Entwicklung von Organisationen und menschlichen Ressourcen. München, Wien: Hanser.

Kanfer, F. H. (1977). The many faces of self-control, or behavior modification changes its focus. In R. B. Stuart (Hrsg.). Behavioral self-management, 1–48. New York: Brunner/-Mazel.

Kanfer, F. H., Reinecker, H. und Schmelzer, D. (1996). Selbstmanagementtherapie. Berlin: Springer.

Kastner, B. (1996). Der konstruktive Umgang mit Widerständen durch Optimierung der organisationsinternen Kommunikation. In: M. Kastner (Hrsg.). Auf dem Weg zum schlanken Staat – Der konstruktive Umgang mit Widerständen. Herdecke: Maori-Verlag, 249–260.

Kastner, B. (1999). Optimierung der organisationsinternen Kommunikation – Unternehmen und öffentlicher Dienst auf dem Weg zur lernenden Organisation. Dissertation 1999.

Kastner, M. (1990). Personalmanagement heute. Landsberg: moderne industrie.

Kastner, M. (1991). Systemverträgliche Organisationsentwicklung. Blutauffrischung für die Organisation. Gablers Magazin, Nr. 10, 51–57.

Kastner, M. (1992). Den Wandel managen. München: Robert-Pfützner-Verlag.

Kastner, M. (1994a). Streßbewältigung – Leistung und Beanspruchung optimieren. Wiesbaden: Gabler.

Kastner, M. (1994b) (Hrsg.). Personalpflege – Der gesunde Mitarbeiter in einer gesunden Organisation. München: Quintessenz-Verlag.

Kastner, M. (1995a). Organisatorisches Lernen als Herausforderung. In C. Scholz und M. Djarrahzadeh (Hrsg.). Strategisches Personalmanagement. USW-Schriften für Führungskräfte Bd. 28. Stuttgart: Schäffer-Poeschel, 281–296.

Kastner, M. (1995b). Vermittlung zukünftiger Schlüsselqualifikationen in der Erwachsenenbildung. In K. Bräuer (Hrsg.). Psychische Potentiale für eine interdisziplinäre Lehrerausbildung. Motivation – Kognition – Entwicklung. Bd. 2. Essen: Die Blaue Eule, 211–226.

Kastner, M. (1996a). Auf dem Weg zur schlanken Organisation in Staat und Wirtschaft. In B. Baumeister, M. Kastner, M. Wissmann (Hrsg.). Wirtschaft trifft Politik. Aktuelle Fragen der Politik, Schriftenreihe der Konrad-Adenauer-Stiftung, 31, Bonn, 29–98.

Kastner, M. (1996b). Sozialkompetenz. München: Süddeutscher Verlag.

Kastner, M. (1996c). Den Wandel managen – gegen und mit Hilfe von Widerständen. In M. Kastner (Hrsg.). Auf dem Weg zum schlanken Staat – Der konstruktive Umgang mit Widerständen. Herdecke: Maori-Verlag, 29–54.

Kastner, M. (1998) (Hrsg.). Verhaltensorientierte Prozeßoptimierung. Herdecke: Maori-Verlag.

Kiecolt-Glaser, J. K, Garner, W., Speicher, C., Penn, G. M., Holliday, J., Glaser, R. (1984). Psychosocial modifiers of immunocompetence in medical students. Psychosom. Med., 46, 7–14.

Klafki, W. (1991). Neue Studien zur Bildungstheorie und Didaktik. Weinheim, Basel: Beltz.

Klauer, K., Siemer, M. und Stöber, J. (1991). Stimmung und Leistungsniveau bei einfachen Aufgaben. Zeitschrift für Experimentelle und Angewandte Psychologie, 38, 379–393.

Klimecki, R. G. und Probst, G. J. B. (1990). Entstehung und Entwicklung der Unternehmenskultur. In Ch. Lattmann (Hrsg.). Die Unternehmenskultur. Heidelberg: Physica-Verlag, 41–65.

Klosterhalfen, W. und Klosterhalfen, S. (1990). Psychoimmunologie. In: Uexküll, Th. v. (Hrsg.). Lehrbuch der Psychosomatik. München: Urban und Schwarzenberg.

Krystek, U. (1980). Organisatorische Möglichkeiten des Krisenmanagements. ZfO, 49, 63–71.

Kubicek, H. (1984). Führungsgrundsätze als Organisationsmythen und die Notwendigkeit von Entmythologisierungsversuchen. Zeitschrift für Betriebswirtschaft (ZfB), 54, 4–29.

Kuhl, J. (1983a). Motivation, Konflikt und Handlungskontrolle. Berlin: Springer.

Kuhl, J. (1983b). Emotion, Kognition und Motivation: I. Auf dem Weg zu einer systemtheoretischen Betrachtung der Emotionsgenes. Sprache und Kognition, 2, 1–27.

Kuhl, J. (1983c). Emotion, Kognition und Motivation: II. Die funktionale Bedeutung der Emotionen für das problemlösende Denken und für das konkrete Handeln. Sprache und Kognition, 4, 228–253.

Kuhl, J. (1998). Wille und Persönlichkeit. Funktionsanalyse der Selbststeuerung. Psychologische Rundschau, 49 (2), 61–77.

Lay, R. (1980). Krisen und Konflikte. München: Wirtschaftsverlag Langen-Müller/Herbig.

LeDoux, J. (1992). Emotion and the Limbic System Concept. Concepts in Neuroscience, 2.

Lefrancois, G. R. (1972). Psychologie des Lernens. Berlin: Springer.

Lenk, H. (1976). Sozialphilosophie des Leistungshandelns. Das humanisierte Leistungsprinzip in Produktion und Sport. Stuttgart: Kohlhammer.

Littlepage, G. und Pineault, M. (1979). Detecting of deceptive factural statements from the body and the face. Personality and Social Psychology Bulletin, 5, 325–328.

Looss, W. (1997). Unter vier Augen – Coaching für Manager. Landsberg: moderne industrie.

Luhmann, N. (1973). Zweckbegriff und Systemrationalität. Frankfurt/Main: Suhrkamp.

Luhmann, N. (1984). Soziale Systeme. Grundriß einer allgemeinen Theorie. Frankfurt/Main: Suhrkamp.

Maddox, G. L. und Wiley, J. (1976). Scope, concepts and methods in the study of aging. In R. Binstock und E. Shanas (Hrsg.). Handbook of aging and the social sciences, 3–34. New York: Van Nostrand.

Management Wissen Methoden (1980). Würzburg: Vogel-Verlag.

Maderthaner, R. (1986). Kommunikationsprozesse. In E. Roth (Hrsg.). Organisationspsychologie, Enzyklopädie der Psychologie BDB, Göttingen: Hogrefe.

Maslow, A. H. (1977). Motivation und Persönlichkeit. Olten: Walter.

Maturana, H. R. (1985). Erkennen: Die Organisation und Verkörperung von Wirklichkeit. Braunschweig: Vieweg.

Maturana, H. R. (1992). Biologie der Sozialität. In S. J. Schmidt (Hrsg.). Der Diskurs des Radikalen Konstruktivismus. Frankfurt: Suhrkamp, 287–302.

Maturana, H. R. und Varela, F. (1987). Der Baum der Erkenntnis. Die biologischen Wurzeln menschlichen Erkennens. Bern, München, Wien: Scherz.

Mayring, P. (1991). Psychologie des Glücks. Stuttgart: Kohlhammer.

McClelland, D. C., Floor, E., Davidson, R. J., Saron, C. (1980). Stressed power motivation, sympathetic activation, immune function and illness. Journ. hum. Stress, 6, 11–19.

McCrae, R. R. und Costa, P. T. (1990). Personality in adulthood. New York: Guilford.

McGregor, D. (1960). The human side of enterprise. New York: Mc Graw-Hill.

Mechsner, F. (1988). Keine Heilung ohne Hirn. Geo-Wissen, Nr. 1, 172-178.

Mertens, D. (1974). Schlüsselqualifikationen. Thesen zur Schulung für eine moderne Gesellschaft. Mitteilungen aus der Arbeitsmarkt- und Berufsforschung, Heft 1, Stuttgart: Kohlhammer, 36-43.

Metz-Göckel, H. (1996). Gruppen in Organisationen - positive und negative Aspekte. Seminarskript Universität Dortmund.

Neuberger, O. (1991). Personalentwicklung. Stuttgart: Enke.

Neugarten, B., Havinghurst, R. J. und Tobin, S. S. (1961). The measurement of life satisfaction. Journal of Gerontology, 16, 134-143.

Newcombs, T. M. (1953). An approach to the study of communicative acts. Psychological Review, 60, 393-400.

Ostrom, T. M. (1969). The relationship between the affective, behavioral and cognitive components of attitude. Journal of Experimental Social Psychology, 5, 12-30.

Payan, D. G., McGills, J. P. und Goetzel, E. J. (1986). Neuroimmunology. Advances Immunology, 39, 209-323.

Peters, R. (1988). Praktische Intelligenz. Landsberg: mvg-Verlag.

Piaget, J. (1976). The grasp of consciousness. Cambridge, Mass.: Harvard University Press.

Piaget, J. (1981). Intelligence and affectivity. Their relationship during child development. In T. A. Brown und C. E. Kaegi (Hrsg.). Annual Review Monograph. Palo Alto: University of California Press.

Pretty, G. und Seligman, M. (1984). Affect and the overjustification effect. Journal of Personality and Social Psychology, 46, 1241-1253.

Probst, G. J. B. (1987). Selbst-Organisation. Ordnungsprozesse in sozialen Systemen aus ganzheitlicher Sicht. Berlin: Parey.

Riemann, R. und Allgöver, A. (1993). Eine deutschsprachige Fassung des interpersonal competence questionnaire (ICQ). Zeitschrift für Differentielle und Diagnostische Psychologie, 14, 153-163.

Rogers, C. R. (1973). Counseling and psychotherapy. Boston.

Rolff, H.-G. (1993). Wandel durch Selbstorganisation. Weinheim, München: Juventa.

Rosenstiel, L. v. (1991). Personalentwicklung und Wertewandel. In M. Kastner (Hrsg.). Personalmanagement - Denken und Handeln im System. München: Quintessenz-Verlag, 103-120.

Rosenstiel, L. v. (1992). Grundlagen der Organisationspsychologie. Stuttgart: Poeschel.

Rosenstiel, L. v. und Einsiedler, H. E. (1987). Führung durch Geführte. In A. Kieser, G. Reber, R. Wunderer (Hrsg.). Handwörterbuch der Führung. Stuttgart: Schäffer, 982–998.

Röttgers, K. (1990). Spuren der Macht. Freiburg/München: Karl Alber.

Rupprecht, R. (1993). Lebensqualität. Theoretische Konzepte und Ansätze zur Operationalisierung. Inauguraldissertation in der Philosophischen Fakultät, Universität Erlangen.

Rüttinger, B. (1989). Konflikte als Chance. München: Robert-Pfützner-Verlag.

Saavedra, R. und Early, P. (1991). Choice of task and goal under conditions of general and specific affective inducement. Motivation and Emotion, 15, 45–65.

Sader, M. (1976). Psychologie der Gruppe. Weinheim, München: Juventa.

Samson, D. und Rachman, S. (1989). The effect of induced mood on fear reduction. The British Journal of Clinical Psychology, 28, 227–238.

Sanders, G. S., Baron, R. S. und Moore, D. L. (1978). Distraction and social comparison as mediators of social facilitation effects. Journal of Experimental Social Psychology, 14, 291–303.

Schachter, S., Ellertson, M., McBride, D. und Gregory, D. (1951). An experimental study of cohesiveness and productivity. Human Relations, 4, 229–238.

Schein, E. (1988). Process consultation. Reading: Addison-Wesley.

Schein, E. H. (1965). Organizational psychology. New York: Prentice Hall.

Scherer, K. R. (1988) (Hrsg.). Facets of emotion. Recent research. Hillsdale NJ: Lawrence Erlbau.

Scheuss, R. (1985). Trends im strategischen Management in den USA. Unternehmensführung, H. 1, 17–27.

Schleifer, S. J., Keller, S. E., Camerino, M., Thornton, J. C. und Stein, M. (1983). Suppression of lymphocyte stimulation following bereavement. Journal of the American Medical Association, 250, 374–377.

Schlicksupp, H. (1977). Kreative Ideenfindung in der Unternehmung. Berlin: de-Gruyter-Verlag.

Schneider, H. D. (1985). Kleingruppenforschung. 2. Aufl. Stuttgart: Teubner-Verlag.

Schneider, H. D. und Knebel, H. (1995). Team und Teambeurteilung. Köln: Bachem.

Schreyögg, A. (1996). Coaching. Frankfurt: Campus.

Schuler, H. (1995 a). Lehrbuch der Organisationspsychologie. Bern: Huber.

Schuler, H. (1995 b). Sozialkompetenz. In B. Seyfried (Hrsg.). Stolperstein Sozialkompetenz. Bielefeld: Bertelsmann, 77–116.

Schulz von Thun, F. (1989). Miteinander Reden. Teil 2. Stile, Werte und Persönlichkeitsentwicklung. Differenzielle Psychologie der Kommunikation. Hamburg: Rowohlt.

Schwarz, N. (1990). Feelings as Information. Informational and motivational functions of affective states. In E. Higgins und R. Sorrentino (Hrsg.). Handbook of Motivation and Cognition. Foundations of Social Behavior. Bd. 2, 527–561. New York: The Guilford Press.

Secord, P. F. und Backman, C. (1976). Social Psychology. Deutsch: Sozialpsychologie. Frankfurt: Fachbuch für Psychologie.

Seibel, H. D. (1973). Gesellschaft im Leistungskonflikt. Düsseldorf: Bertelsmann.

Seiwert, L. J. (1988). Mehr Zeit für das Wesentliche. Landsberg: moderne industrie.

Seligman, M. E. P. (1994). What you can change and what you can't: The complete guide to successful self-improvement. New York: Knopf.

Skatsche, R., Brandau, J. und Ruch, W. (1982). Die Entwicklung einer multidimensionalen Testbatterie zur diagnostischen Erfassung des Konstruktes „Selbstsicherheit (Assertivität)". Zeitschrift für Klinische Psychologie, 11, 292–314.

Sklar, L. S. und Anisman, H. (1979). Stress and coping factors influence tumor growth. Science, 205, 513–515.

Spieß, K. (1990). Einfluß von Emotionen auf die Ziel- und Handlungsauswahl. Zeitschrift für Experimentelle und Angewandte Psychologie, 37, 124–152.

Sprenger, R. (1995). Das Prinzip Selbstverantwortung. 2. Aufl. Frankfurt: Campus.

Staehle, W. (1989). Management. München: Vahlen.

Steiner, I. D. (1972). Group processes and productivity. New York: Academic Press.

Stetter, Ch. (1979). Transzendental-Hermeneutik. In L. Jäger (Hrsg.). Erkenntnistheoretische Grundlagen der Linguistik. Stuttgart: Kohlhammer.

Strack, F., Schwarz, N. und Gschneidinger, E. (1985). Happiness and reminiscent: The role of time perspective, affect, and mode of thinking. Journal of Personality and Social Psychology, 49, 1460–1469.

Streich, R. K. (1987). Verhalten im Team und Verhaltensdiagnose. In L. v. Rosenstiel u. a. Motivation durch Mitwirkung. USW-Schriften für Führungskräfte. Stuttgart: Schäffer-Poeschel, 142–156.

Stroebe, M. S. und Stroebe, W. (1985). Social support and the alleviation of loss. In I. G. Sarason und B. R. Sarason (Hrsg.). Social support: Theory, Research & Applications. Kluwer Academic Publishers.

Stroebe, R. W. (1994). Moderation, 6. neubearbeitete und erw. Aufl. Heidelberg: Sauer.

Stroebe, R. W. und Stroebe, G. H. (1994). Grundlagen der Führung, 8. Aufl. Heidelberg: Sauer.

Stroebe, W. (1980). Grundlagen der Sozialpsychologie. Stuttgart: Klett-Cotta.

Taylor, S. und Brown, J. (1988). Illusion and well-being: A social-psychological perspective on mental health. Psychological Bulletin, 103, 193–210.

Temoshok, L. (1987). Personality, coping style, emotion and cancer: towards an integrative model. Cancer Survey, 6, 545–567.

Thayer, R. E. (1978). Toward a psychological theory of multidimensional activation (arousal). Motivation and Emotion, 2, 1–34.

Thomas, J. A. und Stock, W. A. (1988). The concept of happiness: A multidimensional scaling investigation. International Journal of Aging and Human Development, 27 (2), 141–154.

Thorndike, R. L. (1920). Intelligence and its use. Harpers Magazine, 140, 227–235.

Tolman, E. C. (1967). Purposive behavior in animals and men. New York: Appleton-Century-Crofts.

Tuckman, B. W. (1965). Development sequence in small groups. Psychological Bulletin, 63, 384–389.

Ullrich de Muynck, R. und Ullrich, R. (1973). Standardisierung des Selbstsicherheitstrainings für Gruppen. In J. C. Brengelmann und W. Tunner (Hrsg.). Behavior Therapy – Verhaltenstherapie. München, Berlin, Wien: Urban und Schwarzenberg, 254–259.

Ulrich, H. und Probst, G. J. B. (1991). Anleitung zum ganzheitlichen Denken und Handeln. Bern: Haupt-Verlag.

Vernon, P. E. (1933). Some characteristics of the good judge of personality. Journal of Social Psychology, 4, 42–58.

Visé, F.-J. (1997). Aktuelle Befindlichkeit und habituelle Trait-Merkmale als determinierende Einflußgrößen der Lebenszufriedenheit. Als Dissertation eingereichte Schrift im Fachbereich 14, Universität Dortmund.

Voigt, B. (1993). Team und Teamentwicklung. Organisationsentwicklung, 3, 35–49.

Vollmeyer, R. (1990). Die Wirkung von Stimmung auf das Problemlösen und den Wissenserwerb. Bericht aus dem Psychologischen Institut der Universität Mainz.

Wallbott, H. G. (1995). Ausdruck und Eindruck. In W. Sarges (Hrsg.). Management-Diagnostik. Göttingen: Hogrefe, 394–400.

Walster, E., Berscheid, E. und Walster, G. W. (1976). New directions in equity research. In L. Berkowitz und E. Walster (Hrsg.). Advances in experimental social psychology, 1–42. New York: Academic Press.

Watzlawick, P., Beavin, J. H. und Jackson, D. D. (1974). Menschliche Kommunikation. Bern: Huber.

Weber, M. (1972). Wirtschaft und Gesellschaft. 5. Aufl. Tübingen.

Weber, P. (1997). Coaching in Abgrenzung zu und Übereinstimmung mit Supervision und Psychotherapie. Abschlußarbeit Organisationspsychologie, Universität Dortmund.

Weber, W. (1979). Taschenlexikon Personalwirtschaft. Stuttgart: Schäffer-Poeschel.

Weick, K. E. (1985). Der Prozeß des Organisierens. Frankfurt: Suhrkamp.

Wellhöfer, P. (1993). Gruppendynamik und soziales Lernen. Stuttgart: Enke.

Wenger, N. K., Mattson, M. E., Furberg, C. D. und Elinson, J. (1984). Assessment of quality of life in clinical trials of cardiovascular therapy. New York: LeJacq Publishers.

Witte, E. H. (1989). Sozialpsychologie: Ein Lehrbuch. München: Psychologie-Verlags-Union.

Witte, E. H. und Ardelt, E. (1989 a). Gruppen und soziale Prozesse. In Enzyklopädie der Psychologie, Bd. 3, Göttingen: Hogrefe, 459–484.

Witte, E. und Ardelt, E. (1989 b). Gruppenarten, Strukturen und Prozesse. In E. Roth (Hrsg.). Organisationspsychologie. Göttingen: Hogrefe.

Wittgenstein, L. (1990). Das Blaue Buch (Schriften 5). Frankfurt: Suhrkamp.

Wolff, K. (1996). Konstruktiver Umgang mit Widerständen als Herausforderung für die Verwaltungsethik. In M. Kastner (Hrsg.). Auf dem Weg zum schlanken Staat – Der konstruktive Umgang mit Widerständen. Herdecke: Maori-Verlag, 261–274.

Wössner, J. (1974). Soziologie. Einführung und Grundlegung. Wien, Köln, Graz: Böhlhaus.

Wunderer, R. und Grunwald, W. (1980). Führungslehre. Bd. I und II. Berlin, New York: Springer.

Yerkes, R. M. und Dodson, J. D. (1908). The relation of strength of stimulus to rapidity of habit formation. Journal of Comparative Neurology and Psychology, 18, 459–482.

Zanjonc, R. B. (1981). Soziale Aktivierung. Ein Lösungsvorschlag für ein altes Problem. In W. Stroebe (Hrsg.). Sozialpsychologie, Bd. 2. Darmstadt: Wissenschaftliche Buchgesellschaft, 227–246.

Zapf, W. (1984). Individuelle Wohlfahrt: Lebensbedingungen und wahrgenommene Lebensqualität. In W. Glatzer und W. Zapf (Hrsg.). Lebensqualität in der Bundesrepublik Deutschland. Objektive Lebensbedingungen und subjektives Wohlbefinden, 13–26. Frankfurt: Campus.

Zink, K. J. (1991). Qualität als Führungsaufgabe. München: Robert-Pfützner-Verlag.